财政职业教育教学指导委员

U0670671

财务会计

CAIWU KUAIJI

◎ 主　编　刘云珊　李春俐

◎ 副主编　肖梅崚　李华荣　童晓茜

◎ 参　编　薛　进　孙怡佳　鲁彦岑
　　　　　张　然

重庆大学出版社

内容提要

本书是"财政职业教育教学指导委员会规划教材"中的一本。其整体设计思路是以制造企业会计工作岗位设置为基础,明确会计岗位的职责、业务技能要求和内部控制要点。其内容分为学习目标、任务导入、知识链接和任务实施四个环节,组织了出纳岗位会计、往来结算岗位会计、财产物资岗位会计、资金岗位会计、财务成果岗位会计和财务报告岗位会计六个与会计岗位相互对应的教学项目,突出教学内容与岗位需要相适应,强化对学生职业能力的培养。

本书既可作为职业院校财经类专业的教学用书,又可作为会计、审计等相关领域从业人员的自学参考用书。

图书在版编目(CIP)数据

财务会计 / 刘云珊,李春俐主编. -- 重庆:重庆大学出版社,2020.8

财政职业教育教学指导委员会规划教材

ISBN 978-7-5689-1724-7

Ⅰ.①财… Ⅱ.①刘… ②李… Ⅲ.①财务会计—高等职业教育—教材 Ⅳ.①F234.4

中国版本图书馆 CIP 数据核字(2019)第 170600 号

财务会计

主 编 刘云珊 李春俐
副主编 肖梅崚 李华荣 童晓茜
策划编辑:沈 静

责任编辑:姜 凤 方 正　版式设计:沈 静
责任校对:邹 忌　　　　责任印制:张 策

*

重庆大学出版社出版发行
出版人:饶帮华
社址:重庆市沙坪坝区大学城西路 21 号
邮编:401331
电话:(023)88617190　88617185(中小学)
传真:(023)88617186　88617166
网址:http://www.cqup.com.cn
邮箱:fxk@cqup.com.cn(营销中心)
全国新华书店经销
重庆俊蒲印务有限公司印刷

*

开本:787mm×1092mm　1/16　印张:19　字数:441 千
2020 年 8 月第 1 版　2020 年 8 月第 1 次印刷
ISBN 978-7-5689-1724-7　定价:49.00 元

前言

在 2019 年 1 月 24 日国务院印发的《国家职业教育改革实施方案》中明确指出：当前我国进入新的发展阶段，随着产业升级和经济结构调整不断加快，各行各业对技术技能人才的需求越来越紧迫，职业教育重要地位和作用越来越凸显。因此，职业教育应牢固树立新发展理念，服务建设现代化经济体系和实现更高质量更充分就业需要，对接科技发展趋势和市场需求。

作为教学第一线的老师，我们一直在探索适应新发展需要的教学改革路径。在课程体系的构建上，我们明确了建设思路，即以培养学生"德、技、力"三位一体综合能力为目标，以产教融合、校企合作为主线，主动进行专业与产业对接、课程内容与职业标准对接、教学过程与生产过程对接、毕业证书与职业资格证书对接。为此，我们开展了工学结合、能力为本的项目化教材建设的探索与实践，为新型课程设置、教学方法改革和本书的编写奠定了良好的基础。

本书是"财政职业教育教学指导委员会规划教材"中的一本。其整体设计思路是以企业会计工作岗位设置为基础，明确会计岗位的职责、业务技能要求和内部控制要点。其内容分为学习目标、任务导入、知识链接和任务实施四个环节，以突出教学内容与岗位需要相适应。

本书在编写时，充分体现了会计岗位的职业性。本书具有以下特点：

1. 以工作岗位构建课程框架

本书打破传统的以会计要素为主线的课程体系，根据企业会计工作岗位来设计课程框架，强化岗位技能，突出实践教学，使教学内容与岗位需要相适应，组织了出纳岗位会计、往来结算岗位会计、财产物资岗位会计、资金岗位会计、财务成果岗位会计和财务报告岗位会计六个与会计岗位相互对应的教学项目，强化学生职业能力的培养。

2. 以岗定责，明确内部控制要点，构建职业意识

本书在每个学习项目开篇，均突出会计岗位职责，明确内部控制的基本要点，目的是让

学生明确每一会计岗位的目标责任、技能要求与内部控制存在内在关联,以岗定责,加强内部会计控制,构建职业意识,从而适应新时期对会计职业教育的要求。

本书由云南交通职业技术学院刘云珊、昆明冶金高等专科学校李春俐担任主编;昆明冶金高等专科学校肖梅峻、云南交通职业技术学院李华荣、昆明冶金高等专科学校童晓茜担任副主编;云南交通职业技术学院薛进、孙怡佳、鲁彦岑,云南能源职业技术学院张然担任参编。具体分工如下:项目1、项目2中的任务1和任务2由刘云珊编写;项目2中的任务3、项目3中的任务1由李华荣编写;项目3中的任务2和任务3由薛进编写;项目4中的任务1由张然编写;项目4中的任务2和任务3由肖梅峻编写;项目4中的任务4和任务5由童晓茜编写;项目5由李春俐编写;项目6中的任务2和任务3由孙怡佳编写;项目6中的任务1和任务4由鲁彦岑编写。各项目编写人员负责初稿的撰写和初审,主编负责制定编写大纲,设计整体架构,对全书内容进行修改、校正,最后总纂定稿。

本书在编写过程中,参考、借鉴了大量本学科相关著作和教材,在此向其作者表示由衷的感谢。

由于相关会计准则、制度、法律、法规和规章仍处于适时调整状态,随着经济的发展也会出现一些新内容,加之编者水平和精力有限,不足之处在所难免,敬请广大读者批评指正。

编 者

2020 年 3 月

目录

项目 1
出纳岗位会计

【项目指引】 认知出纳岗位会计

一、出纳岗位会计职责

出纳是企事业单位货币资金、票据和有价证券的收付、会计核算及保管工作的总称,亦指从事此项工作的人员或岗位。从广义上讲,只要涉及货币资金、票据和有价证券的收付、核算及保管,都属于出纳的工作范畴。出纳的工作范畴既包括会计部门专门设置的出纳岗位(也可单独设置为一个职能机构)从事的货币资金、票据和有价证券的收付、核算及保管,也包括各业务部门货币资金收付与保管工作。从狭义上讲,出纳工作仅指会计部门专门设置的出纳岗位或人员所负责的各项工作。

出纳岗位的会计职责主要包括以下四个方面:

①严格执行库存现金管理制度和银行结算制度。

②办理现金、银行存款和其他货币资金结算业务。

③负责现金日记账和银行存款日记账的登记。

④负责保管好有关票据、有价证券、印章和其他贵重物品。

二、出纳岗位会计核算内容

出纳岗位会计核算的内容主要是与货币资金相关的业务,包括营业款项的收支、往来账款的结算、费用的报销、工资的发放,其他与现金、银行存款收支相关的业务处理;现金日记账、银行存款日记账的登记与核对;现金、支票、收付款凭证的管理等。

三、货币资金内部控制

货币资金是指在企业生产经营过程中以货币形态存在的资产,包括库存现金、银行存款及其他货币资金。它是企业全部资产中流动性最强的资产。企业应按照《企业内部控制基

1

本规范》和《企业内部控制配套指引》的相关要求,结合单位业务活动的特点和管理需求,建立适合本企业的货币资金内部控制制度。通常,该制度的主要内容包括以下四个方面:

（一）严格岗位分工,执行授权批准制度

企业应当建立货币资金业务岗位责任制,明确相关岗位的职责权限,确保办理货币资金业务的不相容岗位相互分离、制约和监督。例如,应建立严格的货币资金授权批准制度;审批人应当根据货币资金授权批准制度的规定,在授权范围内进行审批;经办人应当在职责范围内,按审批人的批准意见办理货币资金业务,未经授权的部门和人员一律不得办理货币资金业务;不得由一人办理货币资金业务的全过程;出纳人员不得兼管稽核、会计档案保管和收入、支出、费用、债权、债务账目的登记工作;应定期进行岗位轮换等。

（二）加强现金和银行存款的管理,实行交易分开

企业应当加强库存现金和银行存款的管理,实行交易分开。例如,企业应当加强库存现金限额管理,在规定范围内使用现金;按规定在银行开立结算账户,办理存款、取款和转账业务;按照申请、审批、复核支付规定程序办理货币资金支付业务等。

（三）加强票据和相关印章的管理

企业应明确各种货币资金票据的购买、保管、领用、注销等环节的职责权限和程序,并专设登记簿进行记录,防止空白票据遗失和盗用;加强银行预留印鉴管理,财务专用章应指定专人保管,个人名章必须由本人或授权人员保管,严禁一人保管支付款项的所有印章。

（四）实施内部稽核,加强监督检查

企业应当建立货币资金业务监督检查制度,设置内部稽核机构和人员,对货币资金实施经常性和突击性检查,确保账实相符。

任务1　库存现金核算

【学习目标】

知识目标:了解库存现金管理的基本内容,熟悉库存现金核算的账户设置、清查制度;掌握库存现金业务核算与现金日记账的登记。

技能目标:能正确填制与库存现金业务相关的各种原始凭证,并据以编制记账凭证;能登记现金日记账。

【任务导入】

任务原始资料:白云有限责任公司与开户行核定的库存现金限额为 5 000 元。2019 年 5

月 31 日现金日记账余额为 930 元。6 月发生库存现金的相关业务如下：

1 日，签发现金支票，从银行提取现金 4 000 元备用。

5 日，收到出租包装物押金，现金 2 200 元。

5 日，填制现金交款单，将 2 200 元现金送存银行。

7 日，业务员李玉出差预借差旅费 2 400 元，以现金支付。

9 日，王阳报销差旅费 1 573 元，余款交回现金 27 元，开具收款收据。

12 日，以现金支付行政部门预订第四季度报刊的报刊费 660 元。

15 日，李玉出差归来报销差旅费 2 540 元，其中，高铁票价款 1 100 元，住宿费 900 元，出差补贴 540 元，差额以现金补付。

18 日，以现金支付行政部门打印复印费用 820 元。

20 日，签发现金支票，从银行提取现金 3 000 元备用。

28 日，清查库存现金发现短缺 140 元，原因待查。

30 日，28 日现金短缺查明原因，为出纳员刘星工作不谨慎导致出错，由刘星交回现金，开具收款收据。

任务目标：

(1)编制白云有限责任公司 2019 年 6 月有关库存现金业务的记账凭证。

(2)建立并登记现金日记账。

【知识链接】

1.1.1　库存现金管理制度

企业的现金有狭义和广义之分。狭义的现金仅指库存现金，即存放在企业财务部门指定地点、以备零星开支需要的专门由出纳人员经管的纸币、硬币、电子货币以及折算为记账本位币的外币等，包括人民币现金和外币现金。广义的现金包括库存现金、银行存款以及其他可以普遍接受的流通手段。国际惯例中的现金是指广义的现金，而我国惯例中狭义和广义的现金概念并存。其中，广义的现金概念多在金融资产和财务报告中使用。

现金是流动性最强的货币性资产，可以直接用于支付和结算。为此，国务院在 1988 年 9 月 8 日颁布了《中华人民共和国现金管理暂行条例》(以下简称《条例》)，中国人民银行在 1988 年 9 月 12 日颁布了《现金管理暂行条例实施细则》，对库存现金管理的有关问题做出了严格的规定，主要内容有以下几方面：

1)库存现金的使用范围

按照《条例》及其实施细则规定，已在银行开立户头的单位可以在以下范围内使用现金：职工工资、津贴；个人劳务报酬；根据国家规定颁发给个人的科学技术、文化艺术、体育等各种奖金；各种劳保、福利费用以及国家规定的对个人的其他支出；向个人收购农副产品和其他物资的价款;出差人员必须随身携带的差旅费;结算起点以下的零星支出(结算起点为1 000元);中国人民银行确定需要支付现金的其他支出。

开户单位之间的经济往来,除上述规定的范围可以使用现金外,应当通过开户银行进行转账结算。

2)库存现金的限额管理

一个单位在几家银行开户的,只能在一家银行开设现金结算户,支取现金,并由该家银行负责核定现金库存限额和进行现金管理检查。开户银行应当根据需要,核定开户单位3~5天的日常零星开支需要量来确定库存现金限额。偏远地区和交通不便地区的开户单位的库存现金限额可以多于5天,但不得超过15天的日常零星开支需要量。经核定的库存现金限额,开户单位必须严格遵守,超限额的库存现金应于当日送存银行;需要增加或减少库存现金限额的,应当向开户银行提出申请,由开户银行核定调整。

3)现金收支的其他规定

开户单位的现金收入应当日送存开户银行,当日送存确有困难的,由开户银行确定送存时间。开户单位支付现金,可以从本单位库存现金限额中支付或者从开户银行提取,不得从本单位的现金收入中直接支付(即坐支)。因特殊情况需要坐支现金的,应当事先报经开户银行审查批准,由开户银行核定坐支范围和限额。坐支单位应当定期向开户银行报送坐支金额和使用情况。

开户单位必须建立健全现金账目,逐笔记载现金支付,账目要日清月结,做到账款相符。不允许对现金结算给予比转账结算优惠的待遇;不准用不符合财务制度的凭证顶替库存现金,即不准"白条"抵库;不准单位之间相互借用现金;不准谎报用途套取现金;不准利用银行账户代其他单位和个人存入或支取现金;不准将单位收入的现金以个人名义转为储蓄存款,即不得"公款私存";不准保留账外公款,即不准私设"小金库";禁止发行变相货币,不准以任何票券代替人民币在市场上流通。

开户单位如违反上述有关现金管理的相关规定,开户银行有权责令其停止违法活动,并根据情节轻重给予警告或罚款。

1.1.2 库存现金业务工作流程与岗位

1)企业与银行间的现金业务

(1)库存现金提取业务流程与岗位

已经在银行开立户头的企业,从开户银行提取现金,应当在现金支票中写明用途,由本单位财务部门授权审核人签字盖章,经开户银行审核后,办理现金提取业务。库存现金提取业务流程与岗位设置如图1-1所示。

项目 1 出纳岗位会计

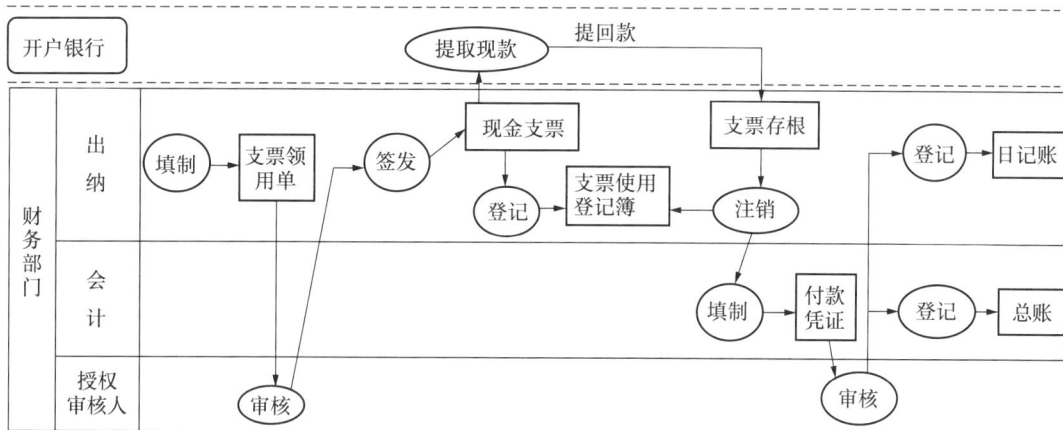

图 1-1 库存现金提取业务流程与岗位设置

（2）库存现金送存银行业务流程与岗位

企业因业务活动产生的现金收入，应当及时送存银行，办理现金存入业务。

库存现金送存银行业务流程与岗位设置如图 1-2 所示。

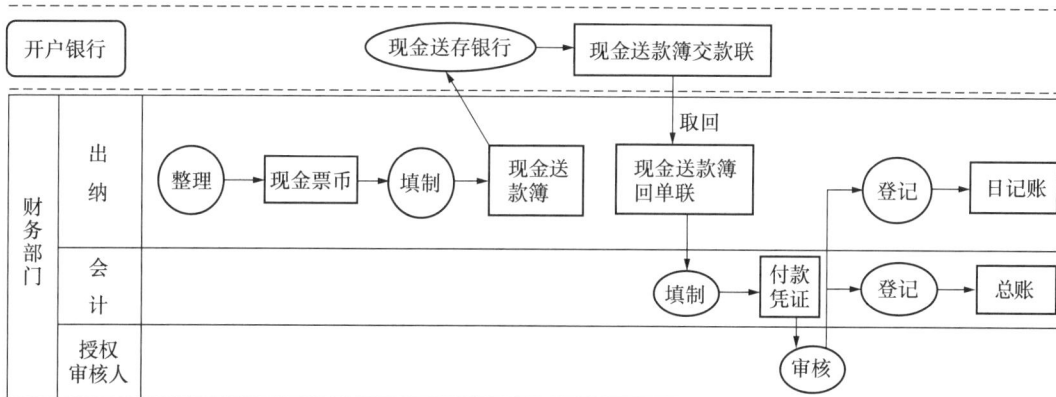

图 1-2 库存现金送存银行业务流程与岗位设置

2）企业内部各业务部门的现金业务

（1）库存现金收款业务流程与岗位

企业内部各部门发生业务活动收到的现金，应及时交回财务部门办理库存现金收款业务。现以发生小额销售业务为例，说明小额销售现金收款业务流程与岗位设置，如图 1-3 所示。

（2）库存现金支出业务流程与岗位

企业内部各部门发生业务活动支出的现金，应及时到会计部门办理库存现金支出业务。以购买办公用品业务为例，说明库存现金支出业务流程与岗位设置，如图 1-4 所示。

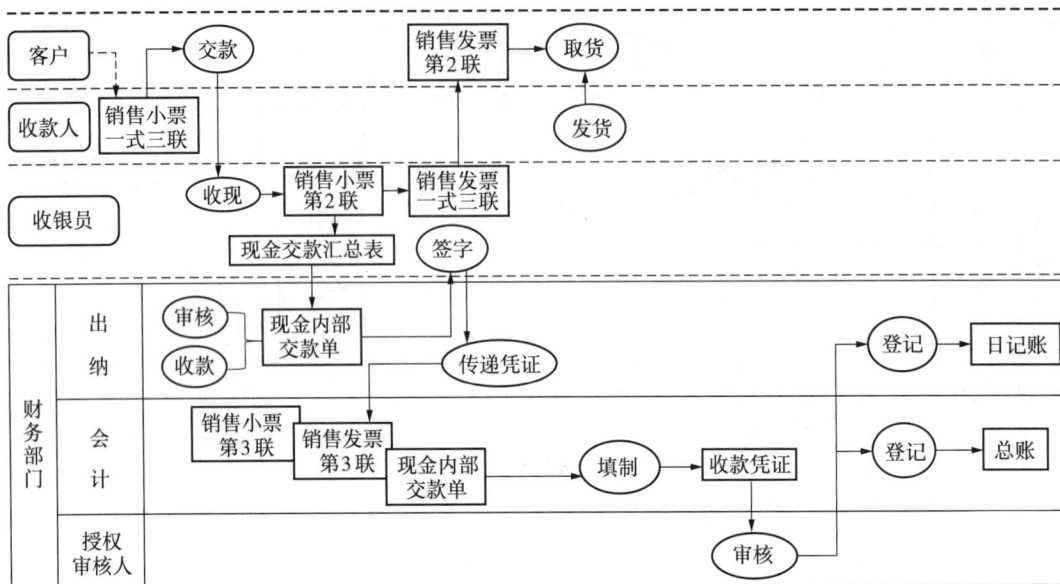

图1-3 小额销售现金收款业务流程与岗位设置

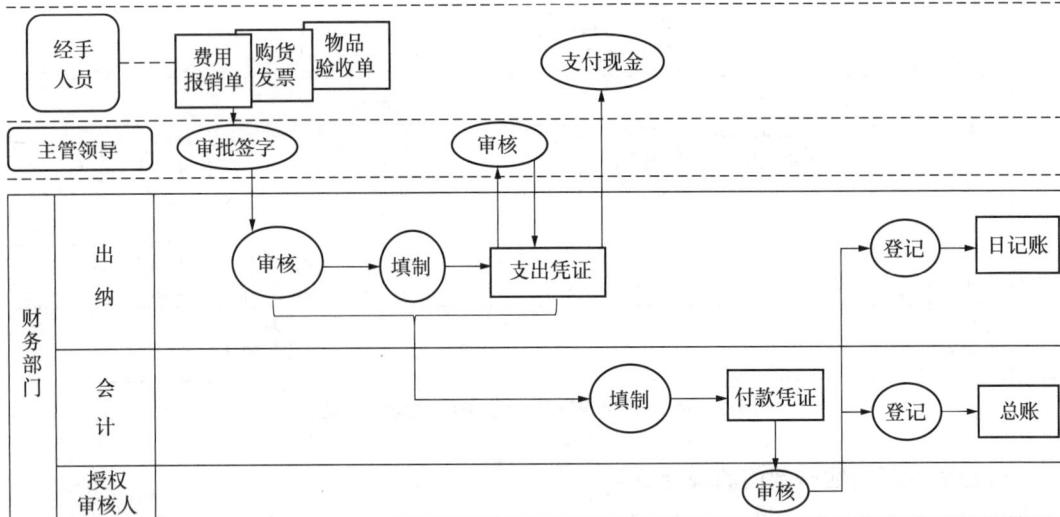

图1-4 库存现金支出业务流程与岗位设置

1.1.3 库存现金的核算

1)账户设置

为核算库存现金的收支和结余情况,企业应设置"库存现金"账户。该账户属于资产类,借方登记库存现金的增加额;贷方登记库存现金的减少额;期末余额在借方,反映库存现金的结存额。

2）典型业务核算

（1）库存现金提取

库存现金应由出纳填写现金支票到银行提取。

【例1.1】 6月2日，通融公司开出现金支票一张，从银行提取现金2 800元备用。根据现金支票存根，编制如下会计分录。

借：库存现金　　　　　　　　　　　　　　　　　　　　　　　2 800
　　贷：银行存款　　　　　　　　　　　　　　　　　　　　　　　　2 800

（2）库存现金的送存

企业因发生业务活动收取的现金和超过库存现金限额存放的现金，都应及时送存银行。

【例1.2】 6月5日，通融公司将销售产品收到的现金9 600元送存银行。根据银行进账单回单，编制如下会计分录。

借：银行存款　　　　　　　　　　　　　　　　　　　　　　　9 600
　　贷：库存现金　　　　　　　　　　　　　　　　　　　　　　　　9 600

（3）库存现金的收支

【例1.3】 6月10日，通融公司销售产品出借包装物收到现金（押金）860元。根据收款收据，编制如下会计分录。

借：库存现金　　　　　　　　　　　　　　　　　　　　　　　860
　　贷：其他应付款——存入保证金　　　　　　　　　　　　　　　　860

【例1.4】 6月16日，通融公司以现金支付购买办公用品费用630元。根据购货发票，编制如下会计分录。

借：管理费用　　　　　　　　　　　　　　　　　　　　　　　630
　　贷：库存现金　　　　　　　　　　　　　　　　　　　　　　　　630

（4）库存现金的清查

库存现金的清查包括出纳人员自查（即日清月结）和外部对出纳人员的检查。库存现金清查结果应填制"库存现金清查盘点报告表"（表1-1）。库存现金产生溢余或短缺，应先通过"待处理财产损溢"账户核算，待查明原因报批审核后，再按不同情况作相应的转销处理。

①清查结果为现金短缺，属于应由责任人赔偿或保险公司赔偿的，记入"其他应收款"账户；属于无法查明原因的，记入"管理费用"账户。

查明原因前，调整账实相符，编制如下会计分录。

借：待处理财产损溢——待处理流动资产损溢
　　贷：库存现金

查明原因后，转销待处理财产损溢，编制如下会计分录。

借：其他应收款——××责任人（应收现金短缺款）
　　　　　　　　——应收××保险公司赔款
　　管理费用——现金短缺
　　贷：待处理财产损溢——待处理流动资产损溢

②清查结果为现金溢余，属于应支付给有关人员或单位的，记入"其他应付款"账户；属于无法查明原因的，记入"营业外收入"账户。

查明原因前，调整账实相符，编制如下会计分录。

借：库存现金

　　贷：待处理财产损溢——待处理流动资产损溢

查明原因后，转销待处理财产损溢，编制如下会计分录。

借：待处理财产损溢——待处理流动资产损溢

　　贷：其他应付款——××人或单位（应付现金溢余款）

　　　　营业外收入——现金溢余

【例1.5】　6月20日，通融公司进行现金清查，发现库存现金短缺170元，编制"库存现金清查盘点报告表"，见表1-1。

表1-1　库存现金清查盘点报告表

清查部门：财务部　　　　　　　　　　20××年6月20日　　　　　　　　　　单位：元

账存数	实存数	清查结果		原　因
		溢余	短缺	
4 300	4 130		170	出纳工作出错
审批意见	根据岗位责任制，短缺现金170元应由出纳方芳负责赔偿。 张某　20××年6月22日			

6月20日，编制如下会计分录。

借：待处理财产损溢——待处理流动资产损溢　　　　　　　　　　　170

　　贷：库存现金　　　　　　　　　　　　　　　　　　　　　　　　　170

6月22日，编制如下会计分录。

借：其他应收款——方芳　　　　　　　　　　　　　　　　　　　170

　　贷：待处理财产损溢——待处理流动资产损溢　　　　　　　　　170

【例1.6】　6月28日，通融公司进行现金清查，发现库存现金溢余260元，编制"库存现金清查盘点报告表"，见表1-2。

表1-2　库存现金清查盘点报告表

清查部门：财务部　　　　　　　　　　20××年6月28日　　　　　　　　　　单位：元

账存数	实存数	清查结果		原　因
		溢余	短缺	
4 350	4 610	260		经查少付顾客吴梅150元，其余原因不明。
审批意见	根据岗位责任制，少付顾客吴梅150元应予补付，其余部分做企业收益处理。 张某　20××年6月30日			

6 月 28 日,编制如下会计分录。

借:库存现金　　　　　　　　　　　　　　　　　　　　260

　　贷:待处理财产损溢——待处理流动资产损溢　　　　　　　260

6 月 30 日,编制如下会计分录。

借:待处理财产损溢——待处理流动资产损溢　　　　　　260

　　贷:其他应付款——吴梅(应付现金溢余款)　　　　　　150

　　　营业外收入——现金溢余　　　　　　　　　　　　110

【任务实施】

根据本任务"任务导入"里的任务资料和任务目标,具体任务实施过程如下。

第一步,年初建账。

第二步,根据经济业务的原始凭证,由会计编制记账凭证(以会计分录简化列示如下),出纳员根据审核无误的记账凭证逐日逐笔登记现金日记账,见表1-3。

1 日,编制记账凭证,银付 1 号。

借:库存现金　　　　　　　　　　　　　　　　　　　4 000

　　贷:银行存款　　　　　　　　　　　　　　　　　　4 000

5 日,编制记账凭证,现收 1 号。

借:库存现金　　　　　　　　　　　　　　　　　　　2 200

　　贷:其他应付款——存入保证金　　　　　　　　　　2 200

5 日,编制记账凭证,现付 1 号。

借:银行存款　　　　　　　　　　　　　　　　　　　2 200

　　贷:库存现金　　　　　　　　　　　　　　　　　　2 200

7 日,编制记账凭证,现付 2 号。

借:其他应收款——李玉　　　　　　　　　　　　　　2 400

　　贷:库存现金　　　　　　　　　　　　　　　　　　2 400

9 日,编制记账凭证,现收 2 号。

借:库存现金　　　　　　　　　　　　　　　　　　　27

　　贷:其他应收款——王阳　　　　　　　　　　　　　27

借:管理费用　　　　　　　　　　　　　　　　　　　1 573

　　贷:其他应收款——王阳　　　　　　　　　　　　　1 573

12 日,编制记账凭证,现付 3 号。

借:其他应收款——预付报刊费　　　　　　　　　　　660

　　贷:库存现金　　　　　　　　　　　　　　　　　　660

15 日,编制记账凭证,现付 4 号。

借:管理费用　　　　　　　　　　　　　　　　　　　2 400

　　贷:其他应收款——李玉　　　　　　　　　　　　　2 400

借:管理费用   140

    贷:库存现金   140

18 日,编制记账凭证,现付 5 号。

借:管理费用   820

    贷:库存现金   820

20 日,编制记账凭证,银付 2 号。

借:库存现金   3 000

    贷:银行存款   3 000

28 日,编制记账凭证,现付 6 号。

借:待处理财产损溢——待处理流动资产损溢   140

    贷:库存现金   140

30 日,编制记账凭证,现收 3 号。

借:库存现金   140

    贷:待处理财产损溢——待处理流动资产损溢   140

表 1-3　现金日记账

单位:元

2019 年		凭证号	对方账户	摘要	借方	贷方	借或贷	余额
月	日							
6	1			期初余额			借	930
	1	银付1	银行存款	提现	4 000		借	4 930
	5	现收1	其他应付款	收到出租包装物押金	2 200		借	7 130
	5	现付1	银行存款	存现		2 200	借	4 930
	7	现付2	其他应收款	李玉预借差旅费		2 400	借	2 530
	9	现收2	其他应收款	王阳报销差旅费交回余款	27		借	2 557
	12	现付3	其他应收款	支付预订报刊费		660	借	1 897
	15	现付4	管理费用	李玉报销差旅费补付差款		140	借	1 757
	18	现付5	管理费用	支付打印复印费用		820	借	937
	20	银付2	银行存款	提现	3 000		借	3 937
	28	现付6	待处理财产损溢	现金短缺待查		140	借	3 797
	30	现收3	待处理财产损溢	出纳刘星交回现金	140		借	3 937
	30			本月合计	9 367	6 360	借	3 937

任务 2　银行存款核算

【学习目标】

知识目标：了解银行存款账户管理基本内容；熟悉银行结算业务的原则、规范及结算方式；掌握银行存款业务的核算。

技能目标：能正确填制与银行存款业务相关的各种原始凭证并据以编制记账凭证；能登记银行存款日记账和其他货币资金明细账；能确认未达账项并编制银行存款余额调节表。

【任务导入】

任务原始资料：白云有限责任公司是一家制造型企业，经当地税务部门核定为增值税一般纳税人，适用税率为 13%①，存货日常核算采用实际成本法。2019 年 6 月发生与银行存款相关业务如下。

2 日，从本地兴昆公司购进 A 材料，取得增值税专用发票，注明货款 100 000 元、增值税税额 13 000 元，货款签发转账支票支付，材料验收入库。

4 日，填制银行汇票申请单，申请开具金额为 300 000 元的银行汇票。银行收妥款项并开出银行汇票。

6 日，采购员持银行汇票到外地大宗公司采购 B 材料，收到增值税专用发票，注明货款 220 000 元、增值税税额 28 600 元。B 材料尚未到达。

7 日，收到银行转来的大宗公司购货开出银行汇票的多余款收账通知，收到多余款 51 400 元。

9 日，向外地宝华公司销售甲产品一批，开具增值税专用发票，注明货款 60 000 元、增值税税额 7 800 元。收到对方交来银行汇票解讫通知，汇票金额为 70 000 元，根据实际结算金额填制进账单送存银行。

10 日，填制银行本票委托书，申请开具金额为 180 000 元的银行本票。银行收妥款项并开出银行本票。

12 日，从本地清风公司购进 A 材料，取得增值税专用发票，注明货款 150 000 元、增值税税额 19 500 元。以面值 170 000 元的银行本票结算，差额收到现金，材料验收入库。

13 日，销售给本地胜利公司乙产品，开具增值税专用发票，注明货款 70 000 元、增值税

---

① 此任务中使用的增值税税率，是根据财政部税务总局海关总署于 2019 年 3 月 20 日下发的《关于深化增值税改革有关政策的公告》(财政部 税务总局 海关总署公告 2019 年第 39 号)确定的。后续各学习任务中，凡是经济业务发生时间为 2019 年 4 月 1 日后的，涉及核定为增值税一般纳税人的，增值税税率均按适用税率 13% 计算确定。

税额 9 100 元。收到对方交来银行本票一张，面值 80 000 元，差额 900 元以库存现金退回。

15 日，向外地奋进公司购进 C 材料，取得增值税专用发票，注明货款 400 000 元，增值税税额 52 000 元。上述款项以商业承兑汇票结算，材料当日到达验收入库。

17 日，收到外地安顺公司交来银行承兑汇票一张，面值 330 000 元，期限 3 个月，以抵前欠本单位货款。

18 日，收到外地家华公司信汇结算凭证进账通知联，汇来前欠货款 76 000 元。

20 日，收到本市供电公司委托收款结算凭证，共计收取电费 14 700 元（其中，9 700 元为生产车间耗用，其余为管理部门耗用），审核无误，签发转账支票付款。

22 日，向外地美华公司销售乙产品，货款为 300 000 元，增值税税额为 39 000 元，发货时以转账支票代对方垫付运费 3 500 元。填制托收承付结算凭证，连同有关单据一并送交银行。

26 日，向中国建设银行申领龙卡（单位卡），填制信用卡申请表及有关资料，将款项 50 000 元从基本存款账户转入信用卡专户，银行开具信用卡。

27 日，上述托收的美华公司货款划回，收到银行转来的托收凭证收账通知联。

30 日，单位持卡人划卡结算购买办公用品 5 100 元，办公用品当即交付有关部门使用。

任务目标：编制白云有限责任公司 6 月有关银行存款业务的记账凭证。

【知识链接】

1.2.1　银行存款账户管理

银行存款是企事业单位存放在银行或其他金融机构中的货币资金。根据有关规定，凡是独立核算的单位，都必须在当地银行开设账户。单位在银行开立账户后，除按核定的限额保留库存现金外，其余的现金都必须存入其在银行开立的存款账户。

银行存款账户可分为基本存款账户、一般存款账户、临时存款账户和专用存款账户四类。

基本存款账户是指企业办理日常结算和现金收付的账户，企业的工资、奖金等现金的支取，只能通过基本存款账户办理。一个企业只能选择一家银行的一个营业机构开立一个基本存款账户，不能在多家银行机构开立基本存款账户。

一般存款账户是指企业为在基本存款账户以外的银行借款转存，或与企业不在同一地点的附属非独立核算单位开立的账户。企业可以通过一般存款账户办理转账结算和现金缴存，但不能支取现金。企业可以在基本存款账户之外的其他银行的一个营业机构开立一个一般存款账户，不得在同一家银行的几个分支机构开立一般存款账户。

临时存款账户是指企业因临时生产经营活动需要而开立的账户，如企业进行异地产品展销、临时性采购资金等。企业可以通过临时存款账户办理转账结算和根据国家现金管理的规定办理现金收付。临时存款账户的有效期最长不得超过 2 年。

专用存款账户是指企业因特殊用途需要而开立的账户,如基本建设项目专项资金、农副产品采购资金等。企业通过专用存款账户只能办理具有特定用途的款项的存取和转账,企业的销货款不得转入专用存款账户。

开户单位要认真贯彻执行国家的政策、法律和法规,遵守银行信贷、结算及现金管理等有关规定,接受信贷审查时必须提供账户使用情况的有关资料。各单位在银行开立的账户,只供本单位业务经营范围内的资金收付使用,存款单位不得出租、出借或转让账户。各种收付款凭证,必须如实填明款项来源或用途,不得巧立名目、弄虚作假;不得套取现金、套购物资;严禁利用账户搞非法活动。各单位在银行的账户都必须有足够的资金保证支付,不准签发空头支票和远期支票。要及时、正确地记录银行往来业务,及时、定期地与银行对账单核对,发现不符及时与银行联系,尽快查对核实。

有外币收付的企业,还应开立外币存款账户,并与人民币存款分别管理和核算。

1.2.2　认知银行转账结算方式

依据中国人民银行颁发的《支付结算办法》规定,各单位之间的经济往来,除符合现金管理使用范围开支外,都必须通过银行办理转账结算。各单位办理收付结算业务时,必须综合考虑结算金额的多少、距离的远近、利息支出和对方的信用等因素,选择适当的支付结算方式,尽量缩短结算时间,减少结算资金占用,加速资金周转。现行可采用的银行结算方式有支票、银行本票、银行汇票、商业汇票、汇兑、委托收款、托收承付、信用卡和信用证。

1)支票

支票是出票人签发的,委托办理支票存款业务的银行在见票时无条件支付确定金额给收款人或持票人的票据。支票有现金支票(印有"现金"字样,只能支取现金)、转账支票(印有"转账"字样,只能转账)、普通支票(未印"现金"或"转账"字样,既可支取现金,也可转账)和划线支票(在普通支票左上角划两条平行线,只能转账,不得支取现金)四种。单位和个人在同一票据交换区域的各种款项结算均可使用支票。支票的提示付款期限为自出票日起 10 日;转账支票可以在票据交换区内背书转让;支票应使用碳素墨水或墨汁书写,各要素填写齐全,并在支票上加盖预留银行印鉴;禁止签发空头支票;如果签发了空头支票或印章与预留印鉴不符,除退票外,还要处以票面金额 5%,但不低于 1 000 元的罚款。

2)银行本票

银行本票是申请人将款项交存银行,由银行签发的承诺自己在见票时无条件支付确定金额给收款人或持票人的票据。银行本票分为不定额本票和定额本票两种。定额银行本票面额有 1 000 元、5 000 元、10 000 元和 50 000 元四种,使用时在凭证上会预先印有固定面额;不定额银行本票签发时根据实际需要填写金额,并用压数机压印金额。单位和个人在同一票据交换区域需要支付各种款项,均可使用银行本票。银行本票一般用于转账,但现金银行本票(注明"现金"字样)可以用于支取现金。申请人或收款人为单位的,不得申请签发现金银行本票。银行本票的提示付款期为自出票日起 2 个月。持票人超过付款期限提示付款的,代理付款人不予受理。银行本票一律记名,可以背书转让,但填明"现金"字样的银行本票不能背书转让。

3)银行汇票

银行汇票是汇款人将款项交存当地出票银行,由出票银行签发的,由其在见票时按实际结算金额无条件支付给收款人或持票人的票据。单位和个人各种款项结算均可使用银行汇票。银行汇票一般用于转账,但现金银行汇票(填明"现金"字样)可以用于支取现金,申请人或收款人为单位的不得申请签发现金银行汇票。银行汇票的提示付款期为自出票日起 1 个月。银行汇票一律记名,可以背书转让,但未填写实际结算金额或实际结算金额超过出票金额的银行汇票不得背书转让。

4)商业汇票

商业汇票是出票人签发的,委托付款人在指定日期无条件支付确定金额给收款人或持票人的票据。商业汇票按承兑人不同分为商业承兑汇票和银行承兑汇票。商业承兑汇票由银行以外的付款人承兑;银行承兑汇票由银行承兑,承兑银行按票面金额向出票人收取万分之五的手续费。在银行开立存款账户的法人以及其他组织之间,必须具有真实的交易关系或债权债务关系,才能使用商业汇票。商业汇票的付款期由交易双方商定,但最长不得超过6 个月。定日付款的汇票付款期自出票日起计算;出票后定期付款的汇票付款期自出票日起按月计算;见票后定期付款的汇票付款期自承兑或拒绝承兑日起按月计算。商业汇票的提示付款期自汇票到期日起 10 日。符合条件的商业汇票的持票人可持未到期的商业汇票向银行申请贴现。商业汇票可以背书转让。

5)汇兑

汇兑是汇款人委托银行将其款项支付给收款人的结算方式。汇兑按款项划转方式不同分为信汇和电汇两种。单位和个人各种款项结算均可使用汇兑。汇款人委托银行办理汇兑时,应向汇出银行填写信汇或电汇凭证,需要在汇入银行支取现金的,应在信汇或电汇凭证上填明"现金"字样。给未在银行开立存款账户的收款人汇款,应在汇兑凭证上注明"留行待取"字样。

6)委托收款

委托收款是收款人委托银行向付款人收取款项的结算方式。委托收款结算款项的划回方式分邮寄和电报两种。单位和个人凭已承兑的商业汇票、债券、存单等付款人债务证明办理款项结算,均可以使用委托收款结算方式。委托收款的付款期为 3 天,从付款人开户银行发出付款通知的次日算起。付款人在付款期内未向银行提出异议的,银行视作同意付款,并在付款期满的次日开始营业时将款项主动划给收款人。付款人需拒付的,应在付款期内向银行办理拒付,银行不负责审查拒付理由。

7)托收承付

托收承付是根据购销合同由收款人发货后委托银行向异地付款人收取款项,由付款人向银行承认付款的结算方式。托收承付结算款项的划回方式分邮寄和电报两种。使用托收承付结算方式的收款单位和付款单位必须是国有企业,供销合作社以及经营管理较好、并经开户银行审查同意的城乡集体所有制工业企业。办理托收承付结算的款项,必须是商品交易以及因商品交易而产生的劳务供应的款项。代销、寄销、赊销商品的款项不得办理托收承付结算。收付双方使用托收承付结算必须签有购销合同,并在合同上明确使用托收承付结算方式。收款人办理托收,必须具有商品确已发出的证件。托收承付结算每笔的金额起点为 10 000 元,新华书店系统每笔的金额起点为 1 000 元。验单承付期限为 3 天,从付款人开户银行发出承付通知次日算起;验货承付期限为 10 天,从运输部门向付款人发出提货通知的次日算起。

8)信用卡

信用卡是指商业银行向个人和单位发行的,凭以向特约单位购物、消费和向银行存取现金,且具有消费信用的特制载体卡片。信用卡按使用对象不同分为单位卡和个人卡;按信誉等级分为金卡和普通卡。凡在中国境内金融机构开立基本存款账户的单位可申领单位卡。单位卡账户的资金一律从基本存款账户转账存入,不得交存现金,不得将销货收入的款项存入单位卡。信用卡仅限于合法持卡人本人使用,持卡人不得出租或转借信用卡。单位卡不得用于 10 万元以上的商品交易、劳务供应款项的结算,不得支取现金。信用卡在规定的期限和限额内允许善意透支。

9)信用证

信用证是开证银行应申请人的要求并按其指示向第三方开立的载有一定金额的、在一定的期限内凭符合规定的单据付款的书面保证文件。信用证是国际贸易中最主要、最常用的支付方式。

1.2.3　银行存款的核算

1)账户设置

企业办理各种银行存款结算业务需要设置的账户主要有如下两个。

(1)"银行存款"账户

"银行存款"账户,用来核算企业存入银行或其他金融机构的各种存款。该账户属资产类,借方登记银行存款的增加额;贷方登记银行存款的减少额;期末借方余额,反映银行存款的结存金额。若有外币存款的企业,应分别以人民币与外币设置明细账户,进行明细分类核算。

（2）"其他货币资金"账户

"其他货币资金"账户，用来核算企业其他货币资金的增减变动及其余额。该账户属资产类，借方登记其他货币资金的增加额；贷方登记其他货币资金的减少额；期末借方余额，反映企业持有的其他货币资金的结存金额。该账户应分别按"银行本票""银行汇票""信用卡""信用证保证金""存出投资款""外埠存款"设置明细账户，进行明细分类核算。

2）典型业务的核算

（1）支票

①支票结算流程及岗位设置。

以转账支票结算为例，支票结算流程及岗位设置如图1-5—图1-8所示。

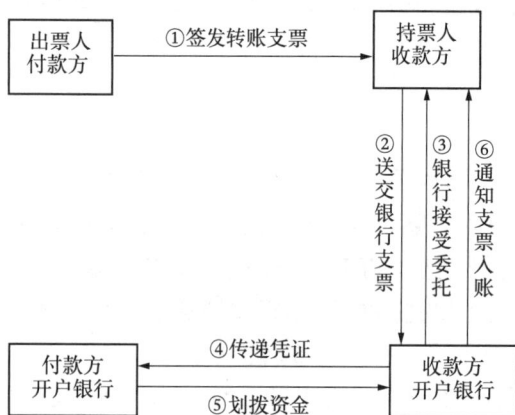

图1-5　收款方送交支票的票证传递程序　　　　图1-6　付款方送交支票的票证传递程序

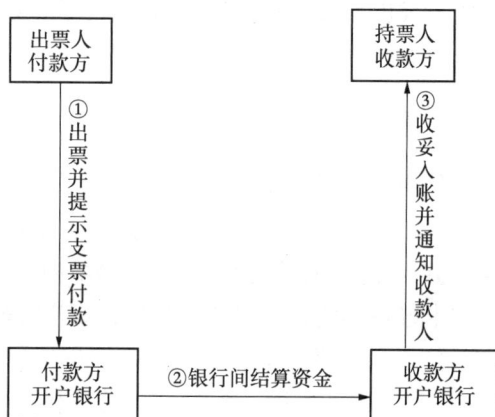

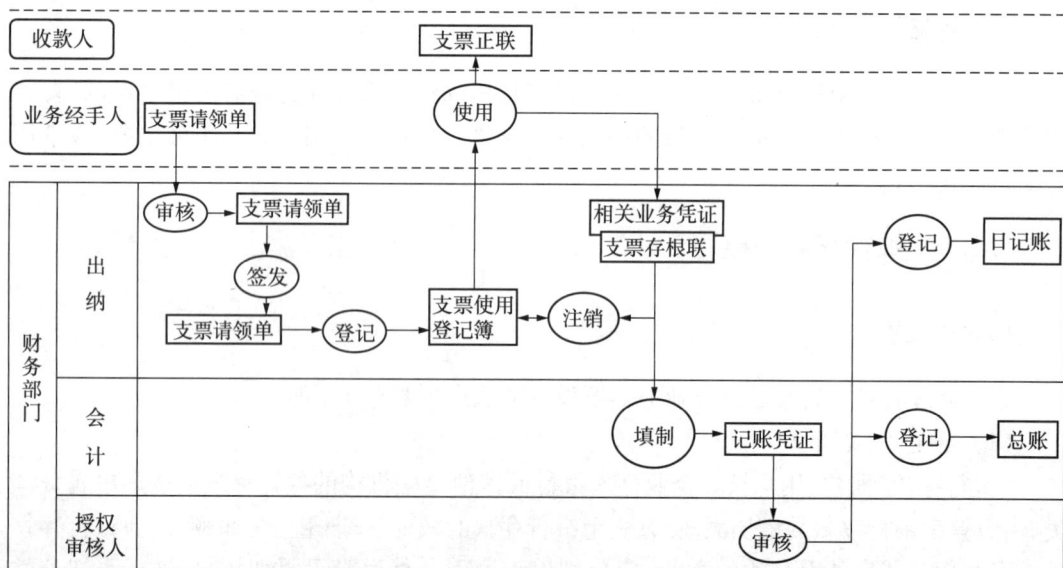

图1-7　支票付款业务流程与岗位设置

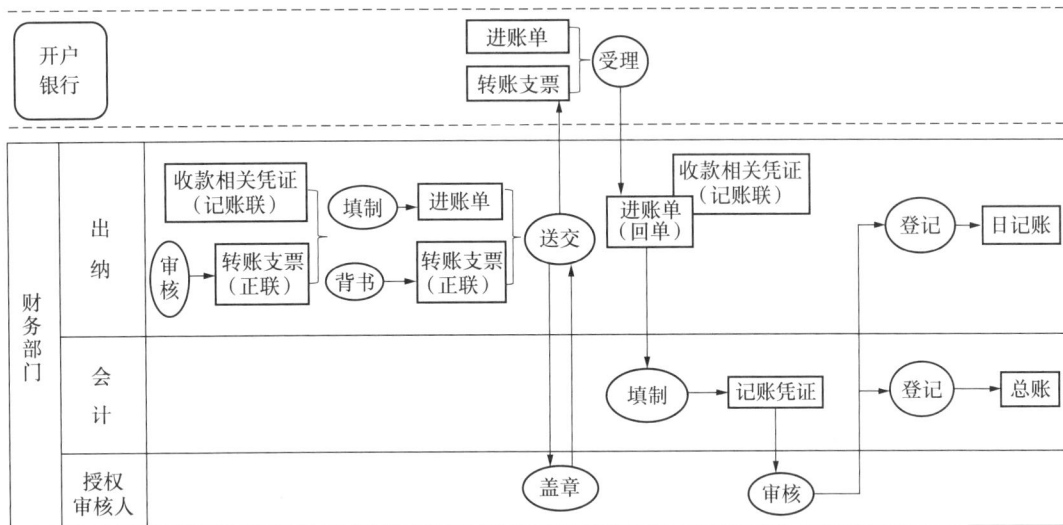

图 1-8　支票收款业务流程与岗位设置

②支票结算典型业务核算。

采用支票结算时,付款方应根据支票存根,借记有关账户,贷记"银行存款"账户;收款方应根据银行进账单回单联,借记"银行存款"账户,贷记有关账户。

【例1.7】　7 月 2 日,通达公司向甲公司购入材料一批,取得增值税专用发票,注明货款 3 000 元,增值税税额 390 元,签发转账支票支付全部货款,材料验收入库。

根据支票存根联及购货发票,编制如下会计分录。

借:原材料　　　　　　　　　　　　　　　　　　　　　　　　　　　　3 000

　　应交税费——应交增值税(进项税额)　　　　　　　　　　　　　　　390

　　　贷:银行存款　　　　　　　　　　　　　　　　　　　　　　　　　　　3 390

【例1.8】　7 月 4 日,通达公司销售 A 商品一批,开具增值税专用发票,注明货款 20 000 元,增值税税额 2 600 元,收到转账支票一张已送银行办理进账。

根据进账单回单,编制如下会计分录。

借:银行存款　　　　　　　　　　　　　　　　　　　　　　　　　　22 600

　　　贷:主营业务收入——A 商品　　　　　　　　　　　　　　　　　　20 000

　　　　　应交税费——应交增值税(销项税额)　　　　　　　　　　　　　2 600

(2)银行本票

①银行本票结算流程及岗位设置。

以银行本票办理结算,其结算流程及岗位设置如图 1-9—图 1-11 所示。

②银行本票结算典型业务核算。

采用银行本票结算时,付款方应设置"其他货币资金——银行本票"明细账户核算。付款方向银行申请签发银行本票时,根据"银行本票申请书"存根联,借记"其他货币资金——银行本票"账户,贷记"银行存款"账户;持票结算货款时,根据发票账单等有关凭证,借记有

财务
会计

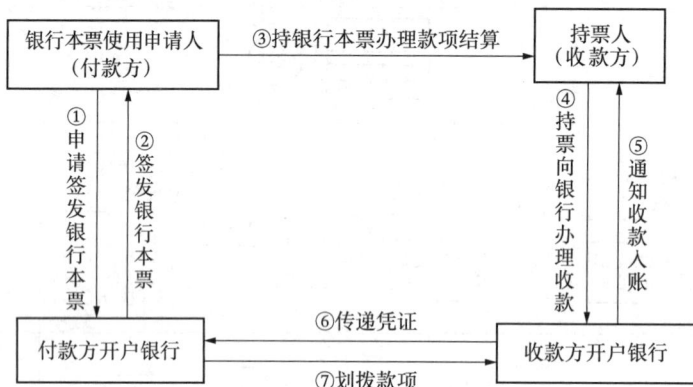

图1-9　银行本票结算程序

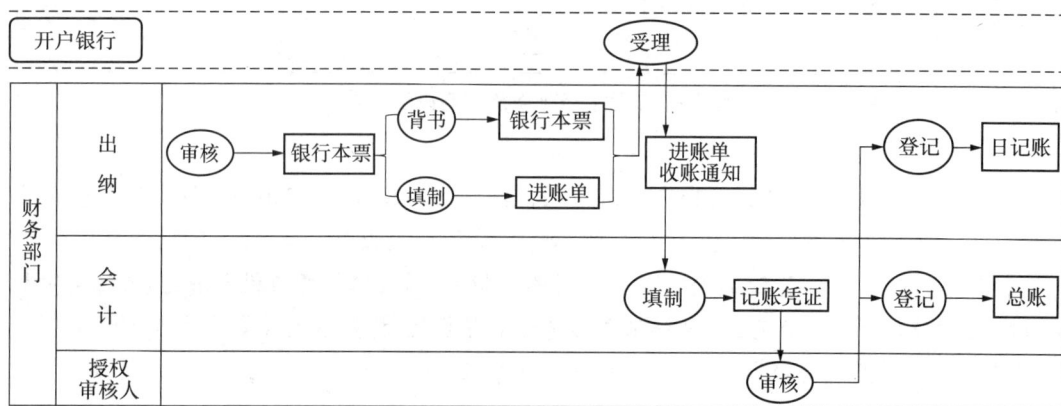

银行本票使用申请人（付款方）　③持银行本票办理款项结算　持票人（收款方）

①申请签发银行本票　②签发银行本票　④持票向银行办理收款　⑤通知收款人账

付款方开户银行　⑥传递凭证　收款方开户银行
⑦划拨款项

图1-9　银行本票结算程序

开户银行　受理

财务部门
出纳：审核 → 银行本票 → 背书 → 银行本票 / 填制 → 进账单
进账单 收账通知
登记 → 日记账

会计：填制 → 记账凭证 → 登记 → 总账

授权审核人：审核

图1-10　银行本票结算收款业务流程与岗位设置

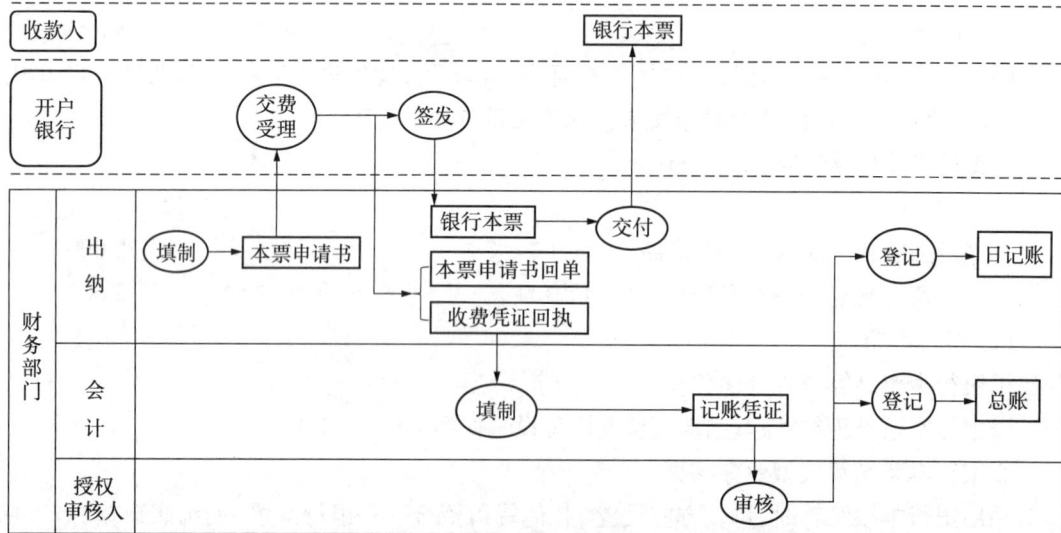

收款人　银行本票

开户银行：交费受理 → 签发

财务部门
出纳：填制 → 本票申请书 → 银行本票 → 交付
本票申请书回单
收费凭证回执
登记 → 日记账

会计：填制 → 记账凭证 → 登记 → 总账

授权审核人：审核

图1-11　银行本票结算付款业务流程与岗位设置

关账户,贷记"其他货币资金——银行本票"账户。

收款方收到银行本票时,直接在"银行存款"账户核算。收款方持票向银行提示付款时填制进账单,根据进账单回单等凭证,借记"银行存款"账户,贷记有关账户。

采用银行本票结算时,如果实际结算金额与票面金额不一致,双方应以库存现金或银行存款的实际收付数,多退少补。

【例1.9】　7月5日,通达公司从基本存款账户划出94 000元申请办理银行本票。7月8日,通达公司采购员持银行本票到甲公司购买A材料,取得增值税专用发票,注明货款80 000元,增值税税额10 400元,材料验收入库,多余款3 600元收到现金。通达公司账务处理如下。

7月5日,根据"银行本票申请书"存根联,编制如下会计分录。

借:其他货币资金——银行本票　　　　　　　　　　　　　　　　94 000
　　贷:银行存款　　　　　　　　　　　　　　　　　　　　　　　　94 000

7月8日,根据增值税专用发票的发票联、进账单和材料入库单,编制如下会计分录。

借:原材料——A材料　　　　　　　　　　　　　　　　　　　　80 000
　　应交税费——应交增值税(进项税额)　　　　　　　　　　　　10 400
　　库存现金　　　　　　　　　　　　　　　　　　　　　　　　　3 600
　　贷:其他货币资金——银行本票　　　　　　　　　　　　　　　94 000

【例1.10】　7月8日,甲公司销售A材料一批给通达公司,开具增值税专用发票,注明货款80 000元,增值税税额10 400元,货已发出,收到银行本票一张金额为94 000元。出纳办理进账,多余款开出转账支票支付。

甲公司根据进账单回单和销货发票,编制如下会计分录。

借:银行存款　　　　　　　　　　　　　　　　　　　　　　　　90 400
　　贷:主营业务收入　　　　　　　　　　　　　　　　　　　　　80 000
　　　　应交税费——应交增值税(销项税额)　　　　　　　　　　10 400

(3)银行汇票

①银行汇票结算流程及岗位设置。

以银行汇票办理结算,其结算流程及岗位设置如图1-12—图1-14所示。

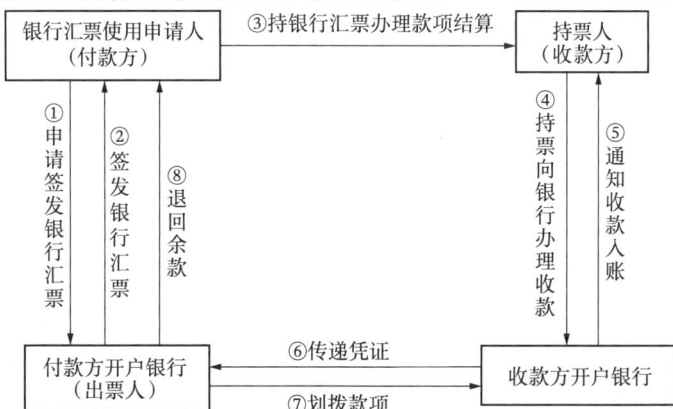

图1-12　银行汇票结算程序

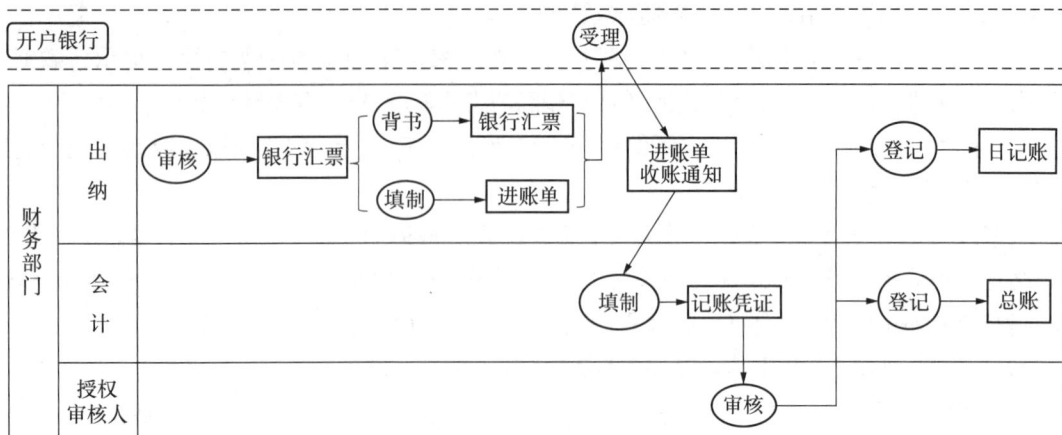

图 1-13　银行汇票结算收款业务流程与岗位设置

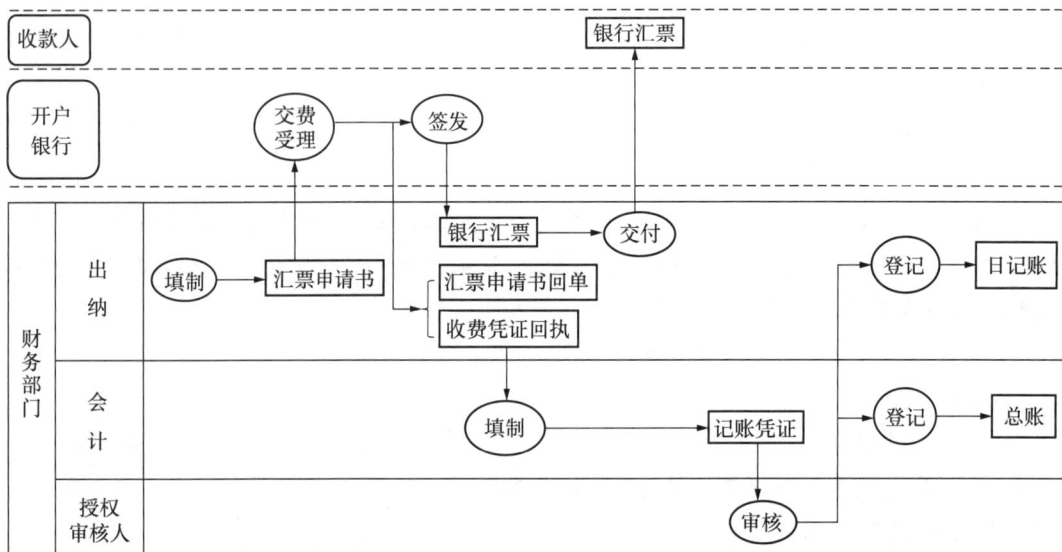

图 1-14　银行汇票结算付款业务流程与岗位设置

②银行汇票结算典型业务核算。

采用银行汇票结算时,付款方应通过"其他货币资金——银行汇票"账户进行明细核算。付款人向开户银行申请签发银行汇票时,根据"银行汇票申请书"存根联,借记"其他货币资金——银行汇票"账户,贷记"银行存款"账户;持票结算货款时,根据发票账单等有关凭证,借记有关账户,贷记"其他货币资金——银行汇票"账户。

收款方收到银行汇票时,持票向银行提示付款,并填制进账单,根据进账单回单等凭证,借记"银行存款"账户,贷记有关账户。

采用银行汇票结算时,实际结算金额低于出票金额的多余款,应由签发银行退回付款人。付款方根据银行转回款的入账通知单据,借记"银行存款"账户,贷记"其他货币资金——银行汇票"账户。

【例1.11】　7月7日,通达公司从基本存款账户划出82 000元,向开户银行申请办理银行汇票结算,取得银行汇票。7月9日,通达公司采购员持银行汇票到乙公司采购B材料,取得增值税专用发票,注明货款70 000元,增值税税额9 100元,材料验收入库。

7月7日,根据"银行汇票申请书"存根联,编制如下会计分录。

借:其他货币资金——银行汇票 　　　　　　　　　　　　　　　　　82 000
　　贷:银行存款 　　　　　　　　　　　　　　　　　　　　　　　　　　82 000

7月9日,根据增值税专用发票的发票联、进账单和材料入库单,编制如下会计分录。

借:原材料——B材料 　　　　　　　　　　　　　　　　　　　　　　70 000
　　应交税费——应交增值税(进项税额) 　　　　　　　　　　　　　　 9 100
　　贷:其他货币资金——银行汇票 　　　　　　　　　　　　　　　　　79 100

【例1.12】　7月9日,通达公司收到开户银行转来的银行汇票余款2 900元。根据银行的入账通知单据,编制如下会计分录。

借:银行存款 　　　　　　　　　　　　　　　　　　　　　　　　　　 2 900
　　贷:其他货币资金——银行汇票 　　　　　　　　　　　　　　　　　 2 900

(4)汇兑

①汇兑结算流程及岗位设置。

办理汇兑结算,其结算流程及岗位设置如图1-15—图1-17所示。

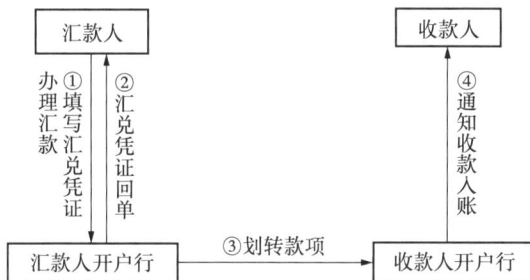

图1-15　汇兑结算程序

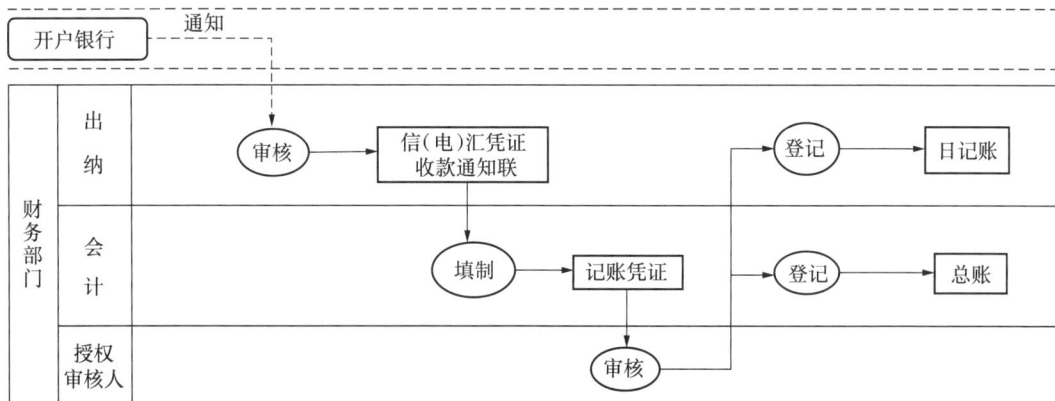

图1-16　汇兑结算收款业务流程与岗位设置

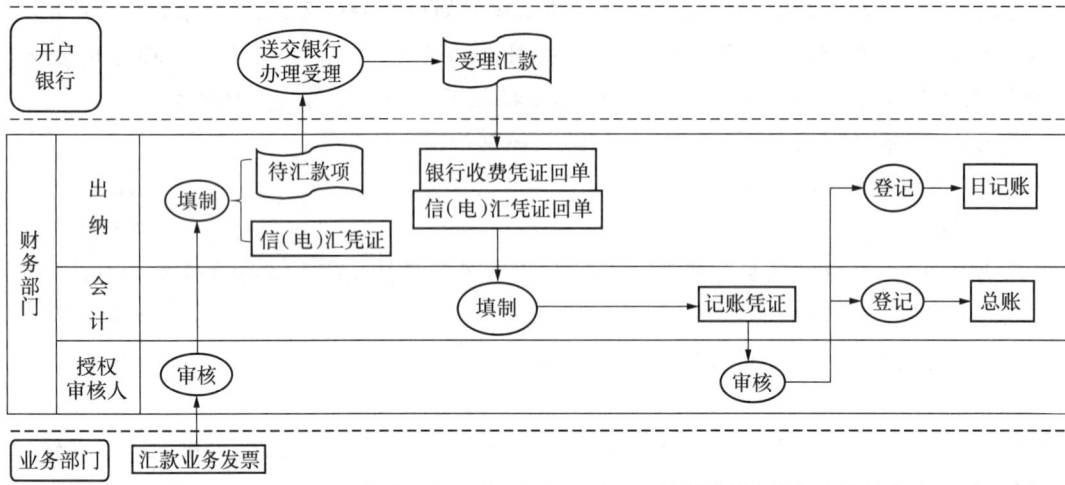

图 1-17 汇兑结算付款业务流程与岗位设置

②汇兑结算典型业务核算。

采用汇兑方式结算时,付款方根据信(电)汇凭证回单,借记有关账户,贷记"银行存款"账户;收款方根据银行收账通知,借记"银行存款"账户,贷记有关账户。

【例1.13】 7月12日,通达公司将前欠丙公司货款30 000元通过银行电汇给丙公司。根据电汇凭证回单,编制如下会计分录。

借:应付账款——丙公司   30 000
　　贷:银行存款   30 000

【例1.14】 7月14日,通达公司收到银行转来的丁公司电汇凭证收账通知联,系还前欠货款28 000元。根据电汇凭证收账通知联,编制如下会计分录。

借:银行存款   28 000
　　贷:应收账款——丁公司   28 000

(5)委托收款

①委托收款结算流程及岗位设置。

办理委托收款结算,其结算流程及岗位设置如图1-18—图1-20所示。

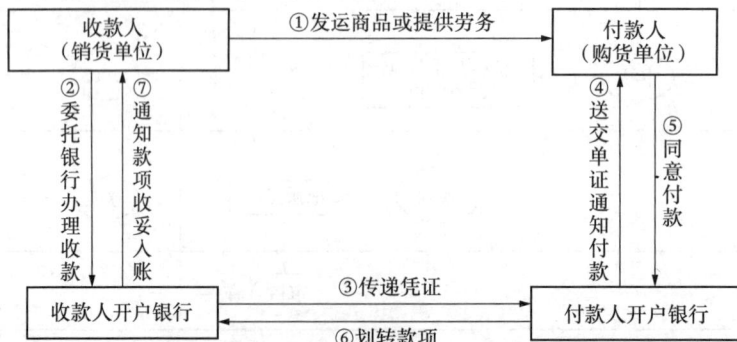

图 1-18 委托收款结算程序

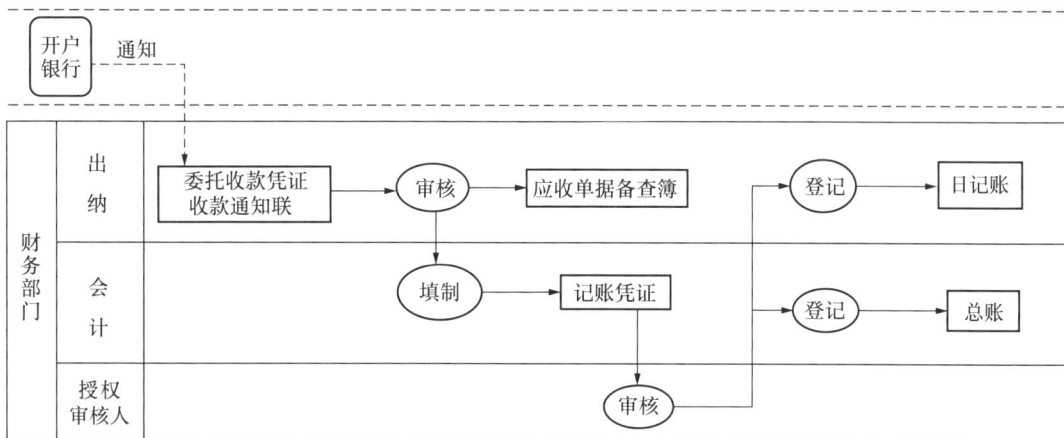

图 1-19　委托收款结算收款业务流程与岗位设置

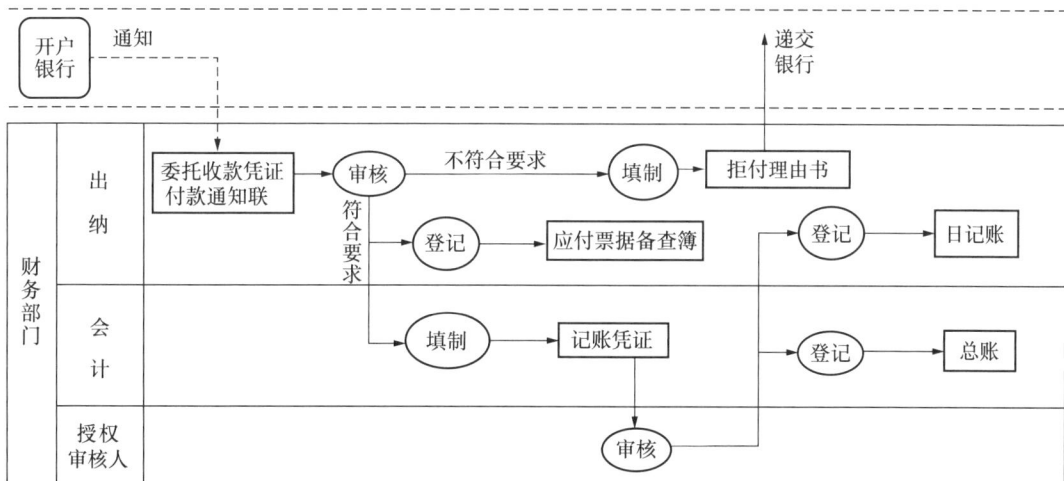

图 1-20　委托收款结算付款业务流程与岗位设置

②委托收款结算典型业务核算。

采用委托收款方式结算时,付款方根据银行"委托收款(付款通知)",借记有关账户,贷记"银行存款"账户;收款方根据银行"委托收款(收款通知)",借记"银行存款"账户,贷记有关账户。

【例 1.15】　7 月 15 日,通达公司根据银行转来的电力公司电费委托收款的付款通知,支付办公楼电费 1 730 元,编制如下会计分录。

借:管理费用——电费　　　　　　　　　　　　　　　　　　　1 730

　贷:银行存款　　　　　　　　　　　　　　　　　　　　　　　1 730

(6)托收承付

①托收承付结算流程及岗位设置。

办理托收承付结算,其结算流程及岗位设置如图 1-21—图 1-23 所示。

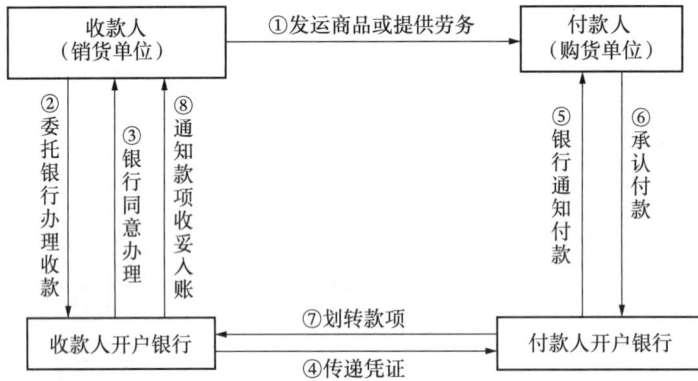

图 1-21　托收承付结算程序

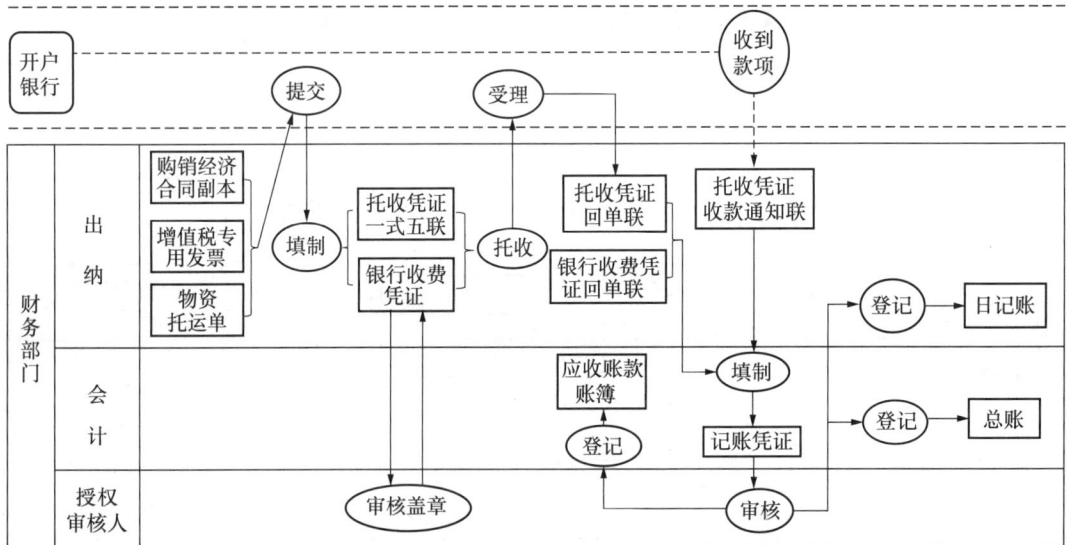

图 1-22　托收承付结算收款业务流程与岗位设置

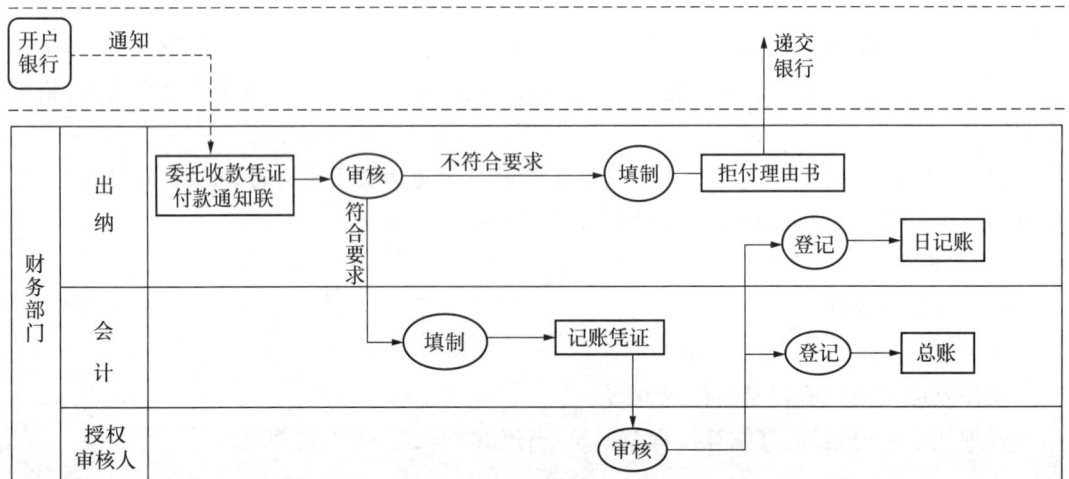

图 1-23　托收承付结算付款业务流程与岗位设置

②托收承付结算典型业务核算。

采用托收承付方式结算时,收款方办妥托收手续后,根据银行盖章退回的托收承付结算凭证的回单等,借记"应收账款"账户,贷记有关账户;承付期满收到银行转来的收账通知,借记"银行存款"账户,贷记"应收账款"账户。

付款方根据审核无误的托收承付"付款通知"凭证等,于承付期满次日,借记有关账户,贷记"银行存款"账户。

【例1.16】　7月16日,通达公司根据合同向外地X公司发出商品一批,开具增值税专用发票,注明货款30 000元,增值税税额3 900元。发货时以转账支票代垫运费400元。

填制托收承付结算凭证向开户银行办理托收承付手续,根据银行盖章退回的托收承付结算凭证的回单等,编制如下会计分录。

借:应收账款——X公司　　　　　　　　　　　　　　　　34 300
　贷:主营业务收入　　　　　　　　　　　　　　　　　　30 000
　　　应交税费——应交增值税(销项税额)　　　　　　　3 900
　　　银行存款　　　　　　　　　　　　　　　　　　　　400

【例1.17】　7月26日,通达公司收到开户银行转来的托收凭证收款通知,收取X公司的货款34 300元。根据收款通知单,编制如下会计分录。

借:银行存款　　　　　　　　　　　　　　　　　　　　34 300
　贷:应收账款——X公司　　　　　　　　　　　　　　　34 300

【例1.18】　7月26日,X公司收到银行转来的通达公司托收承付结算凭证付款通知联(X公司审核无误同意承付期满付款),增值税专用发票注明材料货款30 000元,增值税税额3 900元,代垫运费400元[增值税税额=400÷(1+9%)×9%=33.03元]。根据购货发票等凭证,编制如下会计分录。

借:在途物资　　　　　　　　　　　　　　　　　　　　30 366.97
　应交税费——应交增值税(进项税额)　　　　　　　　3 933.03
　贷:银行存款　　　　　　　　　　　　　　　　　　　　34 300

(7)信用卡

①信用卡结算流程。

凡在中国(不含中国港、澳、台地区)的金融机构开立基本存款账户的单位均可申领单位信用卡。单位申请领用信用卡,应按规定填制申请表,连同有关资料一并送交发卡银行。符合条件并按银行要求交付一定金额的备用金后,银行为申领人开立信用卡存款账户,并发给信用卡。

单位信用卡账户的资金一律从其基本存款账户转账存入,不得交存现金,不得将销货收入的款项存入此账户。持卡人可持信用卡到特约单位购物或消费,但单位卡不得用于10万元以上的商品交易、劳务供应款项的结算,不得支取现金。特约单位在每日营业终了,应将当日受理的信用卡签购单汇总,计算手续费和净计金额,并填写汇(总)计单和进账单,连同签购单一并送交收单银行办理进账。

信用卡按是否向发卡银行交存备用金分为贷记卡、准贷记卡两类。贷记卡是指发卡银行给予持卡人一定的信用额度,持卡人可在信用额度内先消费、后还款的信用卡。准贷记卡是指持卡人须先按发卡银行要求交存一定金额的备用金,当备用金账户余额不足支付时,可在发卡银行规定的信用额度内透支的信用卡。

信用卡结算程序如图 1-24 所示。

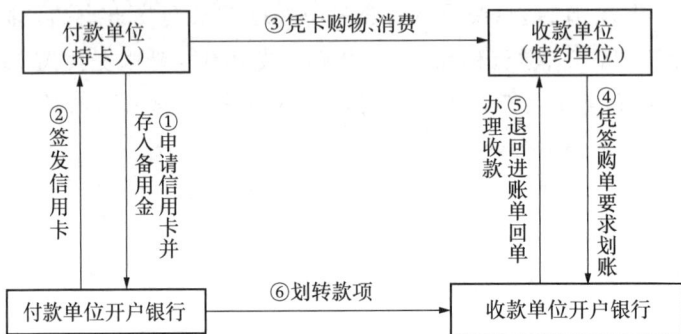

图 1-24　信用卡结算程序

②信用卡结算典型业务核算。

采用信用卡结算时,付款企业在填写"信用卡申请表"、将支票和有关资料送存银行时,借记"其他货币资金——信用卡"账户,贷记"银行存款"账户;持卡购物或支付有关费用,收到开户银行转来的信用卡存款的付款凭证及所附发票账单时,借记有关账户,贷记"其他货币资金——信用卡"账户;信用卡使用过程中续存资金,借记"其他货币资金——信用卡"账户,贷记"银行存款"账户。

【例 1.19】　7 月 18 日,通达公司办公室主任用龙卡支付招待客户餐费 1 180 元,根据餐费报销凭证,编制如下会计分录。

借:管理费用——业务招待费 　　　　　　　　　　　　　　　　　1 180
　　贷:其他货币资金——信用卡 　　　　　　　　　　　　　　　　　　1 180

3)其他货币资金典型业务核算

其他货币资金是指企业除库存现金、银行存款以外的各种货币资金,主要包括企业的银行本票存款、银行汇票存款、信用卡存款、信用证保证金存款、存出投资款和外埠存款等。银行本票存款、银行汇票存款、信用卡存款的核算已在第二部分讲述,本部分只介绍外埠存款和存出投资款的核算。

(1)外埠存款

外埠存款是指企业到外地进行临时或零星采购时,汇往采购地银行开立的采购专户存款。企业到外地采购物资,如果供应单位分散,采购数量零星,时间较长,可委托开户银行将资金汇往采购地银行开立临时采购专户进行结算。该账户只付不收,付完结清,不计利息,除采购人员可以从中提取少量现金外,一律采用转账结算。采购完毕,外地银行应将多余存款退回企业开户银行。

企业汇出款项建立临时采购专户时,借记"其他货币资金——外埠存款"账户,贷记"银行存款"账户;采购员交来发票账单时,借记有关账户,贷记"其他货币资金——外埠存款"账户;采购任务完成,转回剩余款项、结清专户时,借记"银行存款"账户,贷记"其他货币资金——外埠存款"账户。

【例 1.20】　7 月 10 日,通达公司派采购员到上海采购原材料,当日委托开户银行汇款 100 000 元到上海松江区设立采购专户。7 月 20 日,采购员交来从银行采购专户付款购入材料的有关凭证,增值税专用发票上注明货款 80 000 元、增值税税额 10 400 元,材料验收入库。7 月 30 日,收到开户银行收款通知,该采购专户的结余款已转回。

7 月 10 日,根据银行汇款凭证回单联,编制如下会计分录。

借:其他货币资金——外埠存款　　　　　　　　　　　　　　　　100 000
　　贷:银行存款　　　　　　　　　　　　　　　　　　　　　　　　100 000

7 月 20 日,根据购货发票等凭证,编制如下会计分录。

借:原材料　　　　　　　　　　　　　　　　　　　　　　　　　80 000
　　应交税费——应交增值税(进项税额)　　　　　　　　　　　　10 400
　　贷:其他货币资金——外埠存款　　　　　　　　　　　　　　　　90 400

7 月 30 日,根据收款通知,编制如下会计分录。

借:银行存款　　　　　　　　　　　　　　　　　　　　　　　　9 600
　　贷:其他货币资金——外埠存款　　　　　　　　　　　　　　　　9 600

(2)存出投资款

存出投资款是指企业存入证券公司但尚未用于购买金融商品的存款。企业向证券公司划出资金时,按实际划出金额,借记"其他货币资金——存出投资款"账户,贷记"银行存款"账户;购买股票、债券时,借记"交易性金融资产"等账户,贷记"其他货币资金——存出投资款"账户。

【例 1.21】　7 月 20 日,通达公司存入证券公司款项 100 000 元,7 月 23 日买入股票支出款项 87 000 元,该购入股票按交易性金融资产管理(此处暂不考虑其他相关税费的核算)。

7 月 20 日,划出款项存入证券投资账户时,编制如下会计分录。

借:其他货币资金——存出投资款　　　　　　　　　　　　　　　100 000
　　贷:银行存款　　　　　　　　　　　　　　　　　　　　　　　100 000

7 月 23 日,购入股票时,编制如下会计分录。

借:交易性金融资产　　　　　　　　　　　　　　　　　　　　　87 000
　　贷:其他货币资金——存出投资款　　　　　　　　　　　　　　　87 000

1.2.4　银行存款清查

银行存款清查是指将企业银行存款日记账的账面记录及余额与开户银行转来的对账单

的记录及余额进行核对。在实际工作中,企业银行存款日记账余额与银行对账单余额往往不一致,其原因除记账错误外,主要是存在未达账项。

所谓未达账项,是指企业与银行之间,由于结算凭证传递送达时间不同而导致双方记账时间不一致,对于同一项业务,一方已接到有关凭证并已登记入账,另一方由于未接到有关凭证而尚未登记入账的款项。未达账项有以下 4 种情况。

①银行已收、企业未收,即银行已记作企业的存款增加,而企业尚未记账的款项,如托收的货款、存款的利息等。

②银行已付、企业未付,即银行已记作企业的存款减少,而企业尚未记账的款项,如银行代企业支付的公用事业费、借款利息等。

③企业已收、银行未收,即企业已记作银行存款增加,而银行尚未记账的款项,如企业存入银行的现金等。

④企业已付、银行未付,即企业已记作银行存款减少,而银行尚未记账的款项,如企业已开出的转账支票,但对方尚未到银行办理转账手续的款项。

为了消除各种未达账项对企业和银行双方存款余额的影响,企业应将"银行存款日记账"与"银行对账单"逐笔核对,并通过编制"银行存款余额调节表"来试算平衡。经过"银行存款余额调节表"调整后的存款余额,为企业可动用的银行存款数额。银行存款余额调节表的格式见表1-4。

表 1-4　银行存款余额调节表

编制单位:通达公司　　　　　　　2019 年 7 月 31 日　　　　　　　单位:元

项　目	金　额	项　目	金　额
企业银行存款日记账余额	132 530	银行对账单余额	135 238
加:银行已收、企业未收款	11 028	加:企业已收、银行未收款	11 600
减:银行已付、企业未付款	4 320	减:企业已付、银行未付款	7 600
调节后的存款余额	139 238	调节后的存款余额	139 238

调节后的存款余额如果相符,表示调节前双方余额不符是由于存在未达账项,属于正常情况,一般不需要继续核查;如果调节后的存款余额仍不相等,表示调节前双方余额不相等,除了未达账项外,还存在错账或其他原因,必须进一步核查。

需要特别注意的是,对银行存款余额进行调节只是企业与银行进行账实核对的一种手段,目的是检查银行存款"账实"是否"相符"。企业不能依据"银行存款余额调节表"来调整银行存款日记账的记录。

【例 1.22】　通达公司 2019 年 7 月 25 日至 31 日银行存款日记账和银行对账单记录,见表 1-5、表 1-6。

表 1-5　银行存款日记账

2019 年		凭证种类 号数	对方 账户	票据号	摘　要	借　方	贷　方	借或贷	余　额
月	日								
7	25				承上页			借	110 930
	25	（略）	（略）	现支 383264	支付运费		√ 400	借	110 530
	25	（略）	（略）	托收承付	收到销货款	√ 92 800		借	203 330
	26	（略）	（略）	转支 181248	支付购料款		√ 58 000	借	145 330
	28	（略）	（略）	转支 181249	支付加工费		√ 16 800	借	128 530
	30	（略）	（略）	商业承兑汇票	收到销货款	11 600		借	140 130
	31	（略）	（略）	转支 181252	支付修理费		7 600	借	132 530

表 1-6　银行对账单（简化）

2019 年		凭证种类 号数	对方 账户	票据号	摘　要	借　方	贷　方	余　额
月	日							
7	25							110 930
	27	（略）	（略）	转支 181248	支付购料款	√58 000		52 930
	28	（略）	（略）	托收承付	收到销货款		√92 800	145 730
	28	（略）	（略）	委托收款	支付购料款	4 320		141 410
	29	（略）	（略）	现支 383264	支付运费	√ 400		141 010
	30	（略）	（略）	利息清单	存款利息收入		588	141 598
	31	（略）	（略）	托收承付	收到销货款		10 440	152 038
	31	（略）	（略）	转支 181249	支付加工费	√16 800		135 238

根据上述资料逐笔核对银行存款日记账与银行对账单，确定未达账项，并编制"银行存款余额调节表"。

逐笔核对银行存款日记账与银行对账单，确定未达账项共 4 项：企业已收银行未收款 11 600 元；企业已付银行未付款 7 600 元；银行已收企业未收款 11 028 元；银行已付企业未付款 4 320 元。编制"银行存款余额调节表"，见表 1-4。调节后的存款余额相等，表明双方银行存款账户记录正确。

【任务实施】

根据本任务"任务导入"中的任务资料和任务目标，结合各业务相关的原始凭证，编制白云有限责任公司 6 月有关银行存款业务的记账凭证(以下以会计分录列示),具体任务实施过程如下。

2 日,根据增值税专用发票、材料入库单及支票存根等凭证,编制如下会计分录。

借:原材料——A 材料	100 000	
应交税费——应交增值税(进项税额)	13 000	
贷:银行存款		113 000

4 日,根据银行汇票申请书存根联等凭证,编制如下会计分录。

借:其他货币资金——银行汇票	300 000	
贷:银行存款		300 000

6 日,根据增值税专用发票等凭证,编制如下会计分录。

借:在途物资——B 材料	220 000	
应交税费——应交增值税(进项税额)	28 600	
贷:其他货币资金——银行汇票		248 600

7 日,根据银行入账通知等凭证,编制如下会计分录。

借:银行存款	51 400	
贷:其他货币资金——银行汇票		51 400

9 日,根据增值税专用发票、进账单等凭证,编制如下会计分录。

借:银行存款	67 800	
贷:主营业务收入——甲产品		60 000
应交税费——应交增值税(销项税额)		7 800

10 日,根据银行本票申请书存根联等凭证,编制如下会计分录。

借:其他货币资金——银行本票	180 000	
贷:银行存款		180 000

12 日,根据增值税专用发票、材料入库单及收款收据等凭证,编制如下会计分录。

借:原材料——A 材料	150 000	
应交税费——应交增值税(进项税额)	19 500	
库存现金	500	
贷:其他货币资金——银行本票		170 000

13 日,根据增值税专用发票、进账通知及收款收据等凭证,编制如下会计分录。

借:银行存款	80 000	
贷:主营业务收入——乙产品		70 000
应交税费——应交增值税(销项税额)		9 100
库存现金		900

15 日,根据增值税专用发票、材料入库单等凭证,编制如下会计分录。

借:原材料——C 材料	400 000	
应交税费——应交增值税(进项税额)	52 000	

贷:应付票据	452 000

17 日,根据银行承兑汇票等凭证,编制如下会计分录。

借:应收票据——安顺公司	330 000
贷:应收账款——安顺公司	330 000

18 日,根据进账通知,编制如下会计分录。

借:银行存款	76 000
贷:应收账款——家华公司	76 000

20 日,根据委托收款结算凭证,编制如下会计分录。

借:管理费用——电费	5 000
制造费用——电费	9 700
贷:银行存款	14 700

22 日,根据托收承付结算凭证,编制如下会计分录。

借:应收账款——美华公司	342 500
贷:主营业务收入——乙产品	300 000
应交税费——应交增值税(销项税额)	39 000
银行存款	3 500

26 日,根据办理信用卡相关凭证,编制如下会计分录。

借:其他货币资金——信用卡	50 000
贷:银行存款	50 000

27 日,根据托收凭证收账通知,编制如下会计分录。

借:银行存款	351 500
贷:应收账款——美华公司	351 500

30 日,根据购货发票等凭证,编制如下会计分录。

借:管理费用——办公费	5 100
贷:其他货币资金——信用卡	5 100

项目 2
往来结算岗位会计

【项目指引】 认知往来结算岗位会计

一、往来结算岗位会计职责

往来结算岗位是企业债权债务会计核算岗位,其主要职责为:

①会同有关部门建立健全往来款项结算制度,拟定往来款项管理与核算的具体实施办法。

②会同有关部门制订应收及预付款项催收计划和应付款项的偿还计划,严格控制应收及预付款项的机会成本和应付款项的偿还成本。

③负责制定切合实际的凭证传递程序,填制或审核往来款项有关原始凭证,办理往来款项的业务核算。

④负责应交税费的计算、申报以及上缴工作。

二、往来结算岗位会计核算内容

往来结算岗位会计是指由经济信用产生的反映企业与其内部、外部不同经济主体间的往来业务核算的专项会计。其核算的主要内容包括两个方面,即企业与外部往来业务和企业内部往来业务。

(一)企业与外部往来业务

企业与外部往来业务指企业与其他经济主体发生往来所形成的业务,主要包括企业与客户之间因赊销而形成的应收款项、预付款项业务的确认与收回,如应收账款、应收票据、预付账款等核算;企业与供应商之间因赊购而形成的应付款项、预收款项业务的确认与支付,如应付账款、应付票据、预收账款等核算;企业购买股票、债券而产生的应收股利、应收利息的核算;企业与银行等金融机构因借款发生的应付利息的核算;企业在利润分配时应支付给投资者的现金股利或利润,如应付股利的核算;企业与税务部门之间形成的应交税费的核算。

（二）企业内部往来业务

企业内部往来业务指企业与其内部各部门以及职工个人所发生的业务，主要包括企业与职工个人因劳务供应而发生的工资结算与工资分配业务，如应付职工薪酬核算；企业与内部各部门、职工个人除工资以外因其他原因发生的应付、暂收与应收、暂付款业务，如备用金结算、保证金结算等。

三、往来结算岗位内部控制

（一）建立明确的职责分工制度

企业应当建立健全往来款项业务的岗位责任制度，明确职责分工，确保办理往来款项业务各环节中的不相容职务分离，发挥相互监督、相互制约的作用。例如，与往来款项产生相关的业务执行与记账分离；往来款项收付款业务的经办人员与资金收支的审核人员分离；实施付款审批的人员不能办理寻求供应商和索价业务；企业的采购人员应定期轮岗，防止采购人员与供货商联手舞弊；企业的预付货款应经过严格的审批程序，将审批环节的责任直接定位到责任人，并应严格按照合同的规定执行；发生预付款多付的现象，责任人要负责追回等。

（二）建立完善的往来账目清算管理制度

首先，企业应该建立对账制度。每月定期和往来企业进行对账工作，并且存留双方盖章的对账单，保证应收、应付款项的正确性和准确性。若发现不符，应尽快查明原因，及时纠正。其次，企业应加强对往来账款余额的管理，及时清算和催收。对于应收款项，企业应制定信用政策，严格对客户的信用期限、信用额度的审核批准；建立领用和报销制度，加强备用金预借的审核与定期报销；定期进行账龄分析，结构分析；建立催收制度，对于逾期未还款组织人员催收，并要求客户提供抵押或担保等。对于应付款项，应建立还款制度，制订清理计划，及时分析风险，定期有序归还应付款项，保持良好的商业信誉。

（三）加强往来账款管理的执行与监督

企业应该营造一个良好的内部控制环境，使企业制定的往来账款管理制度中的相关程序、制度得以确实执行。同时，企业还需要对整个往来款项实施的控制活动加强内部监督。在内部监督过程中，可以由企业的内部审计来发挥主要职能，保障企业内部审计机构的独立性和权威性，形成完善的内部监督机制。

任务 1　应收及预付款项核算

【学习目标】

知识目标：掌握应收及预付款的核算内容；掌握应收账款、应收票据、预付账款、其他应收款、应收利息和应收股利的含义、确认与计量原则、账户设置及典型业务核算方法;掌握应收款项减值损失的确认、坏账准备的计提及坏账收回的核算;掌握应收票据贴现的贴现净额计算及核算。

技能目标:能正确填写托收凭证等业务单据;能根据应收账款、应收票据、预付账款和其他应收款等业务的原始凭证正确编制记账凭证,并根据记账凭证登记相关业务的明细账和总账。

【任务导入】

任务原始资料:白云有限责任公司(以下简称"白云公司")为增值税一般纳税人,增值税税率为13%。2019年12月1日,白云公司"应收账款"账户借方余额4 800 000元,"坏账准备"账户贷方余额280 000元,企业通过对应收款项的信用风险分析,确定计提坏账准备的比例为期末应收账款余额的5%。12月白云公司发生如下相关业务。

4日,向甲企业赊销商品一批,按商品价目表标明价格计算的金额为9 000 000元(不含增值税),由于是成批销售,白云公司给予甲企业10%的折扣。

11日,与白云公司有长期业务往来的H客户破产,根据清算程序,应收账款470 000元不能收回,确认为坏账。

15日,收到甲企业的销货款5 200 000元存入银行。

22日,2018年已确认为坏账的应收账款100 000元收回,存入银行。

30日,向乙企业销售商品一批,开具增值税专用发票,注明价款1 200 000元、增值税税额156 000元。白云公司为及早收回货款,在合同中规定现金折扣条件为"2/10,1/20,n/30"。假定现金折扣不考虑增值税。

任务目标:

(1)编制白云公司上述业务的相关会计分录。

(2)计算白云公司2019年应计提的坏账准备金额,并编制会计分录。

【知识链接】

2.1.1 应收账款的核算

1)应收账款的认知

应收账款是指企业发生因对外销售商品、提供劳务等经营活动,应向购货单位或接受劳务单位收取的款项。应收账款只反映发生销售商品或提供劳务形成的债权,主要包括企业因销售商品或提供劳务等应向有关债务人收取的价款、增值税及代购货单位垫付的包装费、运杂费等。凡不是因销售活动、提供劳务而发生的应收款项,不应列入应收账款,如各种应收取的赔款和罚款、应向职工收取的各种垫付款、应收债务人的利息、应收已宣告分配的股利、企业付出的各种存出保证金和押金、预付款项等。

2）应收账款的确认与计量

应收账款因销售商品或提供劳务而产生,因此,应收账款应与销售收入同步确认。只有当商品销售收入或提供劳务收入的确认条件成立而货款尚未收取时,才能确认为应收账款。

应收账款的入账价值即指应向客户收取的数额,包括销售货物或提供劳务的价款、增值税以及代购货方垫付的运杂费等。在确认应收账款的入账价值时,应考虑有关的折扣、折让因素。折扣包括商业折扣和现金折扣两种。

商业折扣是指企业为了促进销售,在商品价目单原定价格的基础上给予购货方的价格扣除。商业折扣通常以百分比表示,如5%,10%及15%等。企业采用商业折扣,一方面可使商品价目单相对比较稳定,商品的实际售价发生变动时只需提高或降低商业折扣;另一方面可将商业折扣作为一种促销手段,对于购买数量较大的顾客给予价格上的优惠,即采取"薄利多销"的策略。由于商业折扣是在交易成立及实际付款之前予以扣除,因此,在商业折扣销售情况下,应收账款的入账金额为扣除商业折扣后的实际销售价格。

现金折扣是指企业为了鼓励客户在一定时期内早日偿还货款而给予的一种折扣优待。现金折扣通常表示为2/10,1/20,n/30,即10天内付款,给予2%的现金折扣;20天内付款,给予1%的现金折扣;30天内付清全部款项,无折扣。由于现金折扣是在商品销售后发生,因此它会影响应收账款的计量。

存在现金折扣条件的应收账款,其计量方法有两种,即总价法和净价法。总价法是指将未扣除现金折扣的金额作为应收账款的入账金额。在该方法下,只有客户在折扣期内付款时,企业才确认现金折扣,并把它视为一项企业的融资成本计入财务费用。净价法是将扣除现金折扣后的金额作为应收账款的入账金额。在该方法下,把客户为取得现金折扣而在折扣期内付款视为正常现象,将客户由于超过折扣期限付款而使销售方多收回的金额视为提供信贷而获得的收入,于收到账款时入账,作冲减财务费用处理。根据《企业会计准则》规定,在我国会计实务中采用总价法核算应收账款。

3）应收账款核算的账户设置

为了反映和监督应收账款的增减变动及其结存情况,企业应设置"应收账款"账户。该账户属资产类,借方登记应收账款的增加;贷方登记应收账款的收回及确认坏账损失冲减的款项;期末余额在借方,反映企业尚未收回的应收账款。该账户应按应收账款的单位设置明细账核算。若不单独设置"预收账款"账户的企业,发生的预收货款可以在"应收账款"账户核算。因此,如果"应收账款"账户期末余额在贷方,则反映企业预收的账款。

4）应收账款典型业务核算

（1）无折扣条件下应收账款的发生与收回的核算

【例2.1】　7月5日,通达公司采用托收承付结算方式向甲公司销售商品一批,开具增值税专用发票,注明价款 600 000 元,增值税税额 78 000 元,同时开具支票代垫运杂费 4 000 元。通达公司账务处理如下。

7 月 5 日,办妥托收手续时,编制如下会计分录。

借:应收账款——甲公司	682 000
贷:主营业务收入	600 000
应交税费——应交增值税(销项税额)	78 000
银行存款	4 000

7 月 10 日,实际收到款项时,编制如下会计分录。

| 借:银行存款 | 682 000 |
| 贷:应收账款——甲公司 | 682 000 |

(2)现金折扣条件下应收账款的发生与收回核算

【例 2.2】 7 月 5 日,通达公司采用赊销方式向乙公司销售产品一批,商品价目表中所列的不含增值税的价格为 100 000 元,商业折扣为优惠 10%;现金折扣条件为"2/10,1/20,n/30",按照收取的全部价款计算(通达公司为增值税一般纳税人,适用增值税税率为 13%)。通达公司账务处理如下。

7 月 5 日,销售商品时,

不含增值税税额的实际销售价格=100 000 元×(1-10%)=90 000 元

增值税税额=90 000 元×13%=11 700 元

应收账款合计=90 000 元+11 700 元=101 700 元

根据开具的增值税专用发票,编制如下会计分录。

借:应收账款——乙公司	101 700
贷:主营业务收入	90 000
应交税费——应交增值税(销项税额)	11 700

7 月 12 日乙公司支付货款,可享受现金折扣额=101 700 元×2%=2 034 元,实际支付金额=101 700 元-2 034 元=99 666 元

通达公司实际收到货款时,编制如下会计分录。

借:银行存款	99 666
财务费用	2 034
贷:应收账款——乙公司	101 700

(3)以商业汇票抵付应收账款的核算

【例 2.3】 7 月 7 日,通达公司收到丙公司交来的面值 23 200 元的商业汇票一张,用以偿还前欠货款。通达公司收到商业汇票时,编制如下会计分录。

| 借:应收票据——丙公司 | 23 200 |
| 贷:应收账款——丙公司 | 23 200 |

2.1.2　应收票据的核算

1）应收票据的认知

应收票据是指企业因销售商品、提供劳务等而收到的商业汇票。商业汇票按承兑人不同划分为商业承兑汇票与银行承兑汇票；按是否计息划分为带息商业汇票与不带息商业汇票。其中，带息商业汇票标明票面金额和票面利率，到期按票面金额与票面利息合计结算，不带息商业汇票只标明票面金额，到期按票面金额结算。

2）应收票据的确认与计量

企业收到商业汇票时，应按汇票票面金额入账。对于带息应收票据，期末按应收票据的票面价值和票面利率计提利息，增加应收票据的账面金额。

3）应收票据核算的账户设置

为了反映和监督商业汇票取得、票款收回等情况，企业应设置"应收票据"账户。该账户属于资产类，借方登记取得的商业汇票的面值和期末计提的利息；贷方登记到期收回票据款或到期前向银行贴现的商业汇票的账面余额；期末借方余额，反映企业尚未收回且未申请贴现的商业汇票的面值和应计利息。

"应收票据"账户可按开出、承兑商业汇票的单位进行明细核算，同时应设置"应收票据备查簿"，逐笔登记商业汇票的种类，号数和出票日，票面金额，交易合同号，付款人、承兑人、背书人的姓名或单位名称，到期日，背书转让日，贴现日，贴现率和贴现净额以及收款日和收回金额，退票情况等详细资料。

4）应收票据典型业务核算

（1）不带息应收票据取得与收回的核算

①销售商品、提供劳务或抵偿应收账款收到商业汇票的核算。

【例2.4】　7月11日，通达公司向乙公司销售产品一批，开具增值税专用发票，注明价款300 000元，增值税税额39 000元，收到乙公司签发的一张三个月期限的不带息商业承兑汇票，面值为339 000元。

通达公司7月11日收到商业汇票时，编制如下会计分录。

借：应收票据——乙公司　　　　　　　　　　　　　　　　　　　339 000
　　贷：主营业务收入　　　　　　　　　　　　　　　　　　　　　　300 000
　　　　应交税费——应交增值税（销项税额）　　　　　　　　　　　　39 000

②商业汇票到期收到票据款的核算。

不带息票据的到期值＝面值

【例2.5】　承［例2.4］，10月11日，通达公司持有的上述商业汇票到期，收回票据款

339 000元,存入银行。通达公司收到票据款时,编制如下会计分录。

借:银行存款 339 000

　贷:应收票据——乙公司 339 000

③商业汇票到期,出票人无力支付或拒付的核算。

商业承兑汇票到期,若承兑人拒付或无力偿还票款,持票企业应将"应收票据"转为"应收账款";银行承兑汇票到期,承兑银行负有无条件支付责任,持票单位到期一定能收到款项。

【例2.6】 承[例2.4],到10月11日,上述商业承兑汇票到期,乙公司无力支付票据款,通达公司编制如下会计分录。

借:应收账款——乙公司 339 000

　贷:应收票据——乙公司 339 000

(2)带息应收票据取得与收回的核算

①销售商品、提供劳务或抵偿应收账款收到商业汇票的核算。

【例2.7】 7月11日,通达公司销售一批商品给甲商贸公司,开具增值税专用发票,注明价款100 000元,增值税税额13 000元。货已发出,收到甲商贸公司交来的期限3个月的商业承兑汇票一张,面值113 000元,票面利率4%。通过公司收到商业汇票时,编制如下会计分录。

借:应收票据——甲商贸公司 113 000

　贷:主营业务收入 100 000

　　应交税费——应交增值税(销项税额) 13 000

②带息商业汇票期末按规定计提票据利息的核算。

为简化核算,不涉及跨年度的带息商业汇票,月末可以不计提利息也不单独进行会计处理;但涉及跨年度时,必须在年末月份计提该票据持有期间的利息,并按应计的利息金额,借记"应收票据"账户,贷记"财务费用"账户。

③商业汇票到期收回票据款的核算。

带息票据的到期值=票据面值+票据利息

票据利息=面值×票据利率×票据期限

【例2.8】 承[例2.7],10月11日票据到期收到票据款。

计算带息票据的到期值=113 000元×(1+4%×3÷12)=114 130元,通达公司编制如下会计分录。

借:银行存款 114 130

　贷:应收票据——甲商贸公司 113 000

　　财务费用 1 130

④商业汇票到期,出票人无力支付的核算。

商业承兑汇票到期,出票人无力支付票款时,应将"应收票据"账户的账面余额转入"应收账款"账户,应收票据利息不再计提,其所包含的利息在有关备查账簿中登记,待实际收到时再冲减当期的财务费用。

银行承兑汇票到期,因承兑人是银行,所以收款方一定能如期收到票款。

(3)应收票据贴现的核算

应收票据贴现是指企业将持有的未到期商业汇票转让给银行,银行按票据到期日的金额扣除贴现利息后将余款付给企业的一种融资行为。应收票据贴现时,有关计算公式如下。

票据到期值=票据面值+票据利息

票据贴现息=票据到期值×贴现率×贴现期

票据贴现净额=票据到期值−票据贴现息

应收票据贴现期一般按贴现日至票据到期日的实际天数采用"算尾不算头"或"算头不算尾"的方式确定。若承兑方是外埠企业,贴现期要增加 3 天的收款邮程期。

【例 2.9】 7 月 3 日,通达公司将一份由外地广发电器商贸公司开户银行于当年 4 月 16 日签发的 6 个月期带息商业汇票(面值 20 万元,票据利率 4.5%)向银行申请贴现。经银行审查同意给予贴现,贴现率为 4%。假定该商业汇票银行不具追索权,通达公司应收账款贴现净额的计算及相关账务处理如下。

贴现期(天数)=(28+31+30+16+3)天=108 天

汇票到期值=200 000 元+200 000 元×4.5%×6÷12=204 500 元

汇票贴现息=204 500 元×4%×108÷360=2 454 元

汇票贴现净额=204 500 元−2 454 元=202 046 元

收到贴现款时,通达公司编制如下会计分录。

借:银行存款 202 046
　贷:应收票据 200 000
　　财务费用 2 046

若本例中的商业汇票银行具有追索权,通达公司应编制如下会计分录。

借:银行存款 202 046
　贷:短期借款 200 000
　　财务费用 2 046

(4)应收票据背书转让的核算

【例 2.10】 7 月 8 日,通达公司向乙企业购入材料一批,收到销货方开具的增值税专用发票,注明价款 250 000 元,增值税税额 32 500 元。由于资金紧张,通达公司以面值为 240 000 元的无息商业汇票一份背书,另以银行存款支付 42 500 元,材料验收入库。通达公司编制如下会计分录。

借:原材料 250 000
　应交税费——应交增值税(进项税额) 32 500
　贷:应收票据——乙企业 240 000
　　银行存款 42 500

2.1.3 预付账款的核算

1)预付账款的含义

预付账款是指企业按照合同规定预先支付给供货单位或劳务提供单位的款项。预付账款一般按履行合同的实际预付金额计量。

2)预付账款核算的账户设置

为核算预付账款的增减变动及其结存情况,企业应当设置"预付账款"账户。该账户属资产类,借方登记按合同规定预付的购货款和补付的购货款;贷方登记收到货物后按价款结转的金额以及收回的多余款;期末借方余额,反映企业预付的款项;期末贷方余额,反映企业尚未补付的款项。本账户按供货单位设置明细账核算。

预付账款不多的会业,可以不设"预付账款"账户,而将预付款项直接通过"应付账款"账户核算,但编制会计报表时,仍应将"预付账款"账户的金额和"应付账款"账户的金额分开列示。

3)预付账款典型业务核算

【例2.11】 7月12日,通达公司向乙公司采购单价为1 500元的材料400吨,合同约定通达公司在合同签订日预付合同款的50%,货物验收后补付其余款项。通达公司账务处理如下。

预付货款时,编制如下会计分录。

借:预付账款——乙公司   300 000
    贷:银行存款   300 000

收到乙公司发来的400吨材料,增值税专用发票注明价款600 000元,增值税税额78 000元,验收无误,通达公司以银行存款补付余款378 000元,编制如下会计分录。

借:原材料   600 000
    应交税费——应交增值税(进项税额)   78 000
    贷:预付账款——乙公司   678 000
借:预付账款——乙公司   378 000
    贷:银行存款   378 000

2.1.4 其他应收款的核算

1)其他应收款的含义

其他应收款是指企业发生的非购销业务的应收债权,即除应收票据、应收账款、预付账款等以外的其他各种应收、暂付款项。具体来说,其他应收款包括应收的各种赔款、罚款,应收的出租物租金,应向职工收取的各种垫付款项,存出保证金,向企业职能科室等拨付的备用金及其他各种应收款、暂付款。

2)其他应收款核算的账户设置

为了反映和监督其他应收款的增减变动及其结存情况,企业应设置"其他应收款"账户。该账户属资产类,借方登记其他应收款的增加;贷方登记其他应收款的收回或转销数;期末余额一般在借方,反映企业尚未收回的其他应收款项。该账户应按不同债务人设置明细账户,进行明细核算。

3)其他应收款典型业务核算

【**例**2.12】　7 月 5 日,通达公司租入包装物一批,开具转账支票支付押金 11 000 元,编制如下会计分录。

借:其他应收款——存出保证金　　　　　　　　　　　　　　　11 000
　　贷:银行存款　　　　　　　　　　　　　　　　　　　　　　　11 000

【**例**2.13】　承[例2.12],7 月 17 日,上述租入包装物按期如数退回,通达公司收到出租方退还的押金 11 000 元,款项已存入银行。编制如下会计分录。

借:银行存款　　　　　　　　　　　　　　　　　　　　　　　11 000
　　贷:其他应收款——存出保证金　　　　　　　　　　　　　　　11 000

【**例**2.14】　7 月 21 日,通达公司财务科经过经费使用核定,以现金向后勤部门拨付备用金 5 000 元。根据现金支付凭证,编制如下会计分录。

借:其他应收款——备用金　　　　　　　　　　　　　　　　　　5 000
　　贷:库存现金　　　　　　　　　　　　　　　　　　　　　　　5 000

若后期核定收回存放在企业内部各职能部门的备用金时,编制相反的会计分录。

借:库存现金
　　贷:其他应收款——备用金

2.1.5　应收利息的核算

1)应收利息的含义

应收利息是指企业根据合同或协议规定应向债务人收取的利息,包括购入债券的价款中已到付息期但尚未领取的债券利息,分期付息到期还本的债券投资在持有期间产生的应收取的利息等。

2)应收利息核算的账户设置

为了反映和监督应收利息的增减变动及其结存情况,企业应设置"应收利息"账户。该账户属于资产类,借方登记应收的利息,贷方登记实际收到的利息,期末借方余额反映企业尚未收回的利息。

3）应收利息典型业务核算

企业对分期付息到期还本的债券投资在持有期间产生的应收取的利息计提时,借记"应收利息"账户,贷记"投资收益"账户;实际收到债券利息时,借记"银行存款"账户,贷记"应收利息"账户。

有关典型业务处理举例,参见"项目4 任务3"的相关内容。

2.1.6 应收股利的核算

1）应收股利的含义

应收股利是指企业因股权投资而应收取的现金股利以及应收其他单位的利润,包括企业购入股票实际支付的款项中已宣告发放但尚未领取的现金股利和企业因对外投资应分得的现金股利或利润等,但不包括应收的股票股利。

2）应收股利核算的账户设置

为了核算企业应收取的现金股利和应收取其他单位分配的利润,设置"应收股利"账户。该账户属于资产类,借方登记应收的现金股利或利润,贷方登记实际收到的现金股利或利润,期末借方余额反映企业尚未收回的现金股利或利润。该账户按照被投资单位进行明细核算。

3）应收股利典型业务核算

被投资单位宣告发放现金股利或利润,按应归本企业享有的金额,借记"应收股利"账户,贷记"投资收益"等账户;在收到现金股利或利润时,借记"银行存款"等账户,贷记"应收股利"账户。

有关典型业务处理举例,参见"项目4 任务3 和任务4"的相关内容。

2.1.7 应收款项减值核算

1）应收款项减值损失的确认

企业的各项应收款项,可能因为购货人拒付、破产、死亡等原因而无法收回。这类无法收回的应收款项就是坏账。坏账是指企业无法收回或收回的可能性极小的应收款项。企业因坏账而遭受的损失为坏账损失或减值损失。

企业应当在资产负债表日对应收款项的账面价值进行检查,有客观证据表明该应收款项发生减值的,应当将该应收款项的账面价值减记至预计未来现金流量现值,减记的金额确认减值损失,计提坏账准备。

表明应收款项发生减值的客观证据,是指应收款项初始确认后实际发生的、对该应收款项的预计未来现金流量有影响,且企业能够对该影响进行可靠计量的事项。应收款项发生减值的客观证据主要包括:债务人发生严重财务困难;债务人违反了合同条款,如发生违约或逾期等;债权人出于经济或法律等方面因素的考虑,对发生财务困难的债务人做出让步;债务人很可能倒闭或进行其他财务重组。对已确认为坏账的应收款项,并不意味着企业放弃其追索权,一旦重新收回,应及时入账。

2)应收款项减值损失的计量

一般来说,企业对于单项金额重大的应收款项,应当单独进行减值测试。有客观证据表明其发生了减值的,应当根据其未来现金流量现值低于账面价值的差额,确认减值损失,计提坏账准备。

对于单项金额非重大的应收款项可以单独进行减值测试,确定减值损失,计提坏账准备;也可以与经单独测试后未减值的应收款项一起按类似信用风险特征划分为若干组合,再按这些应收款项组合在资产负债表日余额的一定比例计算确定减值损失,计提坏账准备。根据应收款项组合余额的一定比例计算确定的坏账准备,应当反映各项目实际发生的减值损失,即各项组合的账面价值超过其未来现金流量现值的金额。

企业应当根据以前年度与之相同或相类似的、具有类似信用风险特征的应收款项组合的实际损失率为基础,结合现时情况确定本期各项组合计提坏账准备的比例,据此计算本期应计提的坏账准备。

企业可以选用的应收款项减值损失的估计方法有四种:应收款项余额百分比法、账龄分析法、销货百分比法和个别认定法。应收款项减值损失的估计方法一经确定,不得随意变更。

(1)应收款项余额百分比法

应收款项余额百分比法是指根据期末应收款项余额和估计的坏账率(即坏账百分比),估计减值损失,计提坏账准备的方法。坏账百分比由企业根据资料或经验自行确定。其计算公式如下。

①首次计提坏账准备的计算公式为:

当期应提取的坏账准备=当期按照应收款项计算坏账准备期末余额

=期末应收款项余额×坏账百分比

②以后计提坏账准备的计算公式为:

当期应提取(或调整)的坏账准备=当期按照应收款项计算坏账准备期末余额-(或+)"坏账准备"账户的贷方(或借方)余额

(2)账龄分析法

账龄分析法是指根据应收款项账龄的长短及当前的具体情况估计坏账损失,计提坏账准备的方法。账龄是指客户所欠账款逾期的时间。通常而言,应收账款的账龄越长,发生坏账的可能性越大。为此,将企业的应收款项按账龄长短进行分组,分别确定不同的坏账百分比估算坏账损失,使坏账损失的计算结果更符合客观情况。其计算公式如下。

①首次计提坏账准备的计算公式为:

当期应计提的坏账准备=当期按照账龄组合并计算的坏账准备期末余额

$$= \sum（期末各账龄组应收账款余额×相应账龄组坏账百分比）$$

②以后计提坏账准备的计算公式为:

当期应提取（或调整）的坏账准备=当期按照账龄组合并计算的坏账准备期末余额－
（或+）"坏账准备"账户的贷方（或借方）余额

（3）销货百分比法

销货百分比法是指根据企业销售总额的一定百分比估计坏账损失,并计提坏账准备的
方法。坏账百分比按企业以往实际发生的坏账与销售总额的关系结合生产经营与销售政策
变动情况测定。采用销货百分比法首次计提坏账准备的计算公式为:

当期应计提的坏账准备=本期销售总额×坏账百分比

（4）个别认定法

个别认定法是指针对每项应收款项的实际情况分别估计坏账损失,并计提坏账准备的
方法。采用个别认定法首次计提坏账准备的计算公式为:

$$当期应计提的坏账准备= \sum（每项应收款项估计的坏账损失）$$

个别认定法区别于应收款项余额百分比法和销货百分比法的主要特点,表现在以下两
个方面:一是对坏账准备计提的依据,不再是销货总额或赊销总额,而是客户的信用状况和
偿还能力;二是计提坏账准备的比率,不再是所有的欠款客户都用一个相同的比例,而是信
用状况不同其适用的比率也不同。只要调查清楚每个客户的信用状况和偿还能力,再据此
确定每个客户的计提比率和欠款数额,就能核算坏账损失。

3）应收款项减值损失的核算方法

应收款项减值损失的核算方法有直接转销法和备抵法两种。采用直接转销法,坏账损
失应当于实际发生时直接计入当期损益,同时冲减应收款项。采用备抵法,应按期估计坏账
并作为坏账损失计入当期资产减值损失,同时确认坏账准备,当某一应收款项全部或部分被
确认为坏账时,将其金额冲减坏账准备并相应转销应收款项。我国《企业会计准则》规定,应
收款项减值损失应采用备抵法核算。

4）坏账准备的计提范围

根据《企业会计准则》的规定,坏账准备的计提范围包括应收账款、其他应收款和长期应
收款。企业的预付账款如有确凿证据表明其不符合预付账款的性质,或因供货单位破产、撤
销等原因已无望再收到所购货物的,应将原计入预付账款的金额转入其他应收款并按规定
计提坏账准备。企业持有的未到期的应收票据,如有确凿证据证明不能收回或收回的可能
性不大,应将其账面余额转入应收账款,并按规定计提相应坏账准备。

5）应收款项减值损失核算的账户设置

（1）"坏账准备"账户

采用备抵法核算应收款项减值损失的企业,应设置"坏账准备"账户,核算应收款项的坏账准备计提和核销等情况。该账户属资产类,贷方登记当期计提的坏账准备金额;借方登记实际发生的减值损失金额和冲减的坏账准备金额;期末余额一般在贷方,反映企业已计提但尚未转销的坏账准备。本账户应按应收款项的类别进行明细核算。

"坏账准备"账户是应收款项的备抵账户。应收款项余额减去"坏账准备"账户相关明细账户贷方余额后的差额,为应收款项账面价值。

（2）"信用减值损失"账户

根据《企业会计准则第22号——金融工具确认和计量》应用指南,应收账款归属于金融资产,若金融资产减值准备所形成的预期信用损失,应通过"信用减值损失"账户核算。"信用减值损失"账户属损益类账户,核算企业计提的金融资产减值准备形成的损失,借方登记企业发生的归属于金融资产的应收账款等资产减值而减记的金额;贷方登记企业计提的坏账准备等得以恢复而增加的金额;期末将本账户余额转入"本年利润"账户,结转后本账户无余额。

6）应收款项减值损失典型业务核算

企业计提坏账准备时,按应计提的金额,借记"信用减值损失——计提的坏账准备"账户,贷记"坏账准备"账户;冲减多计提的坏账准备时,借记"坏账准备"账户,贷记"信用减值损失——计提的坏账准备"账户。

【例2.15】 通达公司2017年通过对应收款项的风险分析,确定按应收账款年末余额的10%计提坏账准备。2017年12月31日应收账款余额为1 000 000元。2018年6月发生坏账50 000元,经批准核销;当年12月31日应收账款余额1 100 000元。2019年3月收回上年核销的坏账37 000元,当年12月31日应收账款余额950 000元。通达公司有关账务处理如下。

①2017年12月31日首次计提坏账准备,应提坏账准备金额 = 1 000 000元×10% = 100 000元,编制如下会计分录。

借:信用减值损失——计提的坏账准备   100 000

 贷:坏账准备   100 000

②2018年6月确认坏账损失,编制如下会计分录。

借:坏账准备   50 000

 贷:应收账款   50 000

③2018年12月31日计提坏账准备,编制如下会计分录。

2018年末"坏账准备"账户贷方余额 = 1 100 000元×10% = 110 000元

2018年末调整前"坏账准备"账户贷方余额为50 000元(即100 000-50 000)

2018 年末应补提的坏账准备金额＝60 000 元(即 110 000-50 000)

编制如下会计分录。

借:信用减值损失——计提的坏账准备   60 000
  贷:坏账准备   60 000

④2019 年 3 月收回已核销的坏账,将已核销的坏账转回"应收账款"账户,编制如下会计分录。

借:应收账款   37 000
  贷:坏账准备   37 000

同时,做应收账款收回的处理,编制如下会计分录。

借:银行存款   37 000
  贷:应收账款   37 000

也可将上述两组分录合并直接计入,编制如下会计分录。

借:银行存款   37 000
  贷:坏账准备   37 000

⑤2019 年 12 月 31 日计提坏账准备。

2019 年末"坏账准备"账户贷方余额＝950 000 元×10%＝95 000 元

2019 年末调整前"坏账准备"账户贷方余额为 147 000 元(110 000+37 000)

2019 年末应计提的坏账准备金额＝-52 000 元(95 000-147 000)

编制如下会计分录。

借:坏账准备   52 000
  贷:信用减值损失   52 000

【任务实施】

根据本任务"任务导入"里的任务资料和任务目标,具体任务实施过程如下。

(1)白云有限责任公司 12 月相关业务会计分录如下。

4 日,销售货物确认收入和应收货款。

增值税税额＝9 000 000×(1-10%)×13%＝1 053 000

借:应收账款   9 153 000
  贷:主营业务收入   8 100 000
    应交税费——应交增值税(销项税额)   1 053 000

11 日,确认坏账损失。

借:坏账准备   470 000
  贷:应收账款   470 000

15 日,收回销货款。

借:银行存款   5 200 000
  贷:应收账款   5 200 000

22 日,收回已转销的坏账。

借:应收账款 100 000
　　贷:坏账准备 100 000
借:银行存款 100 000
　　贷:应收账款 100 000

30 日,销售货物确认收入与应收货款。

借:应收账款 1 356 000
　　贷:主营业务收入 1 200 000
　　　　应交税费——应交增值税(销项税额) 156 000

(2)2019 年 12 月 31 日计提坏账准备。

2019 年末"坏账准备"账户贷方余额 = (480+915.3-47-520+10-10+135.6)万元×5% = 48.195 万元

2019 年末未调整前"坏账准备"账户有贷方余额 = (28-47+10)万元 = -9 万元

2019 年末应计提的坏账准备金额 = [48.195-(-9)]万元 = 57.195 万元

编制如下会计分录。

借:信用减值损失 571 950
　　贷:坏账准备 571 950

任务 2　应付及预收款项核算

【学习目标】

知识目标:掌握应付及预收款项的内容,应付账款、应付票据、预收账款和其他应付款的含义、确认与计量、账户设置及典型业务核算;掌握应付职工薪酬的内涵、账户设置及典型业务核算。

技能目标:能根据应付账款、应付票据、预收账款及其他应付款等业务的原始凭证正确编制记账凭证,并根据记账凭证登记相关业务的明细账和总账;能编制"工资结算单"和"工资结算汇总表",并根据应付职工薪酬相关业务资料编制记账凭证。

【任务导入】

任务原始资料:白云股份有限公司为增值税一般纳税人,原材料按实际成本计价核算。2019 年 8 月发生如下业务。

2 日,从明星公司购入原材料一批,取得的增值税专用发票注明价款 30 000 元,增值税税额 3 900 元;对方代垫运输费 220 元,材料已验收入库。开出期限 3 个月的银行承兑汇票一张,并以银行存款支付承兑手续费 17.5 元。

6 日,从光辉公司购入原材料一批,取得的增值税专用发票注明价款 40 000 元,增值税税额 5 200 元,付款条件为"2/10,1/20,n/30"(不考虑增值税),材料已验收入库,货款尚未支付。

8 日,开出转账支票,退回出租包装物收到的押金 4 500 元。

10 日,按合同规定向科华公司预收货款 40 000 元,款项存入银行。

13 日,开出转账支票支付光辉工厂材料款。

18 日,4 个月前签发并承兑的不带息商业承兑汇票到期,企业无力付款予以结转,票面价值 23 200 元。

26 日,向科华公司发出商品、开具增值税专用发票,注明价款 38 000 元,增值税税额 4 940 元。

28 日,收到科华公司开来的转账支票一张补付 26 日结算余款。

30 日,结转本月行政管理部门租入房屋应付租金 5 600 元。

任务目标: 根据上述资料,编制白云股份有限公司上述业务的相关会计分录。

【知识链接】

2.2.1 应付账款的核算

1)应付账款的含义、确认与计量

应付账款是指企业因购买材料、商品和接受劳务供应等暂时未能付款而发生的债务。应付账款应在企业取得所购货物所有权或接受劳务供应时确认。应付账款通常是在购销活动中由于取得物资与支付货款时间不一致造成的,而企业通常会在较短时期内支付款项,因此,应付账款通常按发票记载的应付金额入账,并不需要考虑货币时间价值。

2)应付账款核算的账户设置

为总括地核算和监督企业应付账款的发生、偿还、转销等情况,企业应设置"应付账款"账户。该账户属负债类,贷方登记企业购买材料、商品和接受劳务等而发生的应付未付款项,以及因无力支付到期商业承兑汇票而转入的应付票据款;借方登记已偿还的应付账款,或已开出、承兑商业汇票抵付的应付账款,以及冲销无法支付的应付账款;期末贷方余额,反映企业尚未支付的应付账款。该账户应该按供应单位名称开设明细账进行核算。

3)应付账款典型业务核算

(1)应付账款的发生

①企业购入材料、商品而形成的应付未付款。

【**例** 2.16】 7月1日,通达公司从A公司购入一批材料,取得的增值税专用发票注明价款 1 000 000 元,增值税税额 130 000 元。材料已验收入库(材料按实际成本计价法核算),款项尚未支付。通达公司编制如下会计分录。

借:原材料 1 000 000
  应交税费——应交增值税(进项税额) 130 000
  贷:应付账款——A公司 1 130 000

②企业接受供应单位提供劳务而形成的应付未付款。

【**例** 2.17】 7月31日,通达公司根据有关资料结算本月应付昆华电力公司电费 48 000元,其中,生产车间电费 36 000 元,行政管理部门电费 12 000 元。通达公司编制如下会计分录。

借:制造费用 36 000
  管理费用 12 000
  贷:应付账款——昆华电力公司 48 000

(2)应付账款的偿还

【**例** 2.18】 承[例 2.17],8月26日,通达公司收到昆华电力公司开具的增值税专用发票,由已办理委托收款的银行划款支付7月电费 48 000 元,增值税税额 6 240 元。编制如下会计分录。

借:应付账款——昆华电力公司 48 000
  应交税费——应交增值税(进项税额) 6 240
  贷:银行存款 54 240

(3)应付账款的转销

企业对因债权人撤销等原因而产生确实无法支付的应付账款,应将其账面余额转入"营业外收入"账户。

【**例** 2.19】 7月31日,通达公司确定一笔应付甲企业的款项 16 000 元无法支付,经批准转销,编制如下会计分录。

借:应付账款——甲企业 16 000
  贷:营业外收入——无法支付的应付款 16 000

2.2.2 应付票据的核算

1)应付票据的含义、确认与计量

应付票据是企业签发并承兑的商业汇票而形成的债务。应付票据应在开出并承兑商业汇票时入账。应付票据的入账价值视商业汇票是否带息而定。不带息商业汇票,应按票据面值入账;带息商业汇票,企业开出并承兑商业汇票时应按面值入账,期末计算应付利息也计入应付票据。

2）应付票据核算的账户设置

为核算企业开出并承兑的商业汇票的发生、偿付及结余信息，企业应设置"应付票据"账户。该账户属负债类，贷方登记企业签发、承兑的商业汇票的面值和带息票据计提的利息；借方登记企业到期支付的票款或转出的金额；期末贷方余额，表示企业尚未到期的应付票据的本息合计。该账户应按债权人进行明细核算，同时，企业应当设置"应付票据备查簿"，详细登记商业汇票种类、号数和出票日期、到期日、票面金额、交易合同号和收款人姓名、单位名称，以及付款日期和金额等详细信息。

3）应付票据典型业务核算

（1）向银行申请承兑，支付承兑手续费

【例2.20】 7月6日，通达公司为购货向开户银行申请开具一张面值585 000元、期限2个月的不带息银行承兑汇票，支付承兑手续费292.5元。通达公司编制如下会计分录。

借：财务费用 292.5
　　贷：银行存款 292.5

（2）持票购货或抵付应付账款

【例2.21】 7月8日，通达公司用上述商业汇票采购材料一批，货到验收入库。取得销货方开具的增值税专用发票，注明价款500 000元，增值税税额65 000元。通达公司编制如下会计分录。

借：原材料 500 000
　　应交税费——应交增值税（进项税额） 65 000
　　贷：应付票据 565 000

【例2.22】 7月19日，通达公司签发商业汇票抵付前欠丙公司的应付货款35 000元。通达公司编制如下会计分录。

借：应付账款——丙公司 35 000
　　贷：应付票据——丙公司 35 000

（3）票据到期，如期支付票据本息

【例2.23】 承[例2.20]，9月6日，通达公司于7月6日开出的商业汇票到期支付票款。通达公司编制如下会计分录。

借：应付票据 565 000
　　贷：银行存款 565 000

若为带息票据，会计期末（通常为年末）应计提利息，编制如下会计分录。

借：财务费用
　　贷：应付票据——计提利息

（4）票据到期，企业无力支付票据本息款

【例2.24】 承[例2.20]，若上述银行承兑汇票到期，通达公司无力支付票款。通达公司编制如下会计分录。

借:应付票据　　　　　　　　　　　　　　　　　　　　　565 000
　　贷:短期借款　　　　　　　　　　　　　　　　　　　565 000

【例 2.25】　承[例 2.20],若开出的是商业承兑汇票,通达公司到期无力付款,应编制如下会计分录。

借:应付票据　　　　　　　　　　　　　　　　　　　　　565 000
　　贷:应付账款　　　　　　　　　　　　　　　　　　　565 000

2.2.3　预收账款的核算

1)预收账款的含义

预收账款是指企业按照合同规定向购货单位预收的款项。这项负债与应付账款的区别是需要用以后的商品、劳务等偿付。

2)预收账款核算的账户设置

企业为核算与监督预收账款的取得、偿付等情况应设置"预收账款"账户。"预收账款"账户属负债类,贷方登记企业收到购货方预付和补付的货款;借方登记企业实际发出产品的价税款及退回的余款;期末余额在贷方,反映企业向购货单位预收的款项;期末余额在借方,反映企业应由购货单位补付的款项。本账户应按购货单位进行明细核算。

预收款项不多的企业,可以不设"预收账款"账户,而将预收账款直接通过"应收账款"账户核算,但编制资产负债表时,仍应将"预收账款"账户的金额和"应收账款"账户的金额分开列示。

3)预收账款典型业务核算

【例 2.26】　7 月 19 日,宏业公司与甲企业签订一份订货合同,合同约定货款金额共计1 000 000 元(不含增值税),完成期限预计 6 个月,甲企业应在合同签订一周内向宏业公司预付总货款的 60%,剩余部分在交货后一次付清。假设货物适用增值税税率为 13%。宏业公司的有关账务处理如下。

①收到甲企业交来的预付款时,编制如下会计分录。

借:银行存款　　　　　　　　　　　　　　　　　　　　　600 000
　　贷:预收账款——甲企业　　　　　　　　　　　　　600 000

②产品完工并按合同规定发货后,编制如下会计分录。

借:预收账款——甲企业　　　　　　　　　　　　　　　1 130 000
　　贷:主营业务收入　　　　　　　　　　　　　　　　1 000 000
　　　　应交税费——应交增值税(销项税额)　　　　　130 000

③收到甲企业补付的货款时,编制如下会计分录。

借:银行存款   530 000

  贷:预收账款——甲企业   530 000

【例2.27】 承[例2.26],假若宏业公司只能向甲企业提供价值400 000元的货物,则应退给甲企业货款148 000元。宏业公司的有关账务处理如下。

①收到甲企业交来的预付款时,编制如下会计分录。

借:银行存款   600 000

  贷:预收账款——甲企业   600 000

②产品完工并按合同规定发货后,编制如下会计分录。

借:预收账款——甲企业   452 000

  贷:主营业务收入   400 000

    应交税费——应交增值税(销项税额)   52 000

③退回甲企业多收的货款时,编制如下会计分录。

借:预收账款——甲企业   148 000

  贷:银行存款   148 000

2.2.4 其他应付款的核算

1)其他应付款的含义

其他应付款是指与企业购销业务没有直接关系的一切应付、暂收其他单位或个人的款项,包括应付租入固定资产和包装物的租金,存入保证金,应付、暂收所属单位、个人的款项,应付职工统筹退休金等。

2)其他应付款核算的账户设置

企业为核算和监督其他应付款的增减变动及其结存情况,应设置"其他应付款"账户。该账户属负债类,贷方登记企业发生的各种应付、暂收款项;借方登记企业实际偿还或转销的各种应付、暂收款项;期末贷方余额,反映企业应付未付的其他应付款项。本账户应按其他应付款的项目和对方单位(或个人)进行明细核算。

3)其他应付款典型业务核算

【例2.28】 从2019年1月1日起,通达公司以经营租赁方式租入管理用办公设备一批,每月租金50 000元,每季末支付。通达公司有关账务处理如下。

①1月31日计提应付经营租入固定资产租金,编制如下会计分录。

借:管理费用   50 000

  贷:其他应付款——应付××租金   50 000

2月底做与上相同的会计分录。

②3月31日以银行存款支付本季度租金,编制如下会计分录。

借:其他应付款——应付××租金　　　　　　　　　　　　　　　　　　　　100 000
　　管理费用　　　　　　　　　　　　　　　　　　　　　　　　　　　　　50 000
　　贷:银行存款　　　　　　　　　　　　　　　　　　　　　　　　　　　　　150 000

2.2.5　应付利息的核算

1)应付利息的含义

应付利息是指企业按照合同约定应支付的利息,包括短期借款、分期付息到期还本的长期借款或企业债券等应支付的利息。

2)应付利息核算的账户设置

企业为核算和监督应付利息的发生、支付情况,应设置"应付利息"账户。该账户属负债类,贷方登记按期计提的应付利息额,借方登记实际支付的利息额,期末余额在贷方,反映企业按照合同约定应支付但尚未支付的利息。本账户按债权人设置明细账进行明细核算。

3)应付利息典型业务核算

企业按照合同约定的利率计算确定利息费用时,应借记"在建工程""财务费用""研发支出"等账户,贷记"应付利息";支付利息时,借记"应付利息",贷记"银行存款"等账户。

【例2.29】　通达公司借入5年期到期还本每年付息的长期借款3 000 000元,合同约定年利率为5%。

①每年计提利息费用时,编制会计分录如下。

借:财务费用　　　　　　　　　　　　　　　　　　　　　　　　　　　　　150 000
　　贷:应付利息　　　　　　　　　　　　　　　　　　　　　　　　　　　　150 000

企业每年应支付的利息=3 000 000元×5%=150 000元

②每年实际支付利息时,编制会计分录如下。

借:应付利息　　　　　　　　　　　　　　　　　　　　　　　　　　　　　150 000
　　贷:银行存款　　　　　　　　　　　　　　　　　　　　　　　　　　　　150 000

2.2.6　应付股利的核算

1)应付股利的含义

应付股利是指企业根据股东大会或类似机构审议批准的利润分配方案确定分配给投资者的现金股利或利润。

2)应付股利核算的账户设置

企业为核算和监督应付现金股利或利润的发生、支付情况,应设置"应付股利"账户。该账户属负债类,贷方登记按利润分配方案确定的应分配给投资者的现金股利或利润,借方登记实际支付的现金股利或利润,期末余额在贷方,反映企业尚未支付的现金股利或利润。本账户按债权人设置明细账进行明细核算。

3)应付股利典型业务核算

企业根据股东大会或类似机构审议批准的利润分配方案,确认应分配给投资者的现金股利或利润时,借记"利润分配——应付现金股利或利润"账户,贷记"应付股利"账户;企业向投资者实际支付现金股利或利润时,借记"应付股利"账户,贷记"银行存款"等账户。

2.2.7 应付职工薪酬的核算

1)职工薪酬的核算内容

职工薪酬,是指企业为获得职工提供的服务或解除劳动关系而给予的各种形式的报酬或补偿。这里所称的"职工",通常包括3类人员:一是指与企业订立劳动合同的所有人员,含全职、兼职和临时职工;二是虽未与企业订立劳动合同,但由企业正式任命的企业治理层和管理层人员,如董事会成员、监事会成员等(尽管有些董事会成员、监事会成员不是本企业员工,未与企业订立劳动合同,但企业给其发放津贴、补贴等,因此仍属于职工薪酬);三是在企业的计划与控制下,虽未与企业订立劳动合同或未由其正式任命,但仍向企业提供与职工所提供服务类似的人员,也属于职工的范畴,如通过企业与劳务中介公司签订用工合同而向企业提供服务的人员。企业提供给职工配偶、子女、受赡养人、已故员工遗属及其他受益人等的福利,也属于职工薪酬。

根据《企业会计准则第9号——职工薪酬》的规定,职工薪酬的内容主要包括短期薪酬、离职后福利、辞退福利和其他长期职工福利。

(1)短期薪酬

短期薪酬是指企业在职工提供相关服务的年度报告期间结束后12个月内需要全部予以支付的职工薪酬,因解除与职工的劳动关系给予的补偿除外。短期薪酬具体包括:

①职工工资、奖金、津贴和补贴。职工工资、奖金、津贴和补贴是指按照国家统计局《关于职工工资总额组成的规定》,构成工资总额的计时工资、计件工资、支付给职工的超额劳动报酬和增收节支的劳动报酬、为补偿职工特殊或额外的劳动消耗和因其他特殊原因支付给职工的津贴,以及为保证职工工资水平不受物价影响支付给职工的物价补贴等。其中,企业按照短期奖金计划向职工发放的奖金属于短期薪酬,按照长期奖金计划发放的奖金属于其他长期职工福利。

②职工福利费。职工福利费是指企业向职工提供的生活困难补助、丧葬补助费、抚恤费、职工异地安家费、因公外地就医费、职工疗养费用、防暑降温费、独生子女费等职工福利支出。

③医疗保险费、工伤保险费和生育保险费等社会保险费。此项社会保险费是指企业按

照国家规定的基准和比例计算,向社会保险经办机构缴纳的医疗保险费、工伤保险费和生育保险费。

④住房公积金。住房公积金是指企业按照国家规定的基准和比例计算,向住房公积金管理机构缴纳的住房公积金。

⑤工会经费和职工教育经费。工会经费和职工教育经费是指企业为了改善职工文化生活、提高职工业务素质用于开展工会活动和职工教育及职业技能培训,根据国家规定的基准和比例,从成本费用中提取的金额。通常,工会经费和职工教育经费分别按照职工工资总额的 2% 和 1.5% 计提;从业人员技术要求高、培训任务重、经济效益好的企业,可以按照职工工资总额的 2.5% 计提职工教育经费。

⑥短期带薪缺勤。短期带薪缺勤是指职工虽然缺勤但企业仍向其支付报酬的安排,包括年休假、病假、短期伤残、婚假、产假、丧假、探亲假等。

⑦短期利润分享计划。短期利润分享计划是指因职工提供服务而与职工达成的基于利润或其他经营成果提供薪酬的协议。

⑧非货币性福利。非货币性福利是指企业以自产产品或外购商品发放给职工作为福利,或者提供给职工无偿使用自己拥有的资产或租赁资产供职工无偿使用,比如提供给企业高级管理人员使用的住房等,免费为职工提供诸如医疗保健的服务,或向职工提供企业支付了一定补贴的商品或服务等,比如以低于成本的价格向职工出售住房等。

⑨其他短期薪酬。其他短期薪酬是指除上述薪酬以外的为获得职工提供的服务而给予的短期薪酬。

(2)离职后福利

离职后福利是指企业为获得职工提供的服务而在职工退休或与企业解除劳动关系后,提供的各种形式的报酬和福利,如养老保险、失业保险,短期薪酬和辞退福利除外。企业应当将离职后福利计划分类为设定提存计划和设定受益计划。离职后福利计划是指企业与职工就离职后福利达成的协议,或者企业为向职工提供离职后福利制定的规章或办法。其中,设定提存计划是指向独立的基金缴存固定费用后,企业不再承担进一步支付义务的离职后福利计划;设定受益计划是指除设定提存计划以外的离职后福利计划。

(3)辞退福利

辞退福利是指企业在职工劳动合同到期之前解除与职工的劳动关系,或者为鼓励职工自愿接受裁减而给予职工的补偿。

(4)其他长期职工福利

其他长期职工福利是指除短期薪酬、离职后福利、辞退福利之外所有的职工薪酬,包括长期带薪缺勤、长期残疾福利、长期利润分享计划等。

2)职工薪酬的确认

企业应当在职工为其提供服务的会计期间,将应付的职工薪酬确认为负债。企业应当根据职工提供服务的受益对象,分下列情况将职工薪酬计入相关资产成本或当期损益,具体方法如下。

①应由生产产品、提供劳务负担的职工薪酬,计入产品成本或劳务成本。生产产品、提供劳务中的直接生产人员和直接提供劳务人员发生的职工薪酬,根据有关的规定,计入存货成本,但非正常消耗的直接生产人员和直接提供劳务人员的职工薪酬,应当在发生时确认为当期损益。

②应由在建工程、无形资产开发成本负担的职工薪酬,计入建造固定资产或无形资产成本。如自行建造固定资产和自行研究开发无形资产过程中发生的职工薪酬,符合规定的,可将其计入固定资产或无形资产的成本。

③上述两项之外的其他职工薪酬,计入当期损益。如公司总部管理人员、董事会成员、监事会成员等的职工薪酬,因难以确定直接对应的受益对象的,均应当在发生时计入当期损益。

3)职工薪酬的计量

(1)货币性职工薪酬的计量

国家规定了计提基础和比例的,应按国家规定的标准计提。在职工薪酬的上述核算内容中,职工福利费、社会保险费、住房公积金、工会经费和职工教育经费,应当在职工为其提供服务的会计期间,根据工资总额的一定比例计提。国家没有规定计提基础和比例的,企业应根据历史经验数据和实际情况,合理预计当期应付职工薪酬。当期实际发生金额大于预计金额的,应当补提应付职工薪酬;当期实际发生金额小于预计金额的,应当冲回多提的应付职工薪酬。

(2)非货币性职工薪酬的计量

企业以其自产产品作为非货币性福利发放给职工的,应当按该产品的公允价值计量确认应付职工薪酬,并计入相关资产成本或当期费用。企业将拥有的房屋等资产或租赁住房等资产无偿提供给职工使用的,应当根据受益对象,将该住房每期应计提的折旧或每期应付的租金计入相关资产成本或当期损益,同时确认应付职工薪酬。

4)职工薪酬核算的账户设置

企业为了核算职工薪酬的提取、结算、使用等情况,应设置"应付职工薪酬"账户。该账户属负债类,贷方登记分配计入有关成本费用项目的职工薪酬的数额;借方登记实际发放职工薪酬的数额;期末贷方余额,反映企业应付未付的职工薪酬。本账户应按"工资、奖金、津贴和补贴""职工福利费""社会保险费""住房公积金""工会经费""职工教育经费""非货币性福利""利润分享计划""设定提存计划""设定受益计划""辞退福利"等项目设置明细账户,进行明细核算。

5)职工薪酬典型业务核算

企业应当在职工为其提供服务的会计期间,根据职工提供服务的受益对象,将应确认的职工薪酬(包括货币性薪酬和非货币性福利)计入相关资产成本或当期损益,同时确认为应付职工薪酬。生产部门人员的职工薪酬,记入"生产成本""制造费用""劳务成本"等账户;管理部门人员的职工薪酬,记入"管理费用"账户;销售人员的职工薪酬,记入"销售费用"账户;应由在建工程、研发支出负担的职工薪酬,记入"在建工程""研发支出"等账户;外商投资企业按规定从净利润中提取的职工奖励及福利基金,记入"利润分配——提取的职工奖励及福利基金"账户。

(1)货币性职工薪酬

①工资、奖金、津贴和补贴。企业计提或确认工资、奖金、津贴和补贴时,根据受益对象,借记"生产成本""制造费用""管理费用""销售费用""劳务成本""在建工程""研发支出"等账户,贷记"应付职工薪酬——工资、奖金、津贴和补贴"账户。企业按照有关规定向职工支付(或发放)工资、奖金、津贴和补贴时,借记"应付职工薪酬——工资、奖金、津贴和补贴"账户,贷记"银行存款""库存现金""应交税费——应交个人所得税""其他应收款——××代垫款""其他应付款——××代扣款"等账户。

【例2.30】　通达公司2019年7月编制的"工资结算表"(表2-1)及"工资结算汇总表"(表2-2)如下。

表 2-1　工资结算表

2019 年 7 月

单位:元

序号	姓名	计时工资	计件工资	奖金津贴补贴	缺勤应扣工资	应付工资	代扣款项						实发工资
							养老保险(8%)	医疗保险(2%)	失业保险(1%)	住房公积金(12%)	个人所得税	小计	
1	张三	3 000	2 800	1 500		7 300	584	146	73	876	107.1	1 786.1	5 513.9
2	李四	3 100	2 900	1 600		7 600	608	152	76	912	130.2	1 878.2	5 721.8
3	王五	3 200	3 000	1 700		7 900	632	158	79	948	153.3	1 970.3	5 929.7
合计		689 500	238 700	471 200		1 399 400	111 952	27 988	13 994	167 928	107 228.8	429 090.8	970 309.2

注:工资结算表中的个人所得税,采用简化计算的方法,即仅按10%的税率计算确定。

表 2-2　工资结算汇总表

2019 年 7 月

单位:元

部门		计时工资	计件工资	奖金津贴补贴	缺勤应扣工资	应付工资	代扣款项						实发工资
							养老保险(8%)	医疗保险(2%)	失业保险(1%)	住房公积金(12%)	个人所得税	小计	
基本生产车间	A 产品	184 000	112 800	112 500		409 300	32 744	8 186	4 093	49 116	31 411.1	125 550.1	283 749.9
	B 产品	231 400	125 900	131 600		488 900	39 112	9 778	4 889	58 668	37 540.3	149 987.3	338 912.7

续表

| 部门 | 计时工资 | 计件工资 | 奖金津贴补贴 | 缺勤应扣工资 | 应付工资 | 代扣款项 | | | | | | 实发工资 |
						养老保险(8%)	医疗保险(2%)	失业保险(1%)	住房公积金(12%)	个人所得税	小计	
车间管理人员	97 800		73 200		171 000	13 680	3 420	1 710	20 520	13 062	52 392	118 608
销售部门人员	67 400		55 700		123 100	9 848	2 462	1 231	14 772	9 373.7	37 686.7	85 413.3
行政管理人员	108 900		98 200		207 100	16 568	4 142	2 071	24 852	15 841.7	63 474.7	143 625.3
合计	689 500	238 700	471 200		1 399 400	111 952	27 988	13 994	167 928	107 228.8	429 090.8	970 309.2

计提或确认工资、奖金、津贴和补贴时,根据相关资料编制如下会计分录。

借:生产成本——A产品 409 300
　　　　　——B产品 488 900
　　制造费用 171 000
　　销售费用 123 100
　　管理费用 207 100
　　贷:应付职工薪酬——工资、奖金、津贴和补贴 1 399 400

发放工资,同时结转代扣的各种款项时,根据相关资料编制会计分录如下。

借:应付职工薪酬——工资、奖金、津贴和补贴 1 399 400
　　贷:银行存款 970 309.2
　　　　其他应付款——代扣养老保险 111 952
　　　　　　　　　——代扣医疗保险费 27 988
　　　　　　　　　——代扣失业保险费 13 994
　　　　　　　　　——代扣住房公积金 167 928
　　　　应交税费——应交个人所得税 107 228.8

②职工福利费。对于职工福利费,企业可以在实际发生时按实际发生额,根据受益对象借记"生产成本""制造费用""管理费用""销售费用""劳务成本""在建工程""研发支出"等账户,贷记"应付职工薪酬——职工福利费"账户。企业按照有关规定向职工支付(或发放)职工福利费时,借记"应付职工薪酬——职工福利费"账户,贷记"银行存款""库存现金"等账户。

【例2.31】 东方公司在岗职工共计270人,其中生产车间230人,管理部门40人。公司下设一所职工食堂,经核定公司按每个职工每月100元对食堂进行补贴。

计算公司每月应当提取的职工福利费=270×100元=27 000元,编制如下会计分录。

借:生产成本 23 000
　　管理费用 4 000
　　贷:应付职工薪酬——职工福利费 27 000

签发转账支票将此项补贴款拨付职工食堂时,根据相关支出凭证,编制如下会计分录。

借：应付职工薪酬——职工福利费　　　　　　　　　　　　　　　　　27 000
　　贷：银行存款　　　　　　　　　　　　　　　　　　　　　　　　　　　27 000

【例 2.32】　通达公司 2019 年 7 月 25 日，以现金支付职工刘全生活困难补助 1 000 元。根据现金支出凭证，编制如下会计分录。

借：应付职工薪酬——职工福利费　　　　　　　　　　　　　　　　　1 000
　　贷：库存现金　　　　　　　　　　　　　　　　　　　　　　　　　　　1 000

③社会保险费和住房公积金、工会经费和职工教育经费。企业按国家规定计提标准确认社会保险费和住房公积金（五险一金）、工会经费和职工教育经费时，根据受益对象，借记"生产成本""制造费用""管理费用""销售费用""劳务成本""在建工程""研发支出"等账户，贷记"应付职工薪酬——社会保险费（住房公积金、工会经费、职工教育经费）"账户。企业按照有关规定缴纳社会保险费或住房公积金时，借记"应付职工薪酬——社会保险费（住房公积金）"账户，贷记"银行存款""库存现金"等账户。企业支付工会经费和职工教育经费用于工会活动和职工培训时，借记"应付职工薪酬——工会经费（职工教育经费）"账户，贷记"银行存款""库存现金"等账户。

【例 2.33】　通达公司 2019 年 7 月根据"工资结算汇总表"，按工资总额的一定比例计算编制"社会保险费、住房公积金、工会经费和职工教育经费计提计算表"（表 2-3）。计提各项职工薪酬时，编制如下会计分录。

表 2-3　社会保险费、住房公积金、工会经费、职工教育经费计提计算表

2019 年 7 月

单位：元

部门		应付工资	养老保险（20%）	医疗保险（10%）	失业保险（2%）	住房公积金（12%）	工会经费（2%）	职工教育经费（2.5%）	合计
基本生产车间	A 产品	409 300	81 860	40 930	8 186	49 116	8 186	10 232.5	198 510.5
	B 产品	488 900	97 780	48 890	9 778	58 668	9 778	12 222.5	237 116.5
车间管理人员		171 000	34 200	17 100	3 420	20 520	3 420	4 275	82 935
销售部门人员		123 100	24 620	12 310	2 462	14 772	2 462	3 077.5	59 703.5
行政管理人员		207 100	41 420	20 710	4 142	24 852	4 142	5 177.5	100 443.5
合计		1 399 400	279 880	139 940	27 988	167 928	27 988	34 985	678 709

借：生产成本——A 产品　　　　　　　　　　　　　　　　　　　　198 510.5
　　　　　　　——B 产品　　　　　　　　　　　　　　　　　　　　237 116.5
　　制造费用　　　　　　　　　　　　　　　　　　　　　　　　　　　82 935
　　销售费用　　　　　　　　　　　　　　　　　　　　　　　　　　59 703.5
　　管理费用　　　　　　　　　　　　　　　　　　　　　　　　　　100 443.5
　　贷：应付职工薪酬——设定提存计划（养老保险）　　　　　　　　　279 880
　　　　　　　　　——社会保险费（医疗保险）　　　　　　　　　　　139 940

——社会保险费(失业保险)	27 988
——住房公积金	167 928
——工会经费	27 988
——职工教育经费	34 985

④短期带薪缺勤。对于职工带薪缺勤,企业应当根据其性质及职工享有的权利,分为累积带薪缺勤和非累积带薪缺勤两类,并分别进行处理。如果带薪缺勤属于长期带薪缺勤,企业应当作为其他长期职工福利处理。

累积带薪缺勤,是指带薪权利可以结转下期的带薪缺勤,本期尚未用完的带薪缺勤权利可以在未来期间使用。企业应当在职工提供了服务从而增加了其未来享有的带薪权利时,确认与累积带薪缺勤相关的职工薪酬,并以累积未行使权利而增加的预期支付金额计量,确认累积带薪缺勤时,借记"管理费用"等账户,贷记"应付职工薪酬——短期带薪缺勤——累积带薪缺勤"账户。

【例2.34】 华夏公司共有400名职工,从2017年1月1日起实行累积带薪缺勤制度。该制度规定,每名员工每年可享受5天的带薪休假,未使用的年休假只能向后结转一个公历年度,超过1年未使用的权利作废,在职工离开企业时也无权获得现金支付;职工休年假时,首先使用当年可享受的权利,再从上年结转的带薪年休假中扣除。

2019年12月31日,公司预计2020年有350名职工将享受不超过5天的带薪年休假,剩余50名职工每人将平均享受7天年休假。假定这50名职工全部是行政管理部门的经理。该公司平均每名职工每个工作日工资为320元。不考虑其他相关因素。

2019年12月31日,华夏公司应当预计由于职工累积未使用的带薪年休假权利而导致的预期支付的金额,即相当于100天[50×(7-5)]的年休假工资金额32 000元(100×320)。华夏公司应编制如下会计分录。

借:管理费用   32 000
   贷:应付职工薪酬——短期带薪缺勤——累积带薪缺勤   32 000

非累积带薪缺勤,是指带薪权利不能结转下期的带薪缺勤,本期尚未用完的带薪缺勤权利将予以取消,并且在职工离开企业时也无权获得现金支付。我国企业职工休婚假、产假、丧假、探亲假、病假期间的工资通常属于非累积带薪缺勤。由于职工提供服务本身不能增加其能够享受的福利金额,企业在职工未缺勤时不应当计提相关费用和负债。因此,企业应当在职工实际发生缺勤的会计期间确认与非累积带薪缺勤相关的职工薪酬。

企业确认职工享有的与非累积带薪缺勤权利相关的薪酬,视同职工出勤确认的当期损益或相关资产成本。通常情况下,与非累积带薪缺勤相关的职工薪酬已经包括在企业每期向职工发放的工资等薪酬中,因此,不必额外作相应的账务处理。

⑤设定提存计划。设定提存计划是离职后福利的计划内容之一,是指向独立的基金缴存固定费用后,企业不再承担进一步支付义务的离职后福利计划。企业应在资产负债表日确认为换取职工在会计期间内为企业提供的服务而应付给设定提存计划的提存金,并作为一项费用计入当期损益或相关资产成本。

【例 2.35】　2019 年 7 月 31 日,根据国家规定的计提标准计算,佳友公司本月应向社会保险经办机构缴纳职工基本养老保险费共计 86 000 元。其中,计入基本生产成本的金额为 62 000 元,应计入制造费用的金额为 9 000 元,应计入管理费用的金额为 15 000 元。应编制如下会计分录。

借:生产成本——基本生产成本　　　　　　　　　　　　　　　　62 000
　制造费用　　　　　　　　　　　　　　　　　　　　　　　　 9 000
　管理费用　　　　　　　　　　　　　　　　　　　　　　　　15 000
　贷:应付职工薪酬——设定提存计划(养老保险)　　　　　　　　　86 000

【例 2.36】　承[例 2.30]和[例 2.33],2019 年 8 月 5 日,通达公司签发转账支票,向社会保险经办机构缴纳职工基本养老保险费,其中,个人承担部分为 111 952 元,企业承担部分为 279 880 元。根据转账支票存根联,编制如下会计分录。

借:应付职工薪酬——设定提存计划(养老保险)　　　　　　　　　279 880
　其他应付款——代扣养老保险　　　　　　　　　　　　　　　 111 952
　贷:银行存款　　　　　　　　　　　　　　　　　　　　　　　391 832

(2)非货币性职工薪酬

①将自产产品发放给职工。企业以其自产产品作为非货币性福利发放给职工的,应当根据受益对象,按照该产品的公允价值计入相关资产成本或当期损益,确认应付职工薪酬,借记"生产成本""制造费用""管理费用"等账户,贷记"应付职工薪酬——非货币性福利"账户。实际发放产品时,应确认主营业务收入,借记"应付职工薪酬——非货币性福利"账户,贷记"主营业务收入"账户,并按税法规定作为视同销售业务核算增值税的销项税额,贷记"应交税费——应交增值税(销项税额)"账户;同时结转产品的相关成本,借记"主营业务成本"账户,贷记"库存商品"账户。

【例 2.37】　东方公司在岗职工共计 270 人,其中生产车间 230 人,管理部门 40 人。该公司以其生产的每台成本为 850 元的甲产品作为中秋节福利发放给每名职工。该批产品市场价为每台 1 000 元,该公司适用的增值税税率为 13%。

该公司确认应付职工薪酬时,应编制会计分录如下。

借:生产成本　　　　　　　　　　　　　　　　　　　　　　　266 800
　管理费用　　　　　　　　　　　　　　　　　　　　　　　　46 400
　贷:应付职工薪酬——非货币性福利　　　　　　　　　　　　　313 200

发放甲产品时,确认收入时并结转产品成本时,应编制会计分录如下。

借:应付职工薪酬——非货币性福利　　　　　　　　　　　　　　305 100
　贷:主营业务收入　　　　　　　　　　　　　　　　　　　　　270 000
　　应交税费——应交增值税(销项税额)　　　　　　　　　　　　35 100

同时,

借:主营业务成本　　　　　　　　　　　　　　　　　　　　　229 500
　贷:库存商品　　　　　　　　　　　　　　　　　　　　　　　229 500

②将拥有的房屋等资产无偿提供给职工使用。企业将拥有的房屋等资产无偿提供给职工使用的,应当根据受益对象,将该住房每期应计提的折旧计入相关资产成本或当期损益,同时确认应付职工薪酬,借记"生产成本""制造费用""管理费用"等账户,贷记"应付职工薪酬——非货币性福利"账户;同时借记"应付职工薪酬——非货币性福利"账户,贷记"累计折旧"账户。

【例2.38】 东方公司为部门经理级别以上职工提供汽车免费使用,该公司共有部门经理以上职工12名,每人提供一辆捷达汽车免费使用,假定每辆捷达汽车每月计提折旧900元。公司应编制如下会计分录。

借:管理费用 10 800
　贷:应付职工薪酬——非货币性福利 10 800

同时,

借:应付职工薪酬——非货币性福利 10 800
　贷:累计折旧 10 800

③租赁住房等资产供职工无偿使用。企业将租赁住房等资产供职工无偿使用的,应当根据受益对象,将每期应付的租金计入相关资产成本或当期损益,并确认应付职工薪酬,借记"生产成本""制造费用""管理费用"等账户,贷记"应付职工薪酬——非货币性福利"账户。难以认定受益对象的非货币性福利,直接计入当期损益和应付职工薪酬。

【例2.39】 东方公司在公司附近租赁3套商品房,租金每月4 500元,提供给生产车间9名工人无偿使用。

确认此项非货币性职工福利时,编制如下会计分录。

借:生产成本 4 500
　贷:应付职工薪酬——非货币性福利 4 500

公司开出转账支票支付一个月的房屋租金时,编制如下会计分录。

借:应付职工薪酬——非货币性福利 4 500
　贷:银行存款 4 500

【任务实施】

根据本任务"任务导入"里的任务资料和任务目标,具体任务实施过程如下。
白云股份有限公司2018年8月相关业务会计分录如下。
运输费的增值税税额=220÷(1+990)×9%=18.16
2日,购入材料。

借:原材料 30 201.84
　应交税费——应交增值税(进项税额) 3 918.16
　贷:应付票据——明星公司 34 120
同时,支付手续费。
借:财务费用 17.5

贷:银行存款	17.5

6日,购入材料。

借:原材料	40 000
应交税费——应交增值税(进项税额)	5 200
贷:应付账款——光辉公司	45 200

8日,退押金。

借:其他应付款	4 500
贷:银行存款	4 500

10日,预收货款。

借:银行存款	40 000
贷:预收账款——科华公司	40 000

13日,支付材料款。

借:应付账款——光辉公司	45 200
贷:银行存款	44 400
财务费用	800

18日,汇票到期无力付款。

借:应付票据	23 200
贷:应付账款	23 200

26日,销售商品。

借:预收账款——科华公司	42 940
贷:主营业务收入	38 000
应交税费——应交增值税(销项税额)	4 940

28日,收到结算补付差款。

借:银行存款	2 940
贷:预收账款——科华公司	2 940

30日,结转应付租金。

借:管理费用	5 600
贷:其他应付款	5 600

任务3　应交税费核算

【学习目标】

　　知识目标:了解应交税费的基本内容,熟悉应交税费核算的账户设置,掌握应交税费的账务处理。

技能目标:能正确使用应交税费的相关账户,并据以进行账务处理。

【任务导入】

任务原始资料:甲公司为增值税一般纳税人,适用的增值税税率为 13%,2019 年 6 月甲公司发生部分经济业务如下:

4 日,购入仓库一座并于当月投入使用,纳税人取得该仓库的增值税专用发票并认证相符,专用发票上注明价款为 600 000 元,增值税进项税额为 54 000 元,款项已用银行存款支付。

15 日,销售产品一批,开具增值税专用发票上注明的价款为 500 000 元,增值税税额为 65 000 元,提货单和增值税专用发票已交给买方,款项尚未收到。该批产品的成本为 400 000 元。

21 日,将一批原材料委托乙公司将其加工为 A 产品(非金银首饰的应税消费品)。发出原材料的成本为 220 000 元,支付加工费取得增值税专用发票注明的价款为 300 000 元,增值税税额为 39 000 元,乙公司按税法代收代缴的消费税为 130 000 元,收回的 A 产品直接对外出售。以上款项均通过银行转账方式支付。

30 日,计提税金及附加。已知当月应当交纳的消费税 200 000 元、城市维护建设税 148 800 元、教育费附加 63 800 元、房产税 160 000 元、车船税 38 000 元、城镇土地使用税 45 000 元。

任务目标:编制甲公司相关经济业务的会计分录。

【知识链接】

2.3.1 应交税费的核算内容

根据税法规定,企业应交纳的各种税费包括增值税、消费税、城市维护建设税、资源税、企业所得税、土地增值税、房产税、车船税、土地使用税、教育费附加、矿产资源补偿费、印花税、耕地占用税、契税等。

企业应通过"应交税费"账户,核算各种税费的应交、交纳等情况。该账户借方登记实际缴纳的税费,贷方登记应交的各种税费等;期末余额一般在贷方,反映企业尚未缴纳的税费,期末余额如在借方,反映企业多交或尚未抵扣的税费。本账户按应交税费项目设置明细账户进行明细核算。

企业代扣代缴的个人所得税,通过"应交税费"账户核算;而企业缴纳的印花税、耕地占用税等不需要预计应交数的税金,不通过"应交税费"账户核算。

2.3.2 应交增值税

1）增值税概述

增值税是以商品（含应税劳务、应税行为）在流转过程中实现的增值额作为计税依据而征收的一种流转税。按照我国现行增值税制度的规定，在我国境内销售货物、加工修理修配劳务、服务、无形资产和不动产以及进口货物的企业、单位和个人为增值税的纳税人。其中，"服务"是指提供交通运输服务、建筑服务、邮政服务、电信服务、金融服务、现代服务、生活服务等。

根据经营规模大小及会计核算水平的健全程度，增值税纳税人分为一般纳税人和小规模纳税人。计算增值税的方法分为一般计税方法和简易计税方法。

（1）一般纳税人增值税的计算

增值税的一般计税方法，是先按当期销售额和适用的税率计算出销项税额，然后以该销项税额对当期购进项目支付的税款（即进项税额）进行抵扣，从而间接算出当期的应纳税额。应纳税额的计算公式：

当期应纳税额=当期销项税额-当期进项税额

公式中的"当期销项税额"是指纳税人当期销售货物、提供加工修理修配劳务、应税服务、销售无形资产和不动产时按照销售额和增值税税率计算并收取的增值税税额。当期销项税额的计算公式：

销项税额=销售额×增值税税率

公式中的"当期进项税额"是指纳税人购进货物、接受加工修理修配劳务、应税服务、购进无形资产或者不动产支付或者负担的增值税税额。下列进项税额准予从销项税额中抵扣。

①从销售方取得的增值税专用发票（含税控机动车销售统一发票）上注明的增值税税额。

②从海关取得的海关进口增值税专用缴款书上注明的增值税税额。

③购进农产品，按照农产品收购发票或者销售发票上注明的农产品实价和9%的扣除率计算的进项税额；纳税人购进用于生产或委托加工13%税率货物的农产品，按照10%的扣除率计算进项税额。

④因境外单位或者个人购进劳务服务、无形资产或者境内不动产，自税务机关或者扣缴义务人取得的代扣代缴税款的完税凭证上注明的增值税税额。

当期销项税额小于当期进项税额不足抵扣时，其不足部分可以结转下期继续抵扣。最新税率表，见表2-4。

表2-4　一般纳税人增值税税率

税率		货物、应税劳务、应税服务项目
基本税率	13%	销售或者进口货物、提供加工修理修配劳务、有形动产租赁
低税率	9%	农产品;粮食、食用植物油;自来水、暖气、热水;食用盐
		冷气、煤气、石油、液化气、天然气、沼气、居民用煤炭制品
		图书、报纸、杂志;音像制品和电子出版物
		饲料、化肥、农药、农机、农膜,二甲醚
		交通运输业、邮政、基础电信、建筑、不动产租赁服务
		销售不动产、转让土地使用权
	6%	现代服务业、金融服务、生活服务、增值电信服务
		销售无形资产(转让土地使用权除外)
零税率		出口货物、劳务或者境内单位和个人发生的跨境应税行为

(2)小规模纳税人增值税的计算

增值税的简易计税方法是按照销售额与征收率的乘积计算应纳税额,不得抵扣进项税额。应纳税额的计算公式:

应纳税额＝销售额×征收率

表2-5　小规模纳税人增值税征收率

征收率	适用范围
3%	销售货物或者加工、修理修配劳务、销售应税服务、无形资产
5%	销售不动产、经营租赁不动产等
1.5%	个人出租住房,按照5%的征收率减按1.5%计算纳税

一般纳税人计算增值税大多采用一般计税方法;小规模纳税人一般采用简易计税方法(表2-5);一般纳税人销售服务、无形资产或者不动产,符合规定的,可以采用简易计税方法。

2)一般纳税人典型业务核算

(1)增值税会计账户设置

为了核算企业应交增值税的发生、抵扣、交纳、退税及转出等情况,增值税一般纳税人应当在"应交税费"账户下设置如下明细账户。

①"应交增值税"明细账户,该明细账设置以下专栏:a."进项税额"专栏,记录一般纳税

人购进货物、加工修理修配劳务、服务、无形资产或不动产而支付或负担的、准予从当期销项税额中抵扣的增值税额;b."销项税额抵减"专栏,记录一般纳税人按照现行增值税制度规定因扣减销售额而减少的销项税额;c."已交税金"专栏,记录一般纳税人当月已交的应交增值税额;d."转出未交增值税"和"转出多交增值税"专栏,分别记录一般纳税人月度终了转出当月应交未交或多交的增值税额;e."减免税款"专栏,记录一般纳税人按现行增值税制度规定准予减免的增值税额;f."出口抵减内销产品应纳税额"专栏,记录实行"免、抵、退"办法的一般纳税人按规定计算的出口货物的进项税抵减内销产品的应纳税额;g."销项税额"专栏,记录一般纳税人销售货物、加工修理修配劳务、服务、无形资产或不动产应收取的增值税额;h."出口退税"专栏,记录一般纳税人出口货物、加工修理修配劳务、服务、无形资产按规定退回的增值税额;i."进项税额转出"专栏,记录一般纳税人购进货物、加工修理修配劳务、服务、无形资产或不动产等发生非正常损失以及其他原因而不应从销项税额中抵扣、按规定转出的进项税额。

②"未交增值税"明细账户,核算一般纳税人月度终了从"应交增值税"或"预交增值税"明细账户转入当月应交未交、多交或预交的增值税额,以及当月交纳以前期间未交的增值税额。

③"预交增值税"明细账户,核算一般纳税人转让不动产、提供不动产经营租赁服务、提供建筑服务、采用预收款方式销售自行开发的房地产项目等,以及其他按现行增值税制度规定应预交的增值税额。

④"待抵扣进项税额"明细账户,核算一般纳税人已取得增值税扣税凭证并经税务机关认证,按照现行增值税制度规定准予以后期间从销项税额中抵扣的进项税额。

⑤"待认证进项税额"明细账户,核算一般纳税人由于未经税务机关认证而不得从当期销项税额中抵扣的进项税额。包括一般纳税人已取得增值税扣税凭证、按照现行增值税制度规定准予从销项税额中抵扣,但尚未经税务机关认证的进项税额;一般纳税人已申请稽核但尚未取得稽核相符结果的海关缴款书进项税额。

⑥"待转销项税额"明细账户,核算一般纳税人销售货物、加工修理修配劳务、服务、无形资产或不动产,已确认相关收入(或利得)但尚未发生增值税纳税义务而需于以后期间确认为销项税额的增值税额。

⑦"简易计税"明细账户,核算一般纳税人采用简易计税方法发生的增值税计提、扣减、预缴、缴纳等业务。

⑧"转让金融商品应交增值税"明细账户,核算增值税纳税人转让金融商品发生的增值税税额。

⑨"代扣代交增值税"明细账户,核算纳税人购进在境内未设经营机构的境外单位或个人在境内的应税行为代扣代缴的增值税。

(2)取得资产、接受劳务的账务处理

①一般购进资产或接受劳务的账务处理。一般纳税人购进货物、接受加工修理修配劳务、服务、取得无形资产或者不动产,按应计入相关成本费用的金额,借记"材料采购""在途

物资"或"原材料""库存商品""生产成本""无形资产""固定资产""管理费用"等账户,按当月已认证的可抵扣增值税额,借记"应交税费——应交增值税(进项税额)"账户,按当月未认证的可抵扣增值税额,借记"应交税费——待认证进项税额"账户,按应付或实际支付的金额,贷记"应付账款""应付票据""银行存款"等账户。购进货物等发生的退货,应根据税务机关开具的红字增值税专用发票编制相反的会计分录,如原增值税专用发票未做认证,应将发票退回并做相反的会计分录。

企业购进农产品,除取得增值税专用发票或者海关进口增值税专用缴款书外,如用于生产税率为9%的产品,按照农产品收购发票或者销售发票上注明的农产品买价和9%的扣除率计算的进项税额;如用于生产税率为13%的产品,按照农产品收购发票或者销售发票上注明的农产品买价和10%的扣除率计算的进项税额,借记"应交税费——应交增值税(进项税额)"账户,按农产品买价扣除进项税额后的差额,借记"材料采购""在途物资""原材料""库存商品"等账户,按照应付或实际支付的价款,贷记"应付账款""应付票据""银行存款"等账户。

【例2.40】 甲公司为增值税一般纳税人,适用的增值税税率为13%,原材料按实际成本核算,销售商品价格为不含增值税的公允价格。2019年6月发生交易或事项以及相关的会计分录如下。

①3日,购入原材料一批,增值税专用发票上注明的价款为150 000元,增值税税额为19 500元,材料尚未到达,款项尚未支付。

借:在途物资	150 000
应交税费——应交增值税(进项税额)	19 500
贷:应付账款	169 500

②10日,购入不需要安装的生产设备一台,增值税专用发票上注明的价款为30 000元,增值税税额为3 900元,款项已用银行存款支付。

借:固定资产	30 000
应交税费——应交增值税(进项税额)	3 900
贷:银行存款	33 900

③15日,购入农产品一批,农产品收购发票上注明的买价为200 000元,规定的扣除率为10%,货物已验收入库,款项已用银行承兑汇票支付。

借:原材料	180 000
应交税费——应交增值税(进项税额)	20 000
贷:应付票据	200 000

进项税额=购买价款×扣除率=200 000元×10%=20 000元

④25日,甲公司自行对管理部门使用的设备进行日常修理,发生修理费并取得增值税专用发票,注明修理费6 000元,税率为13%,增值税税额为780元,款项未付。

借:管理费用	6 000
应交税费——应交增值税(进项税额)	780

　　　　贷:应付账款　　　　　　　　　　　　　　　　　　　　　　　　　　　6 780

　②购进不动产或不动产在建工程的账务处理。按现行增值税制度规定,一般纳税人自
2016 年 5 月 1 日后取得并按固定资产核算的不动产或者 2016 年 5 月 1 日后取得的不动产
在建工程,其进项税额自取得之日起分 2 年从销项税额中抵扣的,第一年抵扣比例为 60%,
第二年抵扣比例为 40%。企业购进不动产或不动产在建工程时,应按增值税专用发票上注
明的价款,借记“固定资产”“在建工程”账户,按增值税专用发票上注明的增值税进项税额
的 60% 作为当期可抵扣的进项税额,借记“应交税费——应交增值税(进项税额)”账户,按
增值税专用发票上注明的增值税进项税额的 40% 作为自本月起第 13 个月可抵扣的进项税
额,借记“应交税费——待抵扣进项税额”账户,按应付或实际支付的金额,贷记“应付账款”
“银行存款”等账户。上述待抵扣的进项税额在下年度同月允许抵扣时,按允许抵扣的金额,
借记“应交税费——应交增值税(进项税额)”账户,贷记“应交税费——待抵扣进项税额”
账户。

　　【例 2.41】　甲公司为增值税一般纳税人,适用的增值税税率为 13%,2019 年 6 月 10
日,甲公司外购一座仓库作为固定资产核算,并于当月投入使用,取得增值税专用发票并通
过认证,增值税专用发票上注明的价款为 5 000 000 元,增值税进项税额为 450 000 元,款项
已用银行存款支付。

　　借:固定资产　　　　　　　　　　　　　　　　　　　　　　　　　　5 000 000
　　　应交税费——应交增值税(进项税额)　　　　　　　　　　　　　　　 270 000
　　　　　　　——待抵扣进项税额　　　　　　　　　　　　　　　　　　　 180 000
　　　贷:银行存款　　　　　　　　　　　　　　　　　　　　　　　　　　5 450 000

　　2020 年 6 月允许抵扣剩余的增值税进项税额时,编制如下会计分录。

　　借:应交税费——应交增值税(进项税额)　　　　　　　　　　　　　　　 180 000
　　　贷:应交税费——待抵扣进项税额　　　　　　　　　　　　　　　　　　 180 000

　③货物等已验收入库但尚未取得增值税扣税凭证的账务处理。企业购进的货物等已到
达并验收入库,但尚未收到增值税扣税凭证且未付款的,应在月末按货物清单或相关合同协
议上的价格暂估入账,增值税的进项税额不需要暂估。下月初,用红字冲销原暂估入账金
额,待取得相关增值税扣税凭证并经认证后,按应计入相关成本费用或资产的金额,借记“原
材料”“库存商品”“固定资产”“无形资产”等账户,按可抵扣的增值税额,借记“应交税
费——应交增值税(进项税额)”账户,按应付或实际支付的金额,贷记“应付账款”“应付票
据”“银行存款”等账户。

　　【例 2.42】　甲公司为增值税一般纳税人,适用的增值税税率为 13%,2019 年 6 月 26
日,甲公司购进原材料一批已验收入库,但尚未收到增值税扣税凭证,款项也未支付,随货同
行的材料清单列明的原材料销售价格为 250 000 元。7 月 12 日,取得相关增值税专用发票
上注明的价款为 250 000 元,增值税税额为 32 500 元,增值税专用发票已经认证,全部款项以
银行存款支付。甲公司应编制如下会计分录。

　　6 月 26 日,材料验收入库,暂不做会计处理。

6 月 30 日,发票账单尚未收到,该批材料按暂估价值入账。

借:原材料   250 000

  贷:应付账款   250 000

7 月 1 日,编制红字记账凭证冲销原暂估入账金额。

借:原材料   250 000

  贷:应付账款   250 000

7 月 12 日,收到结算凭证并支付货款。

借:原材料   250 000

  应交税费——应交增值税(进项税额)   32 500

  贷:银行存款   282 500

④进项税额转出的账务处理。企业已单独确认进项税额的购进货物、加工修理修配劳务或者服务、取得无形资产或者不动产但其事后改变用途(如用于简易计税方法计税项目、免征增值税项目、非增值税应税项目等),或发生非正常损失(因管理不善造成货物被盗、丢失、霉烂变质,以及因违反法律法规造成货物或者不动产被依法没收、销毁、拆除等),原已计入进项税额、待抵扣进项税额或待认证进项税额,按照现行增值税制度规定不得从销项税额中抵扣。

进项税额转出的账务处理为,借记"待处理财产损溢""应付职工薪酬""固定资产""无形资产"等账户,贷记"应交税费——应交增值税(进项税额转出)""应交税费——待抵扣进项税额"或"应交税费——待认证进项税额"账户。属于转作待处理财产损失的进项税额,应与非正常损失的购进货物、在产品或库存商品、固定资产和无形资产的成本一并处理。

【例 2.43】 甲公司为增值税一般纳税人,适用的增值税税率为 13%,2019 年 6 月,甲公司发生进项税额转出事项如下:

①9 日,因管理不善发生火灾,损失的库存材料实际成本为 20 000 元,相关增值税专用发票上注明的增值税税额为 2 600 元,甲公司将毁损库存材料作为待处理财产损溢入账。

借:待处理财产损溢——待处理流动资产损溢   22 600

  贷:原材料   20 000

    应交税费——应交增值税(进项税额转出) 2 600

②18 日,领用一批外购原材料用于集体福利,该批原材料的实际成本为 80 000 元,相关增值税专用发票上注明的增值税税额为 10 400 元。

借:应付职工薪酬——职工福利费   90 400

  贷:原材料   80 000

    应交税费——应交增值税(进项税额转出) 10 400

需要说明的是,一般纳税人购进货物、加工修理修配劳务、服务、取得无形资产或不动产,用于简易计税方法计税项目、免征增值税项目、集体福利或个人消费等,即使取得的增值税专用发票上已注明增值税进项税额,该税额按照现行增值税制度规定也不得从销项税额中抵扣的,取得增值税专用发票时,应将待认证的目前不可抵扣的增值税进项税额,借记"应交税费——待认证进项税额"账户,贷记"银行存款""应付账款"等账户。经税务机关认证为不可抵扣的增值税进项税额时,借记"应交税费——应交增值税(进项税额)"账户,贷记"应交税费——待认证进项税额"账户;同时,将增值税进项税额转出,借记相关成本费用或资产账户,贷记"应交税费——应交增值税(进项税额转出)"账户。

【例2.44】 甲公司为增值税一般纳税人,适用的增值税税率为13%,2019年6月30日,该公司外购茶具50套作为福利发放给企业管理人员,取得的增值税专用发票上注明的价款为10 000元,增值税税额为1 300元,款项以银行存款支付,增值税专用发票尚未经税务机关认证。甲公司应编制如下会计分录。

购入时,

借:库存商品——茶具 10 000

　　应交税费——待认证进项税额 1 300

　　　贷:银行存款 11 300

经税务机关认证不可抵扣时,

借:应交税费——应交增值税(进项税额) 1 300

　　　贷:应交税费——待认证进项税额 1 300

同时,

借:库存商品——茶具 1 300

　　　贷:应交税费——应交增值税(进项税额转出) 1 300

实际发放时,

借:应付职工薪酬——非货币性福利 11 300

　　　贷:库存商品——茶具 11 300

(3)销售等业务的账务处理

①一般销售业务的账务处理。企业销售货物、加工修理修配劳务、服务、无形资产或不动产,应当按应收或已收的金额,借记"应收账款""应收票据""银行存款"等账户,按取得的收益金额,贷记"主营业务收入""其他业务收入""固定资产清理""工程结算"等账户,按现行增值税制度规定计算的销项税额(或采用简易计税方法计算的应纳增值税额),贷记"应交税费——应交增值税(销项税额)"或"应交税费——简易计税"账户。

企业销售货物等发生销售退回的,应根据税务机关开具的红字增值税专用发票作相反的会计分录。

【例2.45】 甲公司为增值税一般纳税人,适用的增值税税率为13%,2019年6月,甲公司发生与销售相关的交易或事项如下。

①10日,销售库存商品一批,开具增值税专用发票上注明的价款为200 000元,增值税税额为26 000元,提货单和增值税专用发票已交给买方,款项尚未收到。该批产成品成本为160 000元。

确认销售库存商品收入时,

借:应收账款	226 000	
:---	---:	
贷:主营业务收入		200 000
应交税费——应交增值税(销项税额)		26 000

结转已售库存商品的实际成本,

借:主营业务成本	160 000	
:---	---:	
贷:库存商品		160 000

②25 日,出售一批原材料,开出的增值税专用发票上注明的售价为 30 000 元,增值税税额为 3 900 元,款项已由银行收妥。该批原材料的实际成本为 20 000 元。

确认原材料的销售收入,

借:银行存款	33 900	
:---	---:	
贷:其他业务收入		30 000
应交税费——应交增值税(销项税额)		3 900

结转已销原材料的实际成本,

借:其他业务成本	20 000	
:---	---:	
贷:原材料		20 000

②视同销售的账务处理。企业有些交易和事项按照现行增值税制度规定,应视同对外销售处理,计算应交增值税。视同销售需要交纳增值税的事项有:企业将自产或委托加工的货物用于集体福利或个人消费,将自产、委托加工或购买的货物作为投资、提供给其他单位或个体工商户、分配给股东或投资者、对外捐赠等。在这些情况下,企业应当根据视同销售的具体内容,按照现行增值税制度规定计算的销项税额(或采用简易计税方法计算的应纳增值税额),借记"长期股权投资""应付职工薪酬""利润分配""营业外支出"等账户,贷记"应交税费——应交增值税(销项税额)"或"应交税费——简易计税"账户。

【例 2.46】 甲公司为增值税一般纳税人,适用的增值税税率为 13%,2019 年 6 月,甲公司发生与销售相关的交易或事项如下。

①12 日,公司以其生产的毛巾被作为福利发放给直接从事生产活动的职工,该批毛巾被市场售价总额为 50 000 元(不含税价格),成本总额为 35 000 元。

确认为职工提供的非货币性福利,

借:生产成本——基本生产成本	56 500	
:---	---:	
贷:应付职工薪酬——非货币性福利		56 500

发放为职工提供的非货币性福利,

借:应付职工薪酬——非货币性福利	56 500	
:---	---:	
贷:主营业务收入		50 000
应交税费——应交增值税(销项税额)		6 500
借:主营业务成本	35 000	
贷:库存商品		35 000

②25 日,以公司生产的产品对外捐赠,该批产品的实际成本为 140 000 元,售价为

200 000 元,开具的增值税专用发票上注明的增值税税额为 26 000 元。

借:营业外支出 226 000

　　贷:库存商品 200 000

　　　应交税费——应交增值税(销项税额) 26 000

借:主营业务成本 140 000

　　贷:库存商品 140 000

(4)交纳增值税的账务处理

企业交纳当月应交的增值税,借记"应交税费——应交增值税(已交税金)"账户,贷记"银行存款"账户;企业交纳以前期间未交的增值税,借记"应交税费——未交增值税"账户,贷记"银行存款"账户。

【例2.47】　2019 年 6 月,甲公司发生增值税销项税额合计为 280 000 元,增值税进项税额合计为 240 000 元,增值税进项税额转出合计为 20 000 元。甲公司当月应交增值税计算结果如下。

当月应交增值税＝(280 000－240 000＋20 000)元＝60 000 元

6 月 30 日,假设甲公司用银行存款交纳当月增值税税款 30 000 元,甲公司编制如下会计分录。

借:应交税费——应交增值税(已交税金) 30 000

　　贷:银行存款 30 000

(5)月末转出多交增值税和未交增值税的账务处理

月度终了,企业应当将当月应交未交或多交的增值税自"应交增值税"明细账户转入"未交增值税"明细账户。对于当月应交未交的增值税,借记"应交税费——应交增值税(转出未交增值税)"账户,贷记"应交税费——未交增值税"账户;对于当月多交的增值税,借记"应交税费——未交增值税"账户,贷记"应交税费——应交增值税(转出多交增值税)"账户。

【例2.48】　承[例2.47],2019 年 6 月 30 日,甲公司将尚未交纳的其余增值税税款 30 000 元进行转账。甲公司编制如下会计分录。

借:应交税费——应交增值税(转出未交增值税) 30 000

　　贷:应交税费——未交增值税 30 000

7 月,甲公司交纳 6 月未交增值税 30 000 元时,编制如下会计分录。

借:应交税费——未交增值税 30 000

　　贷:银行存款 30 000

需要说明的是,企业购入材料、商品等不能取得增值税专用发票的,发生的增值税应计入材料采购成本,借记"材料采购""在途物资""原材料""库存商品"等账户,贷记"银行存款""应付账款"等账户。

3）小规模纳税人典型业务的核算

小规模纳税人核算增值税采用简化的方法，即购进货物、应税劳务或应税行为，取得增值税专用发票上注明的增值税，一律不予抵扣，直接计入相关成本费用或资产。小规模纳税人销售货物、应税劳务或应税行为时，按照不含税的销售额和规定的增值税征收率计算应交的增值税（即应纳税额），但不得开具增值税专用发票。

一般来说，小规模纳税人采用销售额和应纳税额合并定价的方法并向客户结算款项，销售货物、应税劳务或应税行为后，应进行价税分离，确定不含税的销售额。不含税的销售额计算公式：

$$不含税销售额 = \frac{含税销售额}{1+征收率}$$

$$应纳税额 = 不含税销售额 \times 征收率$$

小规模纳税人进行账务处理时，只需在"应交税费"账户下设置"应交增值税"明细账户，该明细账户不再设置增值税专栏。"应交税费——应交增值税"账户贷方登记应交纳的增值税，借方登记已交纳的增值税；期末贷方余额，反映小规模纳税人尚未交纳的增值税，期末借方余额，反映小规模纳税人多交纳的增值税。

小规模纳税人购进货物、服务、无形资产或不动产，按照应付或实际支付的全部款项（包括支付的增值税额），借记"材料采购""在途物资""原材料""库存商品"等账户，贷记"应付账款""应付票据""银行存款"等账户；销售货物、服务、无形资产或不动产，应按全部价款（包括应交的增值税额），借记"银行存款"等账户，按不含税的销售额，贷记"主营业务收入"等账户，按应交增值税额，贷记"应交税费——应交增值税"账户。

【例2.49】 乙企业为增值税小规模纳税人，适用增值税征收率为3%，原材料按实际成本核算。2019年6月，乙公司发生的交易事项如下。

①购入原材料一批，取得增值税普通发票上注明的价款为60 000元，增值税税额为1 800元，款项以银行存款支付，材料已验收入库。

借：原材料　　　　　　　　　　　　　　　　　　　　　　　61 800
　贷：银行存款　　　　　　　　　　　　　　　　　　　　　　61 800

②销售产品一批，开具的普通发票上注明的货款（含税）为103 000元，款项已存入银行，用银行存款交纳增值税3 000元。

$$不含税销售额 = \frac{103\,000\,元}{1+3\%} = 100\,000\,元$$

$$应纳增值税 = 100\,000\,元 \times 3\% = 3\,000\,元$$

确认主营业务收入时，

借：银行存款　　　　　　　　　　　　　　　　　　　　　　103 000
　贷：主营业务收入　　　　　　　　　　　　　　　　　　　　100 000
　　　应交税费——应交增值税　　　　　　　　　　　　　　　3 000

交纳增值税时,

借:应交税费——应交增值税   3 000

 贷:银行存款   3 000

2.3.3 应交消费税

1）消费税概述

消费税是指在我国境内生产、委托加工和进口应税消费品的单位和个人,按其流转额交纳的一种税。消费税有从价定率、从量定额、从价定率和从量定额复合计税(简称复合计税)3 种征收方法。采取从价定率方法征收的消费税,以不含增值税的销售额为税基,按照税法规定的税率计算。企业的销售收入包含增值税的,应将其换算为不含增值税的销售额。采取从量定额计征的消费税,按税法确定的企业应税消费品的数量和单位应税消费品应交纳的消费税计算确定。采取复合计税计征的消费税,由以不含增值税的销售额为税基,按照税法规定的税率计算的消费税和根据按税法确定的企业应税消费品的数量和单位应税消费品应交纳的消费税计算的消费税合计确定。

2）应交消费税典型业务的核算

(1)消费税会计账户设置

企业应在"应交税费"账户下设置"应交消费税"明细账户,核算应交消费税的发生、交纳情况。该账户贷方登记应交纳的消费税,借方登记已交纳的消费税,期末贷方余额,反映企业尚未交纳的消费税,期末借方余额,反映企业多交纳的消费税。

(2)应交消费税典型业务核算

①销售应税消费品。企业销售应税消费品应交的消费税,应借记"税金及附加"账户,贷记"应交税费——应交消费税"账户。

【例 2.50】 甲公司销售所生产的高档化妆品,价款 1 000 000 元(不含增值税),开具的增值税专用发票上注明的增值税税额为 130 000 元,适用的消费税税率为 15%,款项已存入银行。甲公司应编制如下会计分录。

①取得价款和税款时。

借:银行存款   1 130 000

 贷:主营业务收入   1 000 000

  应交税费——应交增值税(销项税额)   130 000

②计算应交的消费税。

应交消费税税额=1 000 000 元×15%=150 000 元

借:税金及附加   150 000

 贷:应交税费——应交消费税   150 000

②自产自用应税消费品。企业将生产的应税消费品用于在建工程等非生产机构时,按

规定应交纳的消费税,借记"在建工程"等账户,贷记"应交税费——应交消费税"账户。

【例 2.51】 乙企业在建工程领用自产柴油一批,成本为 50 000 元,应交纳的消费税为 6 000 元,不考虑其他相关税费。乙企业应编制如下会计分录。

借:在建工程　　　　　　　　　　　　　　　　　　　　　　56 000
　　贷:库存商品　　　　　　　　　　　　　　　　　　　　　　　50 000
　　　　应交税费——应交消费税　　　　　　　　　　　　　　　　6 000

【例 2.52】 丙企业下设的职工食堂享受企业提供的补贴,本月领用自产产品一批,该产品的成本 20 000 元,市场价格 30 000 元,适用的增值税税率为 16%、消费税税率为 13%。丙企业应编制如下会计分录。

借:应付职工薪酬——职工福利费　　　　　　　　　　　　　33 900
　　税金及附加　　　　　　　　　　　　　　　　　　　　　　 3 000
　　贷:主营业务收入　　　　　　　　　　　　　　　　　　　　 30 000
　　　　应交税费——应交增值税(销项税额)　　　　　　　　　　 3 900
　　　　　　　　——应交消费税　　　　　　　　　　　　　　　 3 000

同时,

借:主营业务成本　　　　　　　　　　　　　　　　　　　　20 000
　　贷:库存商品　　　　　　　　　　　　　　　　　　　　　　 20 000

③委托加工应税消费品。企业如有应交消费税的委托加工物资,一般应由受托方代收代缴税款,委托加工物资收回后,直接用于销售的,应将受托方代收代缴的消费税计入委托加工物资的成本,借记"委托加工物资"等账户,贷记"应付账款""银行存款"等账户;委托加工物资收回后用于连续生产应税消费品的,按规定准予抵扣的,应按已由受托方代收代缴的消费税,借记"应交税费——应交消费税"账户,贷记"应付账款""银行存款"等账户,待用委托加工的应税消费品生产出应纳消费税的产品销售时,再交纳消费税。

【例 2.53】 甲公司委托丁公司代为加工一批属于应税消费品的材料(非金银首饰)。甲公司发出材料的成本为 1 000 000 元,加工费为 200 000 元,增值税税率为 13%,由乙企业代收代缴的消费税为 100 000 元。材料已经加工完成,并由甲公司收回验收入库,加工费尚未支付。甲公司对原材料采用实际成本法进行核算。甲企业应编制如下会计分录。

①如果委托加工物资收回继续用于生产应税消费品。

借:委托加工物资　　　　　　　　　　　　　　　　　　　1 000 000
　　贷:原材料　　　　　　　　　　　　　　　　　　　　　 1 000 000
借:委托加工物资　　　　　　　　　　　　　　　　　　　　200 000
　　应交税费——应交增值税(进项税额)　　　　　　　　　　 26 000
　　　　　　——应交消费税　　　　　　　　　　　　　　　 100 000
　　贷:应付账款　　　　　　　　　　　　　　　　　　　　　 326 000
借:原材料　　　　　　　　　　　　　　　　　　　　　　1 200 000
　　贷:委托加工物资　　　　　　　　　　　　　　　　　　 1 200 000

②如果委托加工物资收回直接对外销售。

借:委托加工物资	1 000 000
贷:原材料	1 000 000
借:委托加工物资	300 000
应交税费——应交增值税(进项税额)	26 000
贷:应付账款	326 000
借:原材料	1 300 000
贷:委托加工物资	1 300 000

④进口应税消费品。企业进口应税物资在进口环节应交的消费税计入该项物资的成本,借记"材料采购""固定资产"等账户,贷记"银行存款"账户。

【例2.54】　甲公司从国外进口一批需交消费税的商品,商品价值1 000 000 元(不含增值税),进口环节需交的消费税为200 000 元,采购的商品已经验收入库,货款和税款已经用银行存款支付。对该批商品的消费税甲公司应编制如下会计分录。

借:库存商品	1 200 000
贷:银行存款	1 200 000

2.3.4　其他应交税费

其他应交税费是指除上述应交税费以外的其他各种应上交国家的税费,包括应交资源税、应交城市维护建设税、应交土地增值税、应交所得税、应交房产税、应交土地使用税、应交车船税、应交教育费附加、应交矿产资源补偿费、应交个人所得税等。企业应当在"应交税费"账户下设置相应的明细账户进行核算,贷方登记应交的有关税费,借方登记已交的有关税费,期末贷方余额,反映企业尚未交纳的有关税费。

1)应交资源税

资源税是对在我国境内开采矿产品或者生产盐的单位和个人征收的税。对外销售应税产品应交的资源税应借记"税金及附加"账户,贷记"应交税费——应交资源税"账户;自产自用应税产品应交的资源税应借记"生产成本""制造费用"等账户,贷记"应交税费——应交资源税"账户。

【例2.55】　甲公司本期对外销售资源税应税矿产品40 000 吨、将自产资源税应税矿产品1 000 吨用于其产品生产,税法规定每吨矿产品应交资源税5 元。甲公司应编制如下会计分录。

①计算对外销售和自用应税矿产品应交资源税。

借:税金及附加	200 000
生产成本	5 000
贷:应交税费——应交资源税	205 000

②交纳资源税。

| 借:应交税费——应交资源税 | 205 000 | |
| 贷:银行存款 | | 205 000 |

2）应交城市维护建设税

城市维护建设税是以增值税和消费税为计税依据征收的一种税。其纳税人为交纳增值税和消费税的单位和个人，以纳税人实际交纳的增值税和消费税税额为计税依据，并分别与两项税金同时交纳。税率因纳税人所在地不同从1%～7%不等。其公式为：

应纳税额=（应交增值税+应交消费税）×适用税率

企业按规定计算出应交的城市维护建设税，借记"税金及附加"等账户，贷记"应交税费——应交城市维护建设税"账户。交纳城市维护建设税，借记"应交税费——应交城市维护建设税"账户，贷记"银行存款"账户。

【例2.56】 甲公司本期实际应交增值税480 000元、消费税240 000元，适用的城市维护建设税税率为7%。甲公司应编制如下会计分录。

①计算应交的城市维护建设税。

| 借:税金及附加 | 50 400 | |
| 贷:应交税费——应交城市维护建设税 | | 50 400 |

应交的城市维护建设税=（480 000+240 000）元×7%＝50 400元

②用银行存款交纳城市维护建设税。

| 借:应交税费——应交城市维护建设税 | 50 400 | |
| 贷:银行存款 | | 50 400 |

3）应交教育费附加

教育费附加是为了发展教育事业而向企业征收的附加费用，企业按应交流转税的一定比例计算。企业按规定计算出应交的教育费附加，借记"税金及附加"等账户，贷记"应交税费——应交教育费附加"账户。

【例2.57】 甲公司按税法规定计算，2018年第四季度应交教育费附加250 000元。款项已经用银行存款支付，甲企业应编制如下会计分录。

①计算应交的教育费附加。

| 借:税金及附加 | 250 000 | |
| 贷:应交税费——应交教育费附加 | | 250 000 |

②交纳教育费附加。

| 借:应交税费——应交教育费附加 | 250 000 | |
| 贷:银行存款 | | 250 000 |

4）应交土地增值税

土地增值税是对转让国有土地使用权、地上的建筑物及其附着物（以下简称转让房地产)并取得增值性收入的单位和个人所征收的一种税。

土地增值税按照转让房地产所取得的增值额和规定的税率计算征收。转让房地产的增值额是转让收入减去税法规定扣除项目金额后的余额,其中,转让收入包括货币收入、实物收入和其他收入;扣除项目主要包括取得土地使用权所支付的金额、开发土地的成本及费用、新建房及配套设施的成本及费用、与转让房地产有关的税金、旧房及建筑物的评估价格、财政部确定的其他扣除项目等。土地增值税采用四级超率累进税率,其中最低税率为30%,最高税率为60%。

根据企业对房地产核算方法不同,企业应交土地增值税的账务处理也有所区别:企业转让的土地使用权连同地上建筑物及其附着物一并在"固定资产"账户核算的,转让时应交的土地增值税,借记"固定资产清理"账户,贷记"应交税费——应交土地增值税"账户;土地使用权在"无形资产"账户核算的,借记"银行存款""累计摊销""无形资产减值准备"账户,按应交的土地增值税,贷记"应交税费——应交土地增值税"账户,同时冲销土地使用权的账面价值,贷记"无形资产"账户,按其差额,借记"营业外支出"账户或贷记"营业外收入"账户;房地产开发经营企业销售房地产应交的土地增值税,借记"税金及附加"账户,贷记"应交税费——应交土地增值税"账户。

交纳土地增值税,借记"应交税费——应交土地增值税"账户,贷记"银行存款"账户。

【例2.58】 甲公司对外转让一栋办公楼,根据税法规定计算的应交土地增值税为300 000元,甲企业应编制如下会计分录。

①计算应交土地增值税。

借:固定资产清理   300 000

 贷:应交税费——应交土地增值税   300 000

②用银行存款交纳土地增值税。

借:应交税费——应交土地增值税   300 000

 贷:银行存款   300 000

5)应交房产税、城镇土地使用税、车船税和矿产资源补偿费

房产税是国家对在城市、县城、建制镇和工矿区征收的由产权所有人交纳的一种税。房产税依照房产原值一次减除10%~30%后的余额计算交纳。没有房产原值作为依据的,由房产所在地税务机关参考同类房产核定;房产出租的,以房产租金收入为房产税的计税依据。

城镇土地使用税是以城市、县城、建制镇、工矿区范围内使用土地的单位和个人为纳税人,以其实际占用的土地面积和规定税额计算征收。

车船税是以车辆、船舶(简称车船)为课征对象,向车船的所有人或者管理人征收的一种税。

矿产资源补偿费是对在我国领域和管辖海域开采矿产资源而征收的费用。矿产资源补偿费按照矿产品销售收入的一定比例计征,由采矿人交纳。

企业应交的房产税、城镇土地使用税、车船税、矿产资源补偿费，借记"税金及附加"账户，贷记"应交税费——应交房产税或应交城镇土地使用税、应交车船税、应交矿产资源补偿费"账户。

【例2.59】 某企业按税法规定本期应交房产税18 000元、车船税20 000元、城镇土地使用税45 000元，矿产资源补偿费8 000元。该企业应编制如下会计分录。

①计算应交的上述税金。

借：税金及附加	91 000
贷：应交税费——应交房产税	18 000
——应交车船税	20 000
——应交城镇土地使用税	45 000
——应交矿产资源补偿费	8 000

②用银行存款交纳上述税金。

借：应交税费——应交房产税	18 000
——应交车船税	20 000
——应交城镇土地使用税	45 000
——应交矿产资源补偿费	8 000
贷：银行存款	91 000

6)应交个人所得税

企业职工按规定应交的个人所得税通常由单位代扣代缴。企业按规定计算的代扣代缴的职工个人所得税，借记"应付职工薪酬"账户，贷记"应交税费——应交个人所得税"账户；企业交纳个人所得税时，借记"应交税费——应交个人所得税"账户，贷记"银行存款"等账户。

【例2.60】 某企业结算本月应付职工工资总额1 000 000元，按税法规定应代扣代缴的职工个人所得税共计30 000元，实发工资970 000元，该企业应编制如下会计分录。

①发放职工工资和代扣个人所得税。

借：应付职工薪酬——职工工资、奖金、津贴和补贴	1 000 000
贷：银行存款	970 000
应交税费——应交个人所得税	30 000

②交纳个人所得税。

借：应交税费——应交个人所得税	30 000
贷：银行存款	30 000

【任务实施】

根据本任务"任务导入"中的任务资料和任务目标，结合各业务相关的原始凭证，编制甲公司6月有关经济业务的会计分录，具体任务实施过程如下。

4 日,编制甲公司购进仓库的会计分录。

借:固定资产 600 000

应交税费——应交增值税(进项税额) 32 400

——待抵扣进项税额 21 600

贷:银行存款 654 000

15 日,编制甲公司销售产品的会计分录。

借:应收账款 565 000

贷:主营业务收入 500 000

应交税费——应交增值税(销项税额) 65 000

借:主营业务成本 400 000

贷:库存商品 400 000

21 日,编制甲公司委托加工物资的会计分录。

借:委托加工物资 220 000

贷:原材料 220 000

借:委托加工物资 430 000

应交税费——应交增值税(进项税额) 39 000

贷:应付账款 469 000

借:库存商品 650 000

贷:委托加工物资 650 000

30 日,编制甲公司计提税金及附加的会计分录。

借:税金及附加 655 600

贷:应交税费——应交消费税 200 000

——应交城市维护建设税 148 800

——应交教育费附加 63 800

——应交房产税 160 000

——应交车船税 38 000

——应交城镇土地使用税 45 000

项目 3
财产物资岗位会计

【项目指引】 认知财产物资岗位会计

一、财产物资岗位会计职责

企业从事生产经营活动,必须具备一定的物质生产资料,如原料、厂房、机器设备等。财产物资管理是企业生产经营管理不可缺少的组成部分,企业应根据其生产经营规模大小和经营活动的需要设置不同的财产物资岗位。实际业务中,企业可以将财产物资岗位分为存货岗位和固定资产、无形资产岗位。各岗位会计主要职责如下:

(一)存货岗位会计职责

①会同有关部门拟定存货核算管理制度。

②会同有关部门审核存货采购计划及供货合同,分析、控制采购成本及储存成本。

③负责制定合理的凭证传递程序,审核存货收发原始凭证,及时进行存货核算。

④会同有关部门制定存货消耗定额和计划成本,并进行材料成本差异核算与分析。

⑤对存货进行期末计量,分析计提存货跌价准备。

⑥参与存货的清查盘点,分析存货的储备情况,并进行盈亏核算。

(二)固定资产、无形资产岗位会计职责

①会同有关部门拟定固定资产、无形资产核算管理制度。

②参与上述资产需求量预算的制订,控制购建成本。

③负责确定固定资产折旧计提方法、无形资产摊销方法。

④负责固定资产、无形资产核算和有关报表的编制。

⑤负责固定资产、无形资产期末计价核算,分析计提资产减值准备。

⑥参与固定资产的盘点清查,并进行盈亏核算。

二、财产物资岗位会计核算内容

财产物资岗位会计核算内容主要包括存货核算、固定资产核算、无形资产核算。其中，存货核算内容包括原材料核算、库存商品核算、周转材料核算、委托加工物资核算、存货清查核算和存货期末计价核算;固定资产核算内容包括固定资产的取得、计提折旧、后续支出及固定资产处置、清查和减值的核算;无形资产核算内容包括无形资产的取得、摊销、减值及处置的核算。

三、财产物资岗位内部控制

财产物资作为企业重要的经济资源,是企业从事生产经营活动并实现发展战略的物质基础和重要保障。财产物资管理贯穿企业生产经营全过程,管好用好财产物资对企业具有重大现实意义。如果财产物资管理失控,不仅会给企业带来经济上的直接损失,还会影响生产经营活动的正常进行。加强财产物资管理的控制,就是既要保障财产物资的安全完整,又要保障财产资产能在使用过程中发挥最大的效能。

下面在描述企业财产物资的内部控制时,仅对存货、固定资产、无形资产三类资产实施内部控制的共同要点进行归纳,不再具体区别其不同之处。其内部控制要点主要表现在以下几方面。

(一)明确岗位分工与职务分离控制制度,业务归口办理

通过建立岗位责任制,将与财产物资相关的岗位进行分离,如财产物资的请购与审批分离、审批与执行分离;财产物资的采购与验收、付款相分离;财产物资的保管与相关会计记录分离等。在具体业务办理时,执行归口办理,如财产物资的采购需由采购部门办理,财产物资的质量由质量部门验收、审核;实物资产的数量验收、保管、收发由仓储部门或具体使用部门办理;付款和会计的记录信息由财务部门办理等。

(二)明确授权审批控制制度

涉及财产物资的采购、建造等业务,均要求明确授权批准的方式及程序,明确规定审批人的权限和经办人的工作范围。

(三)明确财产物资管理流程控制制度

针对财产物资的具体构成项目、管理方式及控制要求,明确各项财产物资在企业中的流转程序及控制要点,最终实现既保障财产物资的安全完整又保障财产物资能在使用过程中发挥最大的效能的控制目标。

任务 1　存货核算

【学习目标】

知识目标:熟悉存货的内容;掌握存货成本的确定和发出存货的计价方法;掌握原材料核算的实际成本法和计划成本法;掌握周转材料、委托加工物资以及库存商品的核算;掌握存货清查和减值的账务处理。

技能目标:能正确计算存货收入、发出和结存的成本;填制与存货业务相关的各种原始凭证,并据以编制记账凭证;能登记存货的明细账和总账。

【任务导入】

甲公司为增值税一般纳税人,适用的增值税税率为13%,甲公司采用计划成本法进行材料日常核算。2019 年10 月,甲公司发生如下经济业务。

1 日,采用汇兑结算方式购入 A 材料一批,取得增值税专用发票上注明的价款为 300 000元,增值税税额为 39 000 元,发票账单已收到,计划成本为 320 000 元,材料已验收入库,全部款项以银行存款支付。

6 日,生产领用包装物的计划成本为 50 000 元,材料成本差异率为 3%。

15 日,购入 A 材料一批,增值税专用发票上注明的价款为 200 000 元,增值税税额 26 000元,发票账单已收到,材料尚未入库,款项尚未支付。该批材料的计划成本为 180 000 元。

22 日,委托某量具厂加工一批量具,发出材料的计划成本为 70 000 元,材料成本差异率为-4%,支付运费 1 200 元,取得增值税专用发票上注明的增值税税额为 108 元,款项已用银行存款付讫。

31 日,根据"发料凭证汇总表"的记录,10 月消耗 A 材料的计划成本为:基本生产车间领用 200 000 元,辅助生产车间领用 60 000 元,车间管理部门领用 50 000 元,企业行政管理部门领用 40 000 元。

任务目标:编制甲公司上述业务的会计分录。

【知识链接】

3.1.1　存货概述

1)存货的概念

存货是指企业在日常活动中持有以备出售的产品或商品、处在生产过程中的在产品、在生产过程或提供劳务过程中耗用的材料或物料等,包括各类材料、在产品、半成品、产成品、商品以及包装物、低值易耗品、委托代销商品等。

2)存货的分类

存货按其经济内容可以分为以下几类:

（1）原材料

原材料是指企业在生产过程中经加工改变其形态或性质并构成产品主要实体的各种原料及主要材料、辅助材料、外购半成品（外购件）、修理用备件（备品备件）、包装材料、燃料等。

（2）在产品

在产品是指企业正在制造尚未完工的生产物,包括正在各个生产工序加工的产品和已加工完毕但尚未检验或已检验但尚未办理入库手续的产品。

（3）半成品

半成品是指经过一定生产过程并已检验合格交付半成品仓库保管,但尚未制造完工成为产成品,仍需进一步加工的中间产品。

（4）产成品

产成品是指企业已经完成全部生产过程并已验收入库,可以按照合同规定的条件送交订货单位,或者可以作为商品对外销售的产品。企业接受来料加工制造的代制品和为外单位加工修理的代修品,制造和修理完成验收入库后,应视同企业的产成品。

（5）商品

商品是指商品流通企业外购或委托加工完成验收入库用于销售的各种商品。

（6）包装物

包装物是指为了包装本企业的商品而储备的各种包装容器,如桶、箱、瓶、坛、袋等,其主要作用是盛装、装潢产品或商品。

（7）低值易耗品

低值易耗品是指不能作为固定资产核算的各种用具物品,如工具、管理用具、玻璃器皿、劳动保护用品以及在经营过程中周转使用的容器等。

（8）委托代销商品

委托代销商品是指企业委托其他单位代销的商品。

3.1.2 存货的计量

1)存货的初始计量

（1）存货应当按照成本进行初始计量

根据《企业会计准则》的要求,存货应当按照成本进行初始计量。存货的成本包括采购成本、加工成本和其他成本。

①存货的采购成本。存货的采购成本包括购买价款、相关税费、运输费、装卸费、保险费以及其他可归属于存货采购成本的费用。

存货的购买价款是指企业购入的材料或商品的发票账单上列明的价款,但不包括按照规定可以抵扣的增值税进项税额。存货的相关税费是指企业购买存货发生的进口关税、消费税、资源税和不能抵扣的增值税进项税额以及相应的教育费附加等应计入存货采购成本的税费。其他可归属于存货采购成本的费用是指采购成本中除上述各项以外的可归属于存货采购的费用,如在存货采购过程中发生的仓储费、包装费、运输途中的合理损耗、入库前的挑选整理费用等。运输途中的合理损耗,是指商品在运输过程中,因商品性质、自然条件及技术设备等因素,所发生的自然的或不可避免的损耗。例如,汽车在运输煤炭、化肥等的过程中自然散落以及易挥发产品在运输过程中的自然挥发。

②存货的加工成本。存货的加工成本是指在存货的加工过程中发生的追加费用,包括直接人工以及按照一定方法分配的制造费用。直接人工是指企业在生产产品和提供劳务的过程中发生的直接从事产品生产和劳务提供人员的职工薪酬。制造费用是指企业为生产产品和提供劳务而发生的各项间接费用。

③存货的其他成本。存货的其他成本是指除采购成本、加工成本以外的,使存货达到目前场所和状态所发生的其他支出。企业设计产品发生的设计费用通常应计入当期损益,但是为特定客户设计产品所发生的、可直接确定的设计费用应计入存货的成本。

(2)存货的来源不同,其成本的构成内容也不同

①购入的存货,其成本包括买价、运杂费(包括运输费、装卸费、保险费、包装费、仓储费等)、运输途中的合理损耗、入库前的挑选整理费用(包括挑选整理中发生的工、费支出和挑选整理过程中所发生的数量损耗,并扣除回收的下脚废料价值)以及按规定应计入存货成本的税费和其他费用。

②自制的存货,包括自制原材料、自制包装物、自制低值易耗品、自制半成品及库存商品等,其成本包括直接材料、直接人工和制造费用等各项实际支出。

③委托外单位加工完成的存货,包括加工后的原材料、包装物、低值易耗品、半成品、产成品等,其成本包括实际耗用的原材料或者半成品、加工费、装卸费、保险费、委托加工的往返运输费等费用以及按规定应计入存货成本的税费。

(3)下列费用不应计入存货成本,而应在其发生时计入当期损益

①非正常消耗的直接材料、直接人工和制造费用,应在发生时计入当期损益,不应计入存货成本。比如,由于自然灾害而发生的直接材料、直接人工和制造费用,由于这些费用的发生无助于使该存货达到目前场所和状态,不应计入存货成本,而应确认为当期损益。

②仓储费用是指企业在存货采购入库后发生的储存费用,应在发生时计入当期损益。但是,在生产过程中为达到下一个生产阶段所必需的仓储费用应计入存货成本。比如,某种酒类产品生产企业为使生产的酒达到规定的产品质量标准而必须发生的仓储费用,应计入酒的成本,而不应计入当期损益。

③不能归属于使存货达到目前场所和状态的其他支出,应在发生时计入当期损益,不得

计入存货成本。

2)存货的发出计量

在日常工作中,企业发出的存货,可以按实际成本法核算,也可以按计划成本法核算。企业应当根据各类存货的实物流转方式、存货的性质、企业管理要求等实际情况,合理地选择存货计价方法,并据此计算当期发出存货的实际成本。

(1)实际成本法

在实际成本法下,企业发出存货成本的计价方法有个别计价法、先进先出法、月末一次加权平均法和移动加权平均法等。对于性质和用途相同的存货,应当采用相同的成本计算方法确定发出存货的成本。

①个别计价法,也称个别认定法、具体辨认法、分批实际法,其特征是假设存货具体项目的实物流转与成本流转相一致,逐一辨认各批发出存货和期末存货所属的购进批别或生产批别,分别按其购入或生产时所确定的单位成本计算各批发出存货和期末存货成本的方法。在这种方法下,把每一种存货的实际成本作为计算发出存货成本和期末存货成本的基础。

个别计价法的成本计算准确,符合实际情况,但在存货收发频繁情况下,其发出成本分辨的工作量较大。因此,这种方法通常适用于一般不能替代使用的存货,为特定项目专门购入或制造的存货以及提供的劳务,如珠宝、名画等贵重物品。

【例3.1】 甲公司2019年10月A材料的收入、发出及购进单位成本,见表3-1。

表3-1 A材料购销明细账

金额单位:元

日期		摘要	收入			发出			结存		
月	日		数量	单价	金额	数量	单价	金额	数量	单价	金额
10	1	期初余额							150	10	1 500
	5	购入	100	12	1 200				250		
	11	销售				200			50		
	16	购入	200	14	2 800				250		
	20	销售				100			150		
	23	购入	100	15	1 500				250		
	27	销售				100			150		
	31	本期合计	400		5 500	400			150		

假设经过具体辨认,本期发出存货的单位成本如下:10月11日发出的200件存货中,100件是期初结存存货,单位成本为10元,另外100件为10月5日购入存货,单位成本为12元;10月20日发出的100件存货是10月16日购入的,单位成本为14元;10月27日发出的100件存货中,50件为期初结存,单位成本为10元,50件为10月23日购入,单位成本为

15 元。按照个别认定法,甲公司5月A材料收入、发出与结存情况,见表3-2。

表3-2 A材料购销明细账(个别计价法)

金额单位:元

月	日	摘要	收入 数量	单价	金额	发出 数量	单价	金额	结存 数量	单价	金额
10	1	期初余额							150	10	1 500
	5	购入	100	12	1 200				150	10	1 500
									100	12	1 200
	11	销售				100	10	1 000			
						100	12	1 200	50	10	500
	16	购入	200	14	2 800				50	10	500
									200	14	2 800
	20	销售				100	14	1 400	50	10	500
									100	14	1 400
	23	购入	100	15	1 500				50	10	500
									100	14	1 400
									100	15	1 500
	27	销售				50	10	500	100	14	1 400
						50	15	750	50	15	750
	31	本期合计	400		5 500	400		4 850	100	14	1 400
									50	15	750

从表3-2中可知,甲公司本期发出存货成本及期末结存存货成本计算如下:

本期发出存货成本=(100×10+100×12)元+(100×14)元+(50×10+50×15)元=4 850元

期末结存存货成本=期初结存存货成本+本期收入存货成本−本期发出存货成本=150×10元+(100×12+200×14+100×15)元−4 850元=1 500元+5 500元−4 850元=2 150元

②先进先出法是指以先购入的存货应先发出(销售或耗用)这样一种存货实物流动假设为前提,对发出存货进行计价的一种方法。采用这种方法,先购入的存货成本在后购入的存货成本之前转出,据此确定发出存货和期末存货的成本。

先进先出法可以随时结转存货发出成本,但较烦琐。如果存货收发业务较多,且存货单价不稳定时,其工作量较大。在物价持续上升时,期末存货成本接近于市价,而发出成本偏低,会高估企业当期利润和库存存货价值;反之,会低估企业存货价值和当期利润。

【例3.2】 承[例3.1],假设甲公司A材料本期收入、发出和结存情况见表3-1,采用先进先出法,A材料的发出存货和结存存货的成本,见表3-3。

表 3-3　A 材料购销明细账(先进先出法)

金额单位:元

日期		摘要	收入			发出			结存		
月	日		数量	单价	金额	数量	单价	金额	数量	单价	金额
10	1	期初余额							150	10	1 500
	5	购入	100	12	1 200				150	10	1 500
									100	12	1 200
	11	销售				150	10	1 500			
						50	12	600	50	12	600
	16	购入	200	14	2 800				50	12	600
									200	14	2 800
	20	销售				50	12	600			
						50	14	700	150	14	2 100
	23	购入	100	15	1 500				150	14	2 100
									100	15	1 500
	27	销售				100	14	1 400	50	14	700
									100	15	1 500
	31	本期合计	400		5 500	400		4 800	50	14	700
									100	15	1 500

从表3-3中可知,甲公司本期发出存货成本及期末结存存货成本计算如下:

本期发出存货成本=(150×10+50×12)元+(50×12+50×14)元+(100×14)元=4 800元

期末结存存货成本=50×14元+100×15元=2 200元

或:

期末结存存货成本=期初结存存货成本+本期收入存货成本−本期发出存货成本=150×10元+(100×12+200×14+100×15)元−4 800元=2 200元

③月末一次加权平均法是指以本月全部进货数量加上月初存货数量作为权数,去除本月全部进货成本加上月初存货成本,计算出存货的加权平均单位成本,以此为基础计算本月发出存货的成本和期末结存存货的成本的一种方法。计算公式如下:

$$存货单位成本 = \frac{月初结存存货成本 + \sum(本月各批进货的实际单位成本 \times 本月各批进货数量)}{月初结存存货数量 + 本月各批进货数量之和}$$

本月发出存货成本=本月发出存货的数量×存货单位成本

本月月末结存存货成本＝本月月末结存存货的数量×存货单位成本

或：

本月月末结存存货成本＝月初结存存货成本＋本月收入存货成本－本月发出存货成本

采用月末一次加权平均法只在月末一次计算加权平均单价,有利于简化成本计算工作。但由于平时无法从账上提供发出和结存存货的单价及金额,不利于存货成本的日常管理与控制。

【例3.3】 承[例3.1],假设甲公司采用月末一次加权平均法核算存货,根据表3-1,10月A材料的平均单位成本计算如下：

10月A材料的平均单位成本＝（150×10＋100×12＋200×14＋100×15）元÷（150＋100＋200＋100）件≈12.727元/件

10月发出A材料的成本＝400件×12.727元/件＝5 090.80元

10月期末结存A材料的成本＝（150×10＋100×12＋200×14＋100×15）元－5 090.8元＝7 000元－5 090.80元＝1 909.20元

④移动加权平均法是指以每次进货成本与原有结存存货成本的合计额除以每次进货数量与原有结存存货数量的合计数,据以计算加权平均单位成本,作为在下次进货前计算各次发出存货成本依据的一种方法。计算公式如下：

$$存货单位成本＝\frac{原有结存存货成本＋本次进货成本}{原有结存存货数量＋本次进货数量}$$

本次发出存货成本＝本次发出存货数量×本次发货前存货的单位成本

本月月末结存存货成本＝月末结存存货的数量×本月月末存货的单位成本

或：

本月月末结存存货成本＝月初结存存货成本＋本月收入存货成本－本月发出存货成本

采用移动加权平均法能够使企业管理层及时了解存货的结存情况,计算的平均单位成本以及发出和结存的存货成本比较客观。但由于每次收货都要计算一次平均单位成本,计算工作量较大,对收发货较频繁的企业不太适用。

【例3.4】 承[例3.1],假设甲公司采用移动加权平均法核算存货,根据表3-1,10月A材料各时点平均单位成本计算如下：

$$10月5日购入存货后的平均单位成本＝\frac{（150×10＋100×12）元}{（150＋100）件}＝10.80元/件$$

$$10月16日购入存货后的平均单位成本＝\frac{（50×10.80＋200×14）元}{（50＋200）件}＝13.36元/件$$

$$10月23日购入存货后的平均单位成本＝\frac{（150×13.36＋100×15）元}{（150＋100）件}＝14.016元/件$$

则10月A材料本期收入、发出和结存情况见表3-4。

表 3-4 A 材料购销明细账（移动加权平均法）

全额单位:元

日期		摘要	收入			发出			结存		
月	日		数量	单价	金额	数量	单价	金额	数量	单价	金额
10	1	期初余额							150	10	1 500
	5	购入	100	12	1 200				250	10.80	2 700
	11	销售				200	10.80	2 160	50	10.80	540
	16	购入	200	14	2 800				250	13.36	3 340
	20	销售				100	13.36	1 336	150	13.36	2 004
	23	购入	100	15	1 500				250	14.016	3 504
	27	销售				100	14.016	1 401.60	150	14.016	2 102.40
	31	本期合计	400		5 500	400		4 897.60	150	14 016	2 102.40

从表 3-4 中可知,采用移动加权平均法,A 材料的平均单位成本从期初的 10 元变为期中的 10.80 元、13.36 元,再变成期末的 14.016 元;采用移动加权平均法得出的本期发出存货成本和期末结存存货成本分别为 4 897.60 元和 2 102.40 元。

（2）计划成本法

原材料采用计划成本法核算时,原材料的收入、发出及结存,无论总分类核算还是明细分类核算,均按照计划成本计价。原材料实际成本与计划成本的差异,通过"材料成本差异"账户核算。月末,计算本月发出材料应负担的成本差异并进行分摊,根据领用材料的用途计入相关资产的成本或者当期损益,从而将发出材料的计划成本调整为实际成本。其计算公式如下:

材料成本差异＝实际成本－计划成本

$$材料成本差异率＝\frac{期初结存材料的成本差异+本期验收入库材料的成本差异}{期初结存材料的计划成本+本期验收入库材料的计划成本}×100\%$$

发出存货应负担的成本差异＝发出存货的计划成本×本期材料成本差异率

发出存货的实际成本＝发出存货的计划成本+发出存货应负担的成本差异

结存存货的实际成本＝结存存货的计划成本+结存存货应负担的成本差异

如果企业的材料成本差异率各期之间是比较均衡的,也可以采用期初材料成本差异率分摊本期的材料成本差异。年度终了,应对材料成本差异率进行核实调整。

$$期初材料成本差异率＝\frac{期初结存材料的成本差异}{期初结存材料的计划成本}×100\%$$

【例 3.5】 某公司 2019 年 8 月初结存原材料的计划成本为 100 000 元,原材料成本差异的月初数为 3 000 元（节约）。本月收入原材料的计划成本为 200 000 元,本月收入原材料的成本差异为超支 6 000 元。本月发出原材料的计划成本为 120 000 元。材料成本差异率及发出材料应负担的成本差异计算如下：

$$材料成本差异率 = \frac{-3\,000 + 6\,000}{100\,000 + 200\,000} \times 100\% = 1\%$$

发出存货应负担的成本差异 = 120 000 元 × 1% = 1 200 元

发出存货的实际成本 = 120 000 元 + 1 200 元 = 121 200 元

结存存货的实际成本 = (100 000 - 3 000 + 200 000 + 6 000 - 121 200) 元 = 181 800 元

3）存货的期末计量

（1）存货期末计价的原则

企业应当定期对存货进行全面检查，如果由于存货毁损、市场价格持续下跌、全部或部分陈旧过时或销售价格低于成本等使存货可变现净值低于成本，则应当计提存货跌价准备。

资产负债表日，存货应当按照成本与可变现净值孰低计量。其中，成本是指期末存货的实际成本，如企业在存货成本的日常核算中采用计划成本法、售价金额核算法等简化核算方法，则成本为经调整后的实际成本。可变现净值是指在日常活动中，存货的估计售价减去至完工时估计将要发生的成本、估计的销售费用以及估计的相关税费后的金额。可变现净值的特征表现为存货的预计未来净现金流量，而不是存货的售价或合同价。

当存货成本低于可变现净值时，存货按成本计价；当存货成本高于可变现净值时，存货按可变现净值计价。当存货成本高于其可变现净值时，表明存货可能发生损失，应在存货销售之前确认这一损失，计入当期损益，并相应减少存货的账面价值。以前减记存货价值的影响因素已经消失的，减记的金额应当予以恢复，并在原已计提的存货跌价准备金额内转回，转回的金额计入当期损益。

（2）存货跌价准备典型业务核算

为了反映和监督存货跌价准备的计提、转回和转销情况，企业应当设置"存货跌价准备"账户，贷方登记计提的存货跌价准备金额；借方登记实际发生的存货跌价损失金额和转回的存货跌价准备金额，期末余额一般在贷方，反映企业已计提但尚未转销的存货跌价准备。

当存货成本高于其可变现净值时，企业应当按照存货可变现净值低于账面价值的差额，借记"资产减值损失——计提的存货跌价准备"账户，贷记"存货跌价准备"账户。转回已计提的存货跌价准备金额时，按企业会计准则允许恢复增加的金额，借记"存货跌价准备"账户，贷记"资产减值损失——计提的存货跌价准备"账户。

企业结转存货销售成本时，已计提存货跌价准备的，应当一并结转，同时调整销售成本，借记"存货跌价准备"账户，贷记"主营业务成本""其他业务成本"等账户。

【例3.6】 甲公司按照成本与可变现净值孰低法对期末存货进行计价，假设2015年末存货的账面价值为300 000元，可变现净值为290 000元，则应计提的存货跌价准备为10 000元。会计分录为：

借：资产减值损失——计提的存货跌价准备   10 000

　　　贷:存货跌价准备　　　　　　　　　　　　　　　　　　　　　　　　　　10 000
　　假设2016年末存货的可变现净值为285 000元,则应计提的存货跌价准备为5 000元,
会计分录为:
　　　借:资产减值损失——计提的存货跌价准备　　　　　　　　　　　　　　5 000
　　　　贷:存货跌价准备　　　　　　　　　　　　　　　　　　　　　　　　　5 000
　　假设2017年末存货的可变现净值有所恢复,为293 000元,则应冲减计提的存货跌价准
备为8 000元,会计分录为:
　　　借:存货跌价准备　　　　　　　　　　　　　　　　　　　　　　　　　　8 000
　　　　贷:资产减值损失——计提的存货跌价准备　　　　　　　　　　　　　8 000
　　假设2018年末由于市场价格持续上升,该存货的可变现净值为305 000元,则应冲减计
提的存货跌价准备为7 000元,会计分录为:
　　　借:存货跌价准备　　　　　　　　　　　　　　　　　　　　　　　　　　7 000
　　　　贷:资产减值损失——计提的存货跌价准备　　　　　　　　　　　　　7 000

3.1.3　原材料

　　原材料是指企业在生产过程中经过加工改变其形态或性质并构成产品主要实体的各种
原料、主要材料和外购半成品,以及不构成产品实体但有助于产品形成的辅助材料。原材料
具体包括原料及主要材料、辅助材料、外购半成品(外购件)、修理用备件(备品备件)、包装
材料、燃料等。
　　原材料的日常收入、发出及结存可以采用实际成本法核算,也可以采用计划成本法
核算。

1)原材料采用实际成本法核算

　　原材料采用实际成本法核算时,材料的收入、发出及结存,无论总分类核算还是明细分
类核算,均按照实际成本计价,核算结果比较准确。但是,原材料收发实际成本的计算工作
和原材料收发凭证的计价工作比较繁重,往往造成原材料收发凭证计价和原材料明细账登
记不及时,不能反映原材料采购或自制成本的节约和超支的情况。
　　因此,这种核算方法,一般适用于规模较小、原材料品种简单、采购业务不多的企业。在
规模较大的企业中,对于单位价值较高、耗用量大的主要原材料,也可以采用这种方法核算。
　　(1)账户设置
　　在实际成本法下,原材料通过"原材料"和"在途物资"账户核算。
　　"原材料"账户用于核算企业库存各种材料的收入、发出与结存情况。该账户属于资产
类,收入原材料的实际成本记入"原材料"账户的借方,发出原材料的实际成本记入"原材
料"账户的贷方,期末余额在借方,表示库存原材料的实际成本。本账户应按材料的类别、品
种进行明细核算。
　　"在途物资"账户用于核算企业已付款或已开出商业承兑汇票但尚未到达或尚未验收入

库的各种物资的实际成本。该账户属于资产类，已支付或已开出商业承兑汇票的各种物资的实际成本记入"在途物资"账户的借方，已验收入库物资的实际成本记入"在途物资"账户的贷方，期末余额在借方，表示已经付款或已开出商业承兑汇票但尚未到达或尚未验收入库的在途物资的实际成本。本账户应按供应单位或材料的类别、品种进行明细核算。

（2）购入原材料的典型业务核算

由于采购地点远近不同，货款结算方式不同，材料入库的时间与付款的时间可能一致，也可能不一致，相应的在账务处理上也有所不同。

①结算凭证已到达，同时材料已验收入库。

【例3.7】　甲公司为增值税一般纳税人，采用实际成本法进行材料日常核算。甲公司购入A材料一批，增值税专用发票上注明的价款为200 000元，增值税税额26 000元，款项已用转账支票付讫，材料已验收入库。甲公司应编制如下会计分录。

借：原材料——A材料　　　　　　　　　　　　　　　　　　　200 000
　　应交税费——应交增值税（进项税额）　　　　　　　　　　 26 000
　　贷：银行存款　　　　　　　　　　　　　　　　　　　　　　226 000

【例3.8】　乙公司为增值税小规模纳税人，采用实际成本法进行材料日常核算。乙公司购入B材料一批，取得的增值税普通发票上注明的价款为100 000元，增值税税额为3 000元，货款尚未支付。乙公司应编制如下会计分录。

借：原材料——B材料　　　　　　　　　　　　　　　　　　　103 000
　　贷：应付账款　　　　　　　　　　　　　　　　　　　　　　103 000

②结算凭证已到达，材料尚未到达或尚未验收入库。

结算凭证已经收到，但材料尚未到达或尚未验收入库的采购业务，在收到结算凭证时应先通过"在途物资"账户核算，待材料验收入库后，再根据收料单，由"在途物资"账户转入"原材料"账户核算。

【例3.9】　甲公司为增值税一般纳税人，采用实际成本法进行材料日常核算。甲公司采用汇兑结算方式购入C材料一批，发票及账单已收到，取得的增值税专用发票上注明的价款为30 000元，增值税税额为3 900元，材料尚未到达。甲公司应编制如下会计分录。

借：在途物资——C材料　　　　　　　　　　　　　　　　　　 30 000
　　应交税费——应交增值税（进项税额）　　　　　　　　　　　3 900
　　贷：银行存款　　　　　　　　　　　　　　　　　　　　　　33 900

【例3.10】　承[例3.9]，假设上述购入的C材料已收到，并验收入库。甲公司应编制如下会计分录。

借：原材料——C材料　　　　　　　　　　　　　　　　　　　 30 000
　　贷：在途物资——C材料　　　　　　　　　　　　　　　　　 30 000

③结算凭证尚未收到，材料已验收入库。

在结算凭证尚未收到，材料已验收入库的情况下，由于发票账单未到无法确定材料实际成本，可以暂不做账务处理，只将有关的入库单证保管；月末时应按照存货暂估价值先入账，增值税额不需暂估,即借记"原材料"账户,贷记"应付账款——暂估应付款"账户。下月初,用红字冲销原暂估入账金额,待收到发票账单后再按照实际金额入账。

【例 3.11】　甲公司为增值税一般纳税人,采用实际成本法进行材料日常核算。甲公司购入 D 材料一批,材料已验收入库,月末发票账单尚未收到也无法确定其实际成本,暂估价值为 60 000 元。甲公司应编制如下会计分录。

月末按暂估价入账:

借:原材料——D 材料　　　　　　　　　　　　　　　　　　　　　60 000

　　贷:应付账款——暂估应付款　　　　　　　　　　　　　　　　　　　60 000

下月月初,用红字冲销原暂估入账金额:

借:原材料——D 材料　　　　　　　　　　　　　　　　　　　　　60 000

　　贷:应付账款——暂估应付款　　　　　　　　　　　　　　　　　　　60 000

【例 3.12】　承[例 3.11],假设上述购入的 D 材料于次月收到发票账单,增值税专用发票上注明的价款为 61 000 元,增值税税额为 7 930 元,已用银行存款付讫。甲公司应编制如下会计分录。

借:原材料——D 材料　　　　　　　　　　　　　　　　　　　　　61 000

　　应交税费——应交增值税(进项税额)　　　　　　　　　　　　　　7 930

　　贷:银行存款　　　　　　　　　　　　　　　　　　　　　　　　　68 930

④采用预付账款方式购入存货。

【例 3.13】　甲公司为增值税一般纳税人,采用实际成本法进行材料日常核算。2019 年 7 月,甲公司根据与丙公司(增值税一般纳税人)的购销合同规定,向丙公司预付货款 80 000 元采购一批 E 材料。丙公司于 2019 年 8 月交付所购材料,并开出增值税专用发票,发票上注明材料价款为 100 000 元,增值税税额为 13 000 元。2019 年 9 月,甲公司将应补付的 33 000 元通过转账支票的方式支付。甲公司应编制如下会计分录。

2019 年 7 月,预付货款:

借:预付账款——丙公司　　　　　　　　　　　　　　　　　　　　80 000

　　贷:银行存款　　　　　　　　　　　　　　　　　　　　　　　　　80 000

2019 年 8 月,材料验收入库:

借:原材料——E 材料　　　　　　　　　　　　　　　　　　　　　100 000

　　应交税费——应交增值税(进项税额)　　　　　　　　　　　　　　13 000

　　贷:预付账款——丙公司　　　　　　　　　　　　　　　　　　　　113 000

2019 年 9 月,补付货款:

借:预付账款——丙公司　　　　　　　　　　　　　　　　　　　　33 000

　　贷:银行存款　　　　　　　　　　　　　　　　　　　　　　　　　33 000

(3)发出原材料的典型业务核算

企业发出材料业务,主要有以下几种情形:

①生产经营领用原材料,企业应按照领用原材料的用途借记"生产成本""制造费用""管理费用""销售费用"等账户,贷记"原材料"账户。

②出售原材料,借记"其他业务成本"账户,贷记"原材料"账户。

③发出委托外单位加工的材料,借记"委托加工物资"账户,贷记"原材料"账户。

【例3.14】 甲公司为增值税一般纳税人,对原材料采用实际成本法进行日常核算。根据"发料凭证汇总表"的记录,2019年8月基本生产车间领用A材料200 000元,辅助生产车间领用A材料40 000元,车间管理部门领用A材料20 000元,企业行政管理部门领用A材料10 000元,销售机构领用A材料5 000元,共计275 000元。甲公司应编制如下会计分录。

借:生产成本——基本生产成本　　　　　　　　　　　　　　　 200 000
　　　　　　——辅助生产成本　　　　　　　　　　　　　　　　 40 000
　　制造费用　　　　　　　　　　　　　　　　　　　　　　　 20 000
　　管理费用　　　　　　　　　　　　　　　　　　　　　　　 10 000
　　销售费用　　　　　　　　　　　　　　　　　　　　　　　　 5 000
　　贷:原材料——A材料　　　　　　　　　　　　　　　　　　 275 000

【例3.15】 甲公司为增值税一般纳税人,对原材料采用实际成本法进行日常核算。2019年8月,甲公司将一批不需用的F材料出售给丁公司,开出的增值税专用发票上注明的价款为25 000元,增值税税额为3 250元,款项尚未收到,该批F材料的成本为20 000元。甲公司应编制如下会计分录。

借:应收账款　　　　　　　　　　　　　　　　　　　　　　　 28 250
　　贷:其他业务收入　　　　　　　　　　　　　　　　　　　　 25 000
　　　　应交税费——应交增值税(销项税额)　　　　　　　　　　 3 250
借:其他业务成本　　　　　　　　　　　　　　　　　　　　　 20 000
　　贷:原材料——F材料　　　　　　　　　　　　　　　　　　 20 000

企业各生产单位及有关部门领用的材料具有种类多、业务频繁等特点,为了简化核算,企业可以在月末根据"领料单"或"限额领料单"中有关领料的单位、部门等加以归类,编制"发料凭证汇总表",并据以编制记账凭证、登记入账。发出材料实际成本的确定,可以从上述个别计价法、先进先出法、月末一次加权平均法、移动加权平均法等方法中选择。计价方法一经确定,不得随意变更。如需变更,应在财务报告附注中予以说明。

2)原材料采用计划成本法核算

为了简化存货的核算,企业可以采用计划成本法对存货的收入、发出和结存进行日常核算。计划成本一般由会计部门会同采购等部门共同制订,制订的计划成本应尽可能地接近实际,以利于发挥计划成本的考核和控制功能,除特殊情况外,计划成本一经确定,在年度内一般不作调整。

(1)账户设置

计划成本法下,企业应设置"原材料""材料采购""材料成本差异"等账户。

"原材料"账户。计划成本法下本账户与实际成本法相比,核算内容的区别在于,其借方、贷方及余额均按原材料的计划成本计价,以反映原材料的计划成本。

"材料采购"账户。该账户核算计划成本法下购入材料的采购成本,属于资产类。其借方登记采购材料的实际成本和结转的外购材料的节约差异,贷方登记验收入库材料的计划成本和结转的外购材料的超支差异;期末借方余额,反映企业尚未入库材料(即在途材料)的采购成本。本账户可按供货单位或材料物资类别、品种进行明细核算。

"材料成本差异"账户。本账户反映企业已入库各种材料的实际成本与计划成本的差异,借方登记收入材料的超支差异及发出材料应负担的节约差异,贷方登记收入材料的节约差异及发出材料应负担的超支差异。期末如为借方余额,反映企业库存材料的实际成本大于计划成本的差异,即超支差异。如为贷方余额,反映企业库存材料实际成本小于计划成本的差异,即节约差异。本账户可分别按"原材料""周转材料"等存货类别或品种进行明细核算。

(2)购入原材料的典型业务核算

①结算凭证已到达,同时材料验收入库。

在计划成本法下,购入的材料无论是否验收入库,都要先通过"材料采购"账户进行核算,以反映企业所购材料的实际成本;然后将已入库的原材料按计划成本从"材料采购"账户结转至"原材料"账户,材料成本差异留待月末结转。

【例3.16】 甲公司为增值税一般纳税人,原材料采用计划成本法进行日常核算。2019年6月1日,甲公司购入A材料一批,收到的增值税专用发票上注明的价款为1 000 000元,增值税税额为130 000元,全部款项以银行存款支付,A材料已验收入库,计划成本为1 100 000元。甲公司应编制如下会计分录。

借:材料采购——A材料　　　　　　　　　　　　　　1 000 000
　　应交税费——应交增值税(进项税额)　　　　　　　130 000
　贷:银行存款　　　　　　　　　　　　　　　　　　　1 130 000
同时,
借:原材料——A材料　　　　　　　　　　　　　　　1 100 000
　贷:材料采购——A材料　　　　　　　　　　　　　　1 100 000

【例3.17】 承[例3.16],2019年6月15日,甲公司购入A材料一批,收到的增值税专用发票上注明的价款为1 500 000元,增值税税额为195 000元,货款尚未支付,A材料已验收入库,计划成本为1 200 000元。甲公司应编制如下会计分录。

借:材料采购——A材料　　　　　　　　　　　　　　1 500 000
　　应交税费——应交增值税(进项税额)　　　　　　　195 000
　贷:应付账款　　　　　　　　　　　　　　　　　　　1 695 000
同时,
借:原材料——A材料　　　　　　　　　　　　　　　1 200 000
　贷:材料采购——A材料　　　　　　　　　　　　　　1 200 000

②结算凭证已到达,材料尚未验收入库。

【例3.18】 承[例3.16],2019年6月20日,甲公司采用商业承兑汇票支付方式购入A材料一批,收到的增值税专用发票上注明的价款为1 200 000元,增值税额为156 000元,A材料尚未收到。甲公司应编制如下会计分录。

借:材料采购——A材料　　　　　　　　　　　　　　　　1 200 000
　应交税费——应交增值税(进项税额)　　　　　　　　　　156 000
　贷:应付票据　　　　　　　　　　　　　　　　　　　　　1 356 000

在本例中,由于甲公司的A材料还没有验收入库,因此,只需要做采购的账务处理,不需要做验收入库的账务处理,即不需要将"材料采购"账户结转进"原材料"账户,同时也不计算材料成本差异。

③结算凭证尚未到达,材料已验收入库。

【例3.19】 承[例3.16],2019年6月25日,甲公司购入A材料一批,材料已验收入库,发票账单未到,月末按计划成本600 000元暂估入账。甲公司应编制如下会计分录。

6月30日暂估入账,
借:原材料　　　　　　　　　　　　　　　　　　　　　　600 000
　贷:应付账款——暂估应付款　　　　　　　　　　　　　　600 000

7月初,用红字冲销原暂估入账金额,
借:应付账款——暂估应付款　　　　　　　　　　　　　　600 000
　贷:原材料　　　　　　　　　　　　　　　　　　　　　　600 000

在这种情况下,尚未收到发票账单的收料凭证,月末应按计划成本暂估入账,借记"原材料"等账户,贷记"应付账款——暂估应付款"账户,下月初,用红字予以冲回,借记"原材料"账户(红字),贷记"应付账款——暂估应付款"账户(红字)。

月末,企业收到发票账单并已验收入库的材料,按实际成本大于计划成本的差异(超支差),借记"材料成本差异"账户,贷记"材料采购"账户;按实际成本小于计划成本的差异(节约差),借记"材料采购"账户,贷记"材料成本差异"账户。

【例3.20】 承[例3.16]、[例3.17]、[例3.18]和[例3.19],2019年6月30日,甲公司汇总本月已收到发票账单并已入库A材料的计划成本为2 300 000元(1 100 000+1 200 000),实际成本为2 500 000元(1 000 000+1 500 000),并结转材料成本差异200 000元[(1 000 000-1 100 000)+(1 500 000-1 200 000)]。甲公司应编制如下会计分录。

借:材料成本差异——A材料　　　　　　　　　　　　　　200 000
　贷:材料采购——A材料　　　　　　　　　　　　　　　　200 000

(3)发出原材料的典型业务核算

企业采用计划成本法对材料进行日常核算,发出材料主要有以下几种情形:

①生产经营领用材料,企业按照领用材料的用途,借记"生产成本""制造费用""管理费用""销售费用"等账户,贷记"原材料"账户。

②出售材料结转成本,借记"其他业务成本"账户,贷记"原材料"账户。

③发出委托外单位加工的材料,借记"委托加工物资"账户,贷记"原材料"账户。

在实务中,为了简化核算,企业通常在月末,根据领料单等编制"发料凭证汇总表"结转发出材料的计划成本,按计划成本分别借记"生产成本""制造费用""销售费用""管理费用""其他业务成本""委托加工物资"等账户,贷记"原材料"账户,同时结转材料成本差异。

【例3.21】　承[例3.16]、[例3.17]、[例3.18]、[例3.19]和[例3.20],2019年6月30日,甲公司根据"发料凭证汇总表"的记录,该月消耗A材料的计划成本为:基本生产车间领用2 000 000元,辅助生产车间领用600 000元,车间管理部门领用250 000元,企业行政管理部门领用50 000元。甲公司应编制如下会计分录。

借:生产成本——基本生产成本　　　　　　　　　　　　　　　　2 000 000

　　　　　　——辅助生产成本　　　　　　　　　　　　　　　　　600 000

　　制造费用　　　　　　　　　　　　　　　　　　　　　　　　　250 000

　　管理费用　　　　　　　　　　　　　　　　　　　　　　　　　　50 000

　　贷:原材料——A材料　　　　　　　　　　　　　　　　　　　　　　　2 900 000

根据《企业会计准则第1号——存货》的规定,企业日常采用计划成本核算的,发出的材料成本应由计划成本调整为实际成本,通过"材料成本差异"账户进行结转,按照所发出材料的用途,分别记入"生产成本""制造费用""销售费用""管理费用""其他业务成本""委托加工物资"等账户。发出材料应负担的成本差异应当按期(月)分摊,不得在季末或年末一次计算。

【例3.22】　承[例3.16]、[例3.17]、[例3.18]、[例3.19]、[例3.20]、[例3.21],假设甲公司2019年6月初结存A材料的计划成本为1 000 000元,材料成本差异为超支100 000元,则:

$$材料成本差异率=\frac{[100\,000+(1\,000\,000-1\,100\,000)+(1\,500\,000-1\,200\,000)]元}{(1\,000\,000+1\,100\,000+1\,200\,000)元}\times100\%$$

$$=9.09\%$$

基本生产成本应分摊的材料成本差异为:2 000 000元×9.09%=181 800元

辅助生产成本应分摊的材料成本差异为:600 000元×9.09%=54 540元

制造费用应分摊的材料成本差异为:250 000元×9.09%=22 725元

管理费用应分摊的材料成本差异为:50 000元×9.09%=4 545元

结转发出材料的成本差异,甲公司应编制如下会计分录。

借:生产成本——基本生产成本　　　　　　　　　　　　　　　　　181 800

　　　　　　——辅助生产成本　　　　　　　　　　　　　　　　　　54 540

　　制造费用　　　　　　　　　　　　　　　　　　　　　　　　　　22 725

　　管理费用　　　　　　　　　　　　　　　　　　　　　　　　　　　4 545

　　贷:材料成本差异——A材料　　　　　　　　　　　　　　　　　　　　263 610

3.1.4 周转材料

周转材料是指能够多次使用,不符合固定资产定义,逐渐转移其价值但仍保持原有形态,不能确认为固定资产的材料。企业的周转材料包括包装物和低值易耗品。

1)包装物

(1)包装物的核算内容

包装物是指为了包装本企业商品而储备的各种包装容器,如桶、箱、瓶、坛、袋等。其核算内容包括:

①生产过程中用于包装产品作为产品组成部分的包装物。

②随同商品出售的包装物。

③出租或出借的包装物。

(2)包装物核算的账户设置

为了反映和监督包装物的增减变动及其价值损耗、结存等情况,企业应当设置"周转材料——包装物"账户进行核算。该账户借方登记包装物的增加,贷方登记包装物的减少,期末余额在借方,通常反映企业期末结存包装物的金额。

(3)包装物的典型业务核算

①生产领用包装物,应按照领用包装物的实际成本,借记"生产成本"账户,按照领用包装物的计划成本,贷记"周转材料——包装物"账户,按照其差额,借记或贷记"材料成本差异"账户。

【例3.23】 甲公司为增值税一般纳税人,对包装物采用计划成本法核算。某月生产产品领用包装物的计划成本为25 000元,实际成本为20 000元。甲公司应编制如下会计分录。

借:生产成本 20 000
　材料成本差异 5 000
　贷:周转材料——包装物 25 000

②随同商品出售的包装物。

a.随同商品出售而不单独计价的包装物,应按其实际成本,借记"销售费用"账户,按其计划成本,贷记"周转材料——包装物"账户,按其差额,借记或贷记"材料成本差异"账户。

【例3.24】 甲公司为增值税一般纳税人,对包装物采用计划成本法核算,某月销售商品领用不单独计价包装物的计划成本为50 000元,材料成本差异率为-3%。甲公司应编制如下会计分录。

借:销售费用 48 500
　材料成本差异 1 500
　贷:周转材料——包装物 50 000

b.随同商品出售而单独计价的包装物,一方面确认其销售收入,即按照实际取得的金额,借记"银行存款"等账户,按照其销售收入,贷记"其他业务收入"账户,按照增值税专用发票上注明的增值税销项税额,贷记"应交税费——应交增值税(销项税额)"账户;另一方面结转所销售包装物的成本,应按其实际成本借记"其他业务成本"账户,按其计划成本贷记"周转材料——包装物"账户,按其差额,借记或贷记"材料成本差异"账户。

【例 3.25】 甲公司为增值税一般纳税人,对包装物采用计划成本法核算,某月随同商品销售的单独计价包装物的销售收入为 60 000 元,取得的增值税专用发票上注明的增值税税额为 7 800 元,款项已存入银行。该包装物的计划成本为 40 000 元,材料成本差异率为 -2%。甲公司应编制如下会计分录。

①确认出售单独计价包装物的收入。

借:银行存款		67 800
贷:其他业务收入		60 000
应交税费——应交增值税(销项税额)		7 800

②结转所售单独计价包装物的成本。

借:其他业务成本		39 200
材料成本差异		800
贷:周转材料——包装物		40 000

如果采用计划成本法核算包装物,"生产成本""销售费用"和"其他业务成本"账户核算的都是包装物的实际成本,而"周转材料——包装物"账户核算的是包装物的计划成本,实际成本与计划成本之间的差异通过"材料成本差异"账户核算。如果采用实际成本核算包装物,则"生产成本""销售费用""其他业务成本"账户和"周转材料——包装物"账户均反映包装物的实际成本,由于不存在成本差异,因此不需要设置"材料成本差异"账户,也不需要结转材料成本差异。

2)低值易耗品

(1)低值易耗品的认知

低值易耗品是指不符合固定资产标准的各种用具物品,如工具、管理用具、玻璃器皿以及在经营过程中周转使用的包装容器(非包装物)等。低值易耗品的性质属于劳动资料,可以参与多次生产周转而不改变其原有的实物形态,其价值随着实物的不断磨损逐渐转化为成本费用,体现了与固定资产相似的性质。但低值易耗品价值低、易损坏,收发频繁,实际工作中为简化管理与核算工作,通常将其列入流动资产。

作为存货核算和管理的低值易耗品,一般分为一般工具、专用工具、替换设备、管理用具、劳动保护用品和其他用具等。

(2)低值易耗品核算的账户设置

为了反映和监督低值易耗品的增减变动及其结存情况,企业应当设置"周转材料——低值易耗品"账户。该账户借方登记低值易耗品的增加,贷方登记低值易耗品的减少,期末余额在借方,通常反映企业期末结存低值易耗品的金额。

（3）低值易耗品的典型业务核算

低值易耗品等企业的周转材料符合存货定义和条件的，可按照使用次数分次计入成本费用，对金额较小的，也可在领用时一次计入成本费用，但为了加强实物管理，应当在备查簿上进行登记。因此，低值易耗品的摊销方法有一次转销法和分次摊销法。

①一次转销法。采用一次转销法摊销的低值易耗品，在领用低值易耗品时，将其实际成本一次性记入有关资产成本或当期损益，将其计划成本贷记"周转材料——低值易耗品"账户，实际成本与计划成本的差异借记或贷记"材料成本差异"账户。这种方法主要适用于经济价值较低或极易损坏的低值易耗品。

【例3.26】 甲企业生产线上领用专用工具一批，实际成本为6 000元，计划成本为5 000元。甲公司应做如下会计处理。

  借：生产成本   6 000

    贷：周转材料——低值易耗品   5 000

      材料成本差异   1 000

②分次摊销法。采用分次摊销法摊销低值易耗品，低值易耗品在领用时摊销其账面价值的单次平均摊销额。分次摊销法适用于可供多次反复使用的低值易耗品。在采用分次摊销法的情况下，需要单独设置"周转材料——低值易耗品——在用""周转材料——低值易耗品——在库"和"周转材料——低值易耗品——摊销"明细账户。

【例3.27】 假设甲公司对低值易耗品采用计划成本法核算，某月基本生产车间领用专用工具一批，实际成本为80 000元，计划成本为90 000元，不符合固定资产定义，采用分次摊销法进行摊销，该专用工具估计使用次数为2次。甲公司应编制如下会计分录。

①领用专用工具时。

  借：周转材料——低值易耗品——在用   90 000

    贷：周转材料——低值易耗品——在库   90 000

②第一次领用时摊销其价值的一半。

  借：制造费用   40 000

    材料成本差异——低值易耗品   5 000

    贷：周转材料——低值易耗品——摊销   45 000

③第二次领用时摊销其价值的一半。

  借：制造费用   40 000

    材料成本差异——低值易耗品   5 000

    贷：周转材料——低值易耗品——摊销   45 000

  借：周转材料——低值易耗品——摊销   90 000

    贷：周转材料——低值易耗品——在用   90 000

在本例中，由于采用计划成本法核算，需要说明的，一是在领用低值易耗品时，应在"周转材料——低值易耗品"明细账户中进行明细结转，由"在库"转为"在用"；二是在每次领用低值易耗品按照计划成本摊销的同时，还应结转材料成本差异，从而将领用低值易耗品的计划成本调整为实际成本;三是在第二次摊销低值易耗品时,由于已经全部摊销完毕,因此,需要将"周转材料——低值易耗品"明细账户中的"摊销"明细账户的贷方余额与"在用"明细账户的借方余额进行相互抵消,从而结平"周转材料——低值易耗品"明细账户的余额,使其余额为零,从而既保证记账的平衡,又保证账实相符,与低值易耗品已经通过两次领用实现摊销完毕的事实相一致。

3.1.5 委托加工物资

1)委托加工物资的内容和成本

委托加工物资是指由委托单位提供原料和主要材料,通过支付加工费,由受托单位按合同加工为企业所需的存货。

委托外单位加工完成的存货,以实际耗用的原材料或者半成品以及加工费、运输费、装卸费和保险费等费用以及按规定应计入成本的税金,作为实际成本。

2)委托加工物资的账户设置

为了反映和监督委托加工物资增减变动及其结存情况,企业应当设置"委托加工物资"账户,借方登记委托加工物资的实际成本,贷方登记加工完成验收入库的物资的实际成本和剩余物资的实际成本,期末余额在借方,反映企业尚未完工的委托加工物资的实际成本等。委托加工物资也可以采用计划成本或售价进行核算,其方法与库存商品相似。

需要注意的是,需要交纳消费税的委托加工物资,由受托方代收代交的消费税,收回后用于直接销售的,记入"委托加工物资"账户;收回后用于继续加工的,记入"应交税费——应交消费税"账户。

3)委托加工物资的典型业务核算

(1)发出物资

【例3.28】 甲公司为增值税一般纳税人,适用的增值税税率为13%,对材料和委托加工物资采用计划成本法核算。6月1日,甲公司委托乙公司(增值税一般纳税人)加工一批属于应税消费品的材料(非金银首饰),发出材料的计划成本为100 000元,材料成本差异率为-3%。甲公司应编制如下会计分录。

借:委托加工物资   97 000
　　材料成本差异   3 000
　　贷:原材料   100 000

(2)支付加工费、运费等

【例3.29】 承[例3.28],甲公司支付相关运费和装卸费共计2 000元,取得增值税专用发票上注明的增值税税额为180元;支付加工费25 000元,取得增值税专用发票上注明的增值税税额为3 250元,另支付由乙公司代收代缴的消费税20 000元,该委托加工物资收回后直接用于销售。甲公司应编制如下会计分录。

借：委托加工物资 47 000
　应交税费——应交增值税（进项税额） 3 430
　贷：银行存款 50 430

（3）加工完成验收入库

【例3.30】 承[例3.28]和[例3.29]，甲公司收回委托加工物资，以银行存款支付运费 3 000元，增值税专用发票上注明的增值税税额为270元。该材料已验收入库，其计划成本为160 000元。甲公司应编制如下会计分录。

①支付运费。

借：委托加工物资 3 000
　应交税费——应交增值税（进项税额） 270
　贷：银行存款 3 270

②委托加工物资入库。

借：库存商品 160 000
　贷：委托加工物资 147 000
　　材料成本差异 13 000

【例3.31】 承[例3.28]和[例3.29]，假定甲公司该委托加工物资收回后用于连续生产应税消费品，则甲公司应编制如下会计分录。

①发出物资。

借：委托加工物资 97 000
　材料成本差异 3 000
　贷：原材料 100 000

②支付加工费、运费。

借：委托加工物资 27 000
　应交税费——应交增值税（进项税额） 3 430
　　　　　　——应交消费税 20 000
　贷：银行存款 50 430

③支付收回的运费。

借：委托加工物资 3 000
　应交税费——应交增值税（进项税额） 270
　贷：银行存款 3 270

④委托加工物资入库。

借：原材料 160 000
　贷：委托加工物资 127 000
　　材料成本差异 33 000

3.1.6　库存商品

1）库存商品的内容

库存商品是指企业完成全部生产过程并已验收入库、合乎标准规格和技术条件,可以按照合同规定的条件送交订货单位,或者可以作为商品对外销售的产品以及外购或委托加工完成验收入库用于销售的各种商品。库存商品具体包括库存产成品、外购商品、存放在门市部准备出售的商品、发出展览的商品、寄存在外的商品、接受来料加工制造的代制品和为外单位加工修理的代修品等。

2）库存商品的账户设置

为了反映和监督库存商品的增减变动及其结存情况,企业应当设置"库存商品"账户,借方登记验收入库的库存商品成本,贷方登记发出的库存商品成本,期末余额在借方,反映各种库存商品的实际成本。该账户应该按照商品的种类或品种设置明细账户进行明细核算。

3）库存商品的典型业务核算

（1）验收入库商品

库存商品采用实际成本核算的企业,当库存商品生产完成并验收入库时,应按实际成本,借记"库存商品"账户,贷记"生产成本——基本生产成本"账户。

【例 3.32】　甲公司根据"商品入库汇总表"记载,2019 年 8 月已验收入库 A 产品 1 500 台,实际单位成本 800 元;B 产品 2 000 台,实际单位成本 1 200 元。甲公司应编制如下会计分录。

借:库存商品——A 产品	1 200 000
——B 产品	2 400 000
贷:生产成本——基本生产成本——A 产品	1 200 000
——基本生产成本——B 产品	2 400 000

（2）发出商品

企业销售商品、确认收入结转销售成本,借记"主营业务成本"等账户,贷记"库存商品"账户。

【例 3.33】　甲公司月末汇总的发出商品中,当月已实现销售的 A 产品有 1 000 台,B 产品有 1 500 台。该批 A 产品实际单位成本 800 元,B 产品实际单位成本 1 200 元。在结转其销售成本时,甲公司应编制如下会计分录。

借:主营业务成本	2 600 000
贷:库存商品——A 产品	800 000
——B 产品	1 800 000

商品流通企业的库存商品还可以采用毛利率法和售价金额核算法进行日常核算。

①毛利率法。毛利率法是指根据本期销售净额乘以上期实际(或本期计划)毛利率匡算本期销售毛利,并据以计算发出存货和期末存货成本的一种方法。其计算公式如下:

$$毛利率 = \frac{销售毛利}{销售额} \times 100\%$$

销售毛利 = 销售额×毛利率

销售成本 = 销售额−销售毛利

期末存货成本 = 期初存货成本+本期购货成本−本期销售成本

【例3.34】 某批发公司采用毛利率法进行核算,2019年6月1日纺织品库存余额1 500 000元,本月购进1 800 000元,本月销售收入2 200 000元,上季度该类商品毛利率为20%。本月已销商品和月末库存商品的成本计算如下:

销售毛利 = 2 200 000元×20% = 440 000元

本月销售成本 = 2 200 000元−440 000元 = 1 760 000元

月末库存商品成本 = 1 500 000元+1 800 000元−1 760 000元 = 1 540 000元

毛利率法是商品流通企业,尤其是批发企业常用的计算库存商品的本期销售成本和期末结存成本的方法,商品流通企业由于经营商品的品种繁多,如果分品种计算商品成本,工作量将大大增加,而且一般来讲,商品流通企业同类商品的毛利率大致相同,采用这种存货计价方法既能减轻工作量,也能满足对存货管理的需要。

②售价金额核算法。售价金额核算法是指库存商品日常的购入、加工收回、销售均按售价记账,并设置"商品进销差价"账户登记售价与进价的差额,期末计算商品进销差价率和本期已销售商品应分摊的进销差价,并据以调整本期销售成本的一种方法。其计算公式如下:

$$商品进销差价率 = \frac{期初库存商品进销差价 + 本期购入商品进销差价}{期初库存商品售价 + 本期购入商品售价} \times 100\%$$

本期销售商品应分摊的商品进销差价 = 本期商品销售收入×商品进销差价率

本期销售商品的成本 = 本期商品销售收入−本期销售商品应分摊的商品进销差价

期末结存商品的成本 = 期初库存商品的进货成本+本期购进商品的进价成本−本期销售商品的成本

如果企业的商品进销差价率各期之间比较均衡,也可以采用上期商品进销差价率分摊本期的商品进销差价。年度终了,应对商品进销差价进行核实调整。

【例3.35】 某商场采用售价金额核算法进行核算,2019年7月期初库存商品的进价成本为1 500万元,售价总额为2 000万元,本月购进该商品的进价成本为1 200万元,售价总额为1 600万元,本月销售收入为2 500万元。有关计算如下:

商品进销差价率 = [(2 000−1 500)+(1 600−1 200)]万元÷(2 000+1 600)万元× 100% = 25%

已销商品应分摊的商品进销差价 = 2 500万元×25% = 625万元

本期销售商品的实际成本 = 2 500万元−625万元 = 1 875万元

期末结存商品的实际成本 = (1 500+1 200−1 875)万元 = 825万元

对于从事商业零售业务的企业(如百货公司、超市等),由于经营的商品种类、品种、规格等繁多,而且要求按商品零售价格标价,采用其他成本计算结转方法均较困难,因此广泛采用这一方法。

3.1.7　存货清查

存货清查是指通过对存货的实地盘点,确定存货的实有数量,并与账面结存数核对,从而确定存货实存数与账面结存数是否相符的一种专门方法。

由于存货种类繁多、收发频繁,在日常收发过程中可能发生计量错误、计算错误、自然损耗,还可能发生损坏变质以及贪污、盗窃等情况,造成账实不符,形成存货的盘盈、盘亏。对于存货的盘盈、盘亏,应填写存货盘点报告(如实存账存对比表),及时查明原因,按照规定程序报批处理。

为了反映和监督企业在财产清查中查明的各种存货的盘盈、盘亏和毁损情况,企业应当设置"待处理财产损溢"账户,借方登记存货的盘亏、毁损金额及盘盈的转销金额,贷方登记存货的盘盈金额及盘亏的转销金额。企业清查的各种存货损溢,应在期末结账前处理完毕,期末处理后,"待处理财产损溢"账户应无余额。

1)存货盘盈的典型业务核算

企业发生存货盘盈时,借记"原材料""库存商品"等账户,贷记"待处理财产损溢"账户;按管理权限报经批准后,借记"待处理财产损溢"账户,贷记"管理费用"账户。

【例3.36】　甲公司在财产清查中盘盈A材料200千克,实际单位成本100元,经查属于材料收发计量方面的错误。甲公司应编制如下会计分录。

①批准处理前。

借:原材料——A材料　　　　　　　　　　　　　　　　　20 000
　　贷:待处理财产损溢　　　　　　　　　　　　　　　　　　　　20 000

②批准处理后。

借:待处理财产损溢　　　　　　　　　　　　　　　　　　20 000
　　贷:管理费用　　　　　　　　　　　　　　　　　　　　　　　20 000

2)存货盘亏及毁损的典型业务核算

企业发生存货盘亏及毁损时,借记"待处理财产损溢"账户,贷记"原材料""库存商品"等账户。对于一般经营损失引起盘亏的存货应负担的增值税,也应一并转入"待处理财产损溢"账户,即借记"待处理财产损溢"账户,贷记"应交税费——应交增值税(进项税额转出)"账户。非常损失引起盘亏的存货应负担的增值税则不需要转出。

在按管理权限报经批准后应作如下账务处理:对于入库的残料价值,记入"原材料"等账户;对于应由保险公司和过失人的赔款,记入"其他应收款"账户;扣除残料价值和应由保险公司、过失人赔款后的净损失,属于一般经营损失的部分,记入"管理费用"账户,属于非常损失的部分,记入"营业外支出——非常损失"账户。

【例3.37】 甲公司在财产清查中发现毁损 L 材料 300 千克,实际成本为 30 000 元,相关增值税专用发票上注明的增值税税额为 3 900 元。经查属于材料保管员的过失造成的,按规定由其个人赔偿 20 000 元。甲公司应编制如下会计分录。

①批准处理前。

借:待处理财产损溢   33 900
　　贷:原材料——L 材料   30 000
　　　　应交税费——应交增值税(进项税额转出)   3 900

②批准处理后。

借:其他应收款   20 000
　管理费用   13 900
　　贷:待处理财产损溢   33 900

【例3.38】 甲公司为增值税一般纳税人,因台风造成一批库存材料毁损,实际成本为 70 000 元,相关增值税专用发票上注明的增值税税额为 9 100 元。根据保险合同约定,应由保险公司赔偿 50 000 元。甲公司应编制如下会计分录。

①批准处理前。

借:待处理财产损溢   70 000
　　贷:原材料   70 000

②批准处理后。

借:其他应收款   50 000
　营业外支出——非常损失   20 000
　　贷:待处理财产损溢   70 000

【任务实施】

根据本任务"任务导入"里的任务资料和任务目标,结合各业务相关的原始凭证,编制甲公司 10 月有关经济业务的会计分录,具体任务实施过程如下。

1 日,编制甲公司购入 A 材料的会计分录。

借:材料采购——A 材料   300 000
　应交税费——应交增值税(进项税额)   39 000
　　贷:银行存款   339 000
借:原材料——A 材料   320 000
　　贷:材料采购——A 材料   320 000

6 日,编制甲公司生产领用包装物的会计分录。

借:生产成本   51 500
　　贷:周转材料——包装物   50 000
　　　　材料成本差异   1 500

15 日,编制甲公司购入 A 材料的会计分录。

借:材料采购——A 材料	200 000	
应交税费——应交增值税(进项税额)	26 000	
贷:应付账款		226 000

22 日,编制甲公司委托加工物资的会计分录。

借:委托加工物资	67 200	
材料成本差异	2 800	
贷:原材料		70 000
借:委托加工物资	1 200	
应交税费——应交增值税(进项税额)	108	
贷:银行存款		1 308

31 日,根据"发料凭证汇总表"的记录,编制甲公司 10 月各部门领用原材料的会计分录。

借:生产成本——基本生产成本	200 000	
——辅助生产成本	60 000	
制造费用	50 000	
管理费用	40 000	
贷:原材料		350 000

任务2 固定资产核算

【学习目标】

知识目标:熟悉固定资产的概念和内容;掌握固定资产取得的核算,重点掌握外购固定资产、自营方式建造固定资产和出包方式建造固定资产的核算;掌握固定资产折旧的核算;掌握固定资产后续支出的核算;熟悉固定资产处置、固定资产清查和减值的核算。

技能目标:能正确填制与固定资产业务相关的各种原始凭证,并据以编制记账凭证;能登记固定资产相关账簿。

【任务导入】

任务原始资料:白云有限责任公司为增值税一般纳税人,增值税税率13%。2019 年发生如下固定资产业务:

4 月20 日,企业管理部门购入一台不需要安装的 A 设备,取得的增值税专用发票上注明的设备价款为 500 万元,增值税税额为 65 万元,另发生运输费 10 万元,款项均以银行存款支付。

A 设备经过调试后,于 4 月 22 日投入使用,预计使用 10 年,净残值为 30 万元,决定采用年限平均法计提折旧。

5 月 25 日开始自行建造一台专用设备。甲公司购入一批工程物资,取得的增值税专用发票上注明的价款为 10 万元,增值税进项税额为 1.3 万元;实际领用工程物资的成本为 8.5 万元,工程领用一批原材料,实际成本为 0.3 万元;应负担的工程人员的职工薪酬为 4.2 万元;企业辅助生产车间为工程提供有关劳务支出共计 3.95 万元;企业以银行存款支付其他工程支出共计 1.2 万元。该项工程于 8 月 26 日完工,并达到预定可使用状态。剩余工程物资转作企业的材料使用。

8 月 28 日,一座厂房由于遭台风袭击,不能继续使用,决定予以报废。该厂房的账面原价为 300 万元,已提折旧 182 万元;报废时的残料变价收入为 12 万元,已存入银行;处置过程中以银行存款支付清理费用 3.1 万元;由于该厂房已投保,经保险公司核准,决定给予公司 60 万元的保险赔偿,款项尚未收到。

任务目标:编制白云有限责任公司 2019 年有关固定资产业务的记账凭证。

【知识链接】

3.2.1 认知固定资产

1)固定资产的定义

固定资产是指同时具有以下特征的有形资产:一是为生产商品、提供劳务、出租或经营管理而持有;二是使用寿命超过一个会计年度。

从定义可以看出,固定资产应具备以下 3 个特征。

①固定资产为有形资产。固定资产一般包括房屋、建筑物、机器、机械、运输工具以及其他与生产、经营有关的设备、器具和工具等,这些资产具有实物形态,属于有形资产。这一特征将固定资产与无形资产区分开来。

②企业持有固定资产的目的是生产商品、提供劳务、出租或经营管理,即企业持有的固定资产是企业的劳动工具或手段,而不是用于出售的产品。其中,"出租"的固定资产,是指企业以经营租赁方式出租的机器设备类固定资产,不包括以经营租赁方式出租的建筑物,后者属于投资性房地产,不属于固定资产。

③固定资产的使用寿命超过一个会计年度。使用寿命超过一个会计年度表明固定资产属于非流动资产。

2)固定资产的确认条件

固定资产在符合定义的前提下,应当同时满足以下两个条件,才能加以确认。
①与该项固定资产有关的经济利益很可能流入企业。

②该项固定资产的成本能够可靠地计量。

固定资产的确认条件,既适用于固定资产的初始确认,也适用于固定资产后续支出的确认。

3)固定资产的分类

企业对固定资产进行恰当的分类,有利于加强对固定资产的有效管理。根据不同的管理需要和核算要求,对固定资产主要有以下几种分类方法。

(1)按固定资产的经济用途分类

按固定资产的经济用途分类,可分为生产经营用固定资产和非生产经营用固定资产。

①生产经营用固定资产,是指直接服务于企业生产、经营过程的各种固定资产,如生产经营用的房屋、建筑物、机器、设备、器具、工具等。

②非生产经营用固定资产,是指不直接服务于生产、经营过程的各种固定资产,如职工宿舍、食堂等使用的房屋、设备和其他固定资产等。

(2)按固定资产的使用情况分类

按固定资产的使用情况,可分为使用中固定资产、未使用固定资产和不需用固定资产。

①使用中固定资产,是指正在使用中的经营性和非经营性固定资产。由于季节性经营或大修理等原因,暂时停止使用的固定资产仍属于使用中固定资产;出租(指经营性租赁)给其他单位使用的固定资产,也属于使用中固定资产。

②未使用固定资产,是指已完工或已构建但尚未交付使用的新增固定资产、因进行改扩建等原因暂停使用的固定资产。

③不需用固定资产,是指本企业多余或不适应的各种固定资产。

(3)综合分类

企业可以按照固定资产的经济用途和使用情况进行综合分类,分为七大类。

①生产经营用固定资产。

②非生产经营用固定资产。

③租出固定资产(指企业在经营租赁方式下出租给外单位使用的固定资产)。

④不需用固定资产。

⑤未使用固定资产。

⑥土地,指过去已经估价单独入账的土地。因征地而支付的补偿费,应计入与土地有关的房屋、建筑物的价值内,不单独作为土地价值入账。企业取得的土地使用权,应作为无形资产管理和核算,不作为固定资产管理和核算。

⑦融资租入固定资产,指企业以融资租赁方式租入的固定资产,在租赁期内,应视同自有固定资产进行管理。

会计实务中,由于企业的经营性质不同、经营规模各异,对固定资产的分类不可能完全一致。企业应当根据《企业会计准则第 4 号——固定资产》,并结合本单位的实际情况,编制固定资产目录,包括每类或每项固定资产的使用寿命、预计净残值、折旧方法等,经股东大会或董事会(或类似机构)批准,以此作为固定资产核算的依据。固定资产目录一经确定,不得随意变更。

4)固定资产核算的账户设置

为了反映和监督固定资产的取得、计提折旧和处置等情况,企业一般需要设置"固定资产""累计折旧""在建工程""工程物资""固定资产清理"等账户。

"固定资产"账户核算企业固定资产的原价,借方登记增加的固定资产原价,贷方登记减少的固定资产原价,期末借方余额,反映企业期末固定资产的账面原价。企业应当设置"固定资产登记簿"和"固定资产卡片",按固定资产类别、使用部门和每项固定资产进行明细核算。

"累计折旧"账户属于"固定资产"的调整账户,核算企业固定资产的累计折旧,贷方登记计提的固定资产折旧,借方登记处置固定资产转出的累计折旧,期末贷方余额,反映企业固定资产的累计折旧额。本账户可按固定资产的类别或项目进行明细核算。

"在建工程"账户核算企业基建、更新改造等在建工程发生的支出,借方登记企业各项在建工程的实际支出,贷方登记完工工程转出的成本,期末借方余额,反映企业尚未达到预定可使用状态的在建工程的成本。本账户可按"建筑工程""安装工程""在安装设备""待摊支出"以及单项工程等进行明细核算。

"工程物资"账户核算企业为在建工程而准备的各种物资的实际成本,借方登记企业购入工程物资的成本,贷方登记领用工程物资的成本,期末借方余额,反映企业为在建工程准备的各种物资的成本。本账户可按"专用材料""专用设备""工器具"等进行明细核算。

"固定资产清理"账户核算企业因出售、报废、毁损、对外投资、非货币性资产交换、债务重组等原因转入清理的固定资产价值以及在清理过程中发生的清理费用和清理收益,借方登记转出的固定资产账面价值、清理过程中应支付的相关税费及其他费用,贷方登记出售固定资产取得的价款、残料价值和变价收入。期末借方余额,反映企业尚未清理完毕的固定资产清理净损失,期末如为贷方余额,则反映企业尚未清理完毕的固定资产清理净收益。固定资产清理完成时,借方登记转出的清理净收益,贷方登记转出的清理净损失,结转清理净收益、净损失后,该账户无余额。企业应当按照被清理的固定资产项目设置明细账,进行明细核算。

此外,企业固定资产、在建工程、工程物资发生减值的,还应当设置"固定资产减值准备""在建工程减值准备""工程物资减值准备"等账户进行核算。

3.2.2 固定资产取得的核算

企业取得的固定资产应当按成本进行初始计量。企业取得固定资产的方式多种多样,比如,外购的固定资产、自行建造的固定资产、投资者投入的固定资产、盘盈的固定资产、融资租入的固定资产、非货币性资产交换中取得的固定资产、债务重组中取得的固定资产等。固定资产取得的方式不同,成本的构成也不同。但无论是哪种方式取得的固定资产,其成本是该项固定资产达到预定使用状态前发生的一切合理的、必要的支出。固定资产的初始入账金额为成本,也被称为固定资产的原始价值。

1) 外购固定资产

企业外购固定资产的成本,包括购买价款、相关税费、使固定资产达到预定可使用状态前所发生的可归属于该项资产的运输费、装卸费、安装费和专业人员服务费等。其中,相关税费不包括按照现行增值税制度规定,可以从销项税额中抵扣的增值税进项税额[①]。

在会计实务中,企业可能以一笔款项同时购入多项没有单独标价的资产,应将各项资产单独确认为固定资产,并按各项固定资产公允价值的比例对总成本进行分配,分别确定各项固定资产的成本。

企业购入的固定资产分为不需要安装的固定资产和需要安装的固定资产两种情形。

购入不需要安装的固定资产,取得成本为企业实际支付的购买价款、使固定资产达到预定可使用状态前所发生的可归属于该项资产的运输费、装卸费和专业人员服务费等,借记"固定资产"账户,取得增值税专用发票、海关完税证明或公路发票等增值税扣税凭证,并经税务机关认证可以抵扣的,应按专用发票上注明的增值税进项税额,借记"应交税费——应交增值税(进项税额)"账户,贷记"银行存款""应付账款""应付票据"等账户。

购入需要安装的固定资产时,应在购入的固定资产取得成本的基础上加上安装调试成本作为入账成本。按照购入需安装的固定资产的取得成本,借记"在建工程"账户,按购入固定资产时可抵扣的增值税进项税额,借记"应交税费——应交增值税(进项税额)"账户,贷记"银行存款""应付账款"等账户;按照发生的安装调试成本,借记"在建工程"账户,按取得的外部单位提供的增值税专用发票上注明的增值税进项税额,借记"应交税费——应交增值税(进项税额)"账户,贷记"银行存款"等账户;耗用了本单位的材料或人工的,按应承担的成本金额,借记"在建工程"账户,贷记"原材料""应付职工薪酬"等账户。安装完成达到预定可使用状态时,由"在建工程"账户转入"固定资产"账户,借记"固定资产"账户,贷记"在建工程"账户。

企业作为小规模纳税人,购入固定资产发生的增值税不能抵扣,应计入固定资产成本,借记"固定资产"或"在建工程"账户,不通过"应交税费——应交增值税"账户核算。

【例 3.39】　2019 年 5 月 1 日,甲公司购入一台不需要安装即可投入使用的设备,取得的增值税专用发票上注明的价款为 100 000 元,增值税税额为 13 000 元,另支付运杂费并取得增值税专用发票,注明运杂费 5 000 元,税率 9%,增值税税额 450 元,款项以银行存款支付。甲公司为增值税一般纳税人,应编制如下会计分录。

①计算固定资产成本。

固定资产成本 = 100 000 元 + 5 000 元 = 105 000 元

---

① 　39 号公告规定:自 2019 年 4 月 1 日起,纳税人取得不动产或不动产在建工程的进项税不再分 2 年抵扣。

②编制购入固定资产的会计分录。

借:固定资产	105 000
应交税费——应交增值税(进项税额)	13 450
贷:银行存款	118 450

【例3.40】 2019年6月1日,甲公司用银行存款购入一台需要安装的生产用机器设备,取得的增值税专用发票上注明的价款为300 000元,增值税税额为39 000元,支付的运输费3 000元,税率9%,增值税税额270元,款项已通过银行存款支付;安装设备时,领用本公司原材料一批,成本20 000元,支付安装工人的工资为5 000元。甲公司为增值税一般纳税人,应编制如下会计分录。

①购入设备进行安装。

借:在建工程	303 000
应交税费——应交增值税(进项税额)	39 270
贷:银行存款	342 270

②领用本公司原材料、支付安装工人工资。

借:在建工程	25 000
贷:原材料	20 000
应付职工薪酬	5 000

③设备安装完毕交付使用。

该设备的成本=303 000元+25 000元=328 000元

借:固定资产	328 000
贷:在建工程	328 000

【例3.41】 2019年4月20日,甲公司购入一幢厂房作为生产车间并交付使用,取得的增值税专用发票上注明的价款为50 000 000元,增值税税额为6 500 000元,款项以银行存款支付。甲公司为增值税一般纳税人,应编制如下会计分录。

借:固定资产	50 000 000
应交税费——应交增值税(进项税额)	6 500 000
贷:银行存款	56 500 000

【例3.42】 2019年6月1日,甲公司向乙公司(增值税一般纳税人)一次购进了三台不同型号且具有不同生产能力的设备A,B,C,取得的增值税专用发票上注明的价款为48 000 000元,增值税税额为6 240 000元,另支付运输费50 000元,增值税税额4 500元,全部以银行存款转账支付。假设设备A,B,C的公允价值分别为30 000 000元、7 500 000元和12 500 000元。甲公司为增值税一般纳税人,应编制如下会计分录。

①确定应计入固定资产成本的金额,包括购买价款、运输费。

应计入固定资产的成本=48 000 000元+50 000元=48 050 000元

②确定设备A,B,C的价值分配比例。

$$A\ 设备应分配的固定资产价值比例 = \frac{30\ 000\ 000\ 元}{(30\ 000\ 000 + 7\ 500\ 000 + 12\ 500\ 000)\ 元} \times 100\% = 60\%$$

$$B\ 设备应分配的固定资产价值比例 = \frac{7\ 500\ 000\ 元}{(30\ 000\ 000 + 7\ 500\ 000 + 12\ 500\ 000)\ 元} \times 100\% = 15\%$$

$$C\ 设备应分配的固定资产价值比例 = \frac{12\ 500\ 000\ 元}{(30\ 000\ 000 + 7\ 500\ 000 + 12\ 500\ 000)\ 元} \times 100\% = 25\%$$

③确定 A,B,C 设备各自的成本。

A 设备的成本 = 48 050 000 元×60% = 28 830 000 元

B 设备的成本 = 48 050 000 元×15% = 7 207 500 元

C 设备的成本 = 48 050 000 元×25% = 12 012 500 元

④甲公司应编制如下会计分录。

借:固定资产——A 设备　　　　　　　　　　　　28 830 000

　　　　　——B 设备　　　　　　　　　　　　7 207 500

　　　　　——C 设备　　　　　　　　　　　　12 012 500

　应交税费——应交增值税(进项税额)　　　　　6 244 500

　贷:银行存款　　　　　　　　　　　　　　　54 294 500

2)建造固定资产

企业自行建造固定资产,应当按照建造该项资产达到预定可使用状态前所发生的必要支出,作为固定资产的成本。企业自行建造固定资产,主要有自营和出包两种方式。

(1)自营方式建造固定资产

自营方式建造固定资产,是指企业自行组织工程物资采购、自行组织施工人员施工的建筑工程和安装工程。购入工程物资时,按已认证的增值税专用发票上注明的价款,借记"工程物资"账户;按增值税专用发票上注明的增值税进项税额,借记"应交税费——应交增值税(进项税额)"账户;实际支付或应付的金额,贷记"银行存款""应付账款"等账户。领用工程物资时,借记"在建工程"账户,贷记"工程物资"账户。在建工程领用本企业原材料时,按照原材料的成本借记"在建工程"账户,贷记"原材料"等账户。在建工程领用本企业生产的商品时,按照成本借记"在建工程"账户,贷记"库存商品"账户。自营工程发生的其他费用(如分配工程人员薪酬等),借记"在建工程"账户,贷记"银行存款""应付职工薪酬"等账户。自营工程达到预定可使用状态时,按其成本,借记"固定资产"账户,贷记"在建工程"账户。

【例3.43】　甲公司为增值税一般纳税人,2019 年 5 月 16 日,自行建造厂房一幢,购入为工程准备的各种物资 1 000 000 元,增值税专用发票上注明的增值税税额为 130 000 元。工程建设领用工程物资 800 000 元。领用本企业生产的产品一批,售价 500 000 元,实际成本为 40 000 元,工程人员应计工资 120 000 元,支付的其他费用并取得增值税专用发票,注明安装费 50 000 元,税率 9%,增值税税额 4 500 元。8 月 20 日,该工程完工并达到预定可使用状态,将剩下的工程物资转为原材料。甲公司应编制如下会计分录。

①购入工程物资时。

借:工程物资	1 000 000	
应交税费——应交增值税(进项税额)	130 000	
贷:银行存款		1 130 000

②工程领用工程物资时。

借:在建工程	800 000	
贷:工程物资		800 000

③工程领用本企业生产的产品时。

借:在建工程	400 000	
贷:库存商品		400 000

④分配工程人员薪酬时。

借:在建工程	120 000	
贷:应付职工薪酬		120 000

⑤支付工程发生的其他费用时。

借:在建工程	50 000	
应交税费——应交增值税(进项税额)	4 500	
贷:银行存款		54 500

⑥工程完工转入固定资产的成本=(800 000+400 000+120 000+50 000)元=1 370 000 元。

借:固定资产	1 370 000	
贷:在建工程		1 370 000

(2)出包方式建造固定资产

出包方式建造固定资产,是指企业通过招标方式将工程项目发包给建造承包商,由建造承包商组织施工的建筑工程和安装工程。

企业以出包方式建造固定资产,其成本由建造该项固定资产达到预定可使用状态前所发生的必要支出构成,包括发生的建筑工程支出、安装工程支出以及需分摊计入各项固定资产价值的待摊支出。

①建筑工程和安装工程支出。由于建筑工程、安装工程采用出包方式发包给建造承包商承建,因此,工程的具体支出,如人工费、材料费、机械使用费等由建造承包商核算。发包企业按照合同规定的结算方式和工程进度定期与建造承包商办理工程价款核算,结算的工程价款计入在建工程成本。

②待摊支出。待摊支出是指在建设期间发生的、不能直接计入某项固定资产价值而应由所建造固定资产共同负担的相关费用,包括为建造工程发生的管理费、征地费、可行性研究费、临时设施费、公证费、监理费、符合资本化条件的借款费用、建设期间发生的工程物资盘亏、报废及毁损净损失以及负荷联合试车费等。

在出包方式下,企业支付给建造承包商的工程价款,通过"在建工程"账户核算。企业按照合理估计的工程进度和合同规定结算的进度款，借记"在建工程——建筑工程——××工程""在建工程——安装工程——××工程"账户，贷记"银行存款""预付账款"等账户。企业需要将安装设备运抵现场安装时，借记"在建工程——在安装设备——××设备"账户，贷记"工程物资——××设备"账户；企业为建造固定资产发生的待摊支出，借记"在建工程——待摊支出"账户，贷记"银行存款""应付职工薪酬"等账户；工程完工时，按合同规定补付的工程款，借记"在建工程"账户，贷记"银行存款"等账户。

在建工程达到预定可使用状态时，首先，计算分配待摊支出。

$$待摊支出分配率=\frac{累计发生的待摊支出}{建筑工程支出+安装工程支出+在安装设备支出}\times100\%$$

$$\begin{matrix}××工程应\\分摊待摊支出\end{matrix}=\left(\begin{matrix}××工程的\\建筑工程支出\end{matrix}+\begin{matrix}××工程的\\安装工程支出\end{matrix}+\begin{matrix}××工程的\\在安装设备支出\end{matrix}\right)\times\begin{matrix}待摊支出\\分配率\end{matrix}$$

其次，计算确定已完工的固定资产成本。

房屋、建筑物等固定资产成本=建筑工程支出+应分摊的待摊支出

需要安装设备的成本=设备成本+为设备安装发生的基础、支座等建筑工程支出+安装工程支出+应分摊的待摊支出

最后，编制会计分录，借记"固定资产"账户，贷记"在建工程——建筑工程""在建工程——安装工程""在建工程——待摊支出"等账户。

【例3.44】 甲公司经过当地有关部门批准新建一个发电厂。全部工程由三个单项工程组成，包括建造发电车间、冷却塔和安装发电设备。2019年1月5日，甲公司与利民公司签订合同，将该项目出包给利民公司承建。根据双方签订的合同，建造发电车间的价款为1 500万元，建造冷却塔的价款为800万元，发电设备的安装费用为45万元。合同约定，甲公司应当向利民公司预付建造备料款200万元，其中，发电车间120万元，冷却塔80万元。

固定资产建造期间，甲公司发生下列交易和事项。

①2019年1月12日，甲公司按合同约定向利民公司预付备料款200万元。

②2019年6月18日，建造发电车间和冷却塔的工程进度达到45%，甲公司按照工程进度办理工程价款结算，结算金额为1 035万元，其中发电车间675万元，冷却塔360万元。甲公司抵扣了预付备料款后，将余款835万元用银行存款付讫。

③2019年10月15日，建造发电车间和冷却塔的工程进度达到75%。甲公司与利民公司按工程进度办理工程价款结算，本次结算金额为690万元，其中发电车间450万元，冷却塔240万元。甲公司用银行存款付讫。

④2019年12月16日，建筑工程主体完工。甲公司与利民公司办理工程价款结算，本次结算金额为575万元，其中发电车间375万元，冷却塔200万元。甲公司用银行存款付讫。

⑤2019年12月20日，甲公司购入需要安装的发电设备，设备价款为500万元，增值税税额为65万元，全部款项已通过银行转账支付。

⑥2019年12月22日，甲公司将发电设备运抵现场，交利民公司安装。

⑦工程项目发生管理费、可行性研究费、监理费、公证费等共计40万元,均用银行存款支付。

⑧2020年1月31日,发电设备完成安装工程,甲公司向利民公司支付安装费45万元。

⑨2020年2月1日至3月15日,进行负荷联合试车。联合试车过程中领用原材料8万元,另以银行存款支付其他试车费用6万元,试车期间取得发电收入10万元。

⑩2020年3月15日,完成试车,各项指标达到设计要求。

甲公司应编制如下会计分录。

①2019年1月12日,预付备料款200万元。

借:预付账款	2 000 000
贷:银行存款	2 000 000

②2019年6月18日,办理工程价款结算。

借:在建工程——建筑工程(发电车间)	6 750 000
——建筑工程(冷却塔)	3 600 000
贷:预付账款	2 000 000
银行存款	8 350 000

③2019年10月15日,办理工程价款结算。

借:在建工程——建筑工程(发电车间)	4 500 000
——建筑工程(冷却塔)	2 400 000
贷:银行存款	6 900 000

④2019年12月16日,办理工程价款结算。

借:在建工程——建筑工程(发电车间)	3 750 000
——建筑工程(冷却塔)	2 000 000
贷:银行存款	5 750 000

⑤2019年12月20日,购入发电设备。

借:工程物资——发电设备	5 000 000
应交税费——应交增值税(进项税额)	650 000
贷:银行存款	5 650 000

⑥2019年12月22日,将发电设备交利民公司安装。

借:在建工程——在安装设备(发电设备)	5 000 000
贷:工程物资——发电设备	5 000 000

⑦用银行存款支付工程项目发生管理费、可行性研究费等。

借:在建工程——待摊支出	400 000
贷:银行存款	400 000

⑧2020年1月31日,向利民公司支付安装费。

借:在建工程——安装工程(发电设备)	450 000
贷:银行存款	450 000

⑨2020 年 2 月 1 日至 3 月 15 日,进行负荷联合试车。

领用原材料。

借:在建工程——待摊支出   80 000

  贷:原材料   80 000

支付其他试车费用。

借:在建工程——待摊支出   60 000

  贷:银行存款   60 000

试车期间取得收入。

借:银行存款   100 000

  贷:在建工程——待摊支出   100 000

⑩2020 年 3 月 15 日,工程达到预定可使用状态,结转待摊支出和在建工程。

3 月 15 日,结转待摊支出。

累计发生的待摊支出 = (400 000+80 000+60 000-100 000)元 = 440 000 元

发电车间的建筑工程支出 = (6 750 000+4 500 000+3 750 000)元 = 15 000 000 元

冷却塔的建筑工程支出 = (3 600 000+2 400 000+2 000 000)元 = 8 000 000 元

在安装设备(发电设备)的支出 = 5 000 000 元

安装工程(发电设备)的支出 = 450 000 元

$$待摊支出分配率 = \frac{440\ 000}{15\ 000\ 000+8\ 000\ 000+5\ 000\ 000+450\ 000}元×100\% = 1.546\ 6\%$$

建筑工程(发电车间)应分配的待摊支出 = 15 000 000 元×1.546 6% = 231 990 元

建筑工程(冷却塔)应分配的待摊支出 = 8 000 000 元×1.546 6% = 123 728 元

在安装设备(发电设备)应分配的待摊支出 = 5 000 000 元×1.546 6% = 77 330 元

安装工程(发电设备)应分配的待摊支出 = (440 000-231 990-123 728-77 330)元 = 6 952 元

结转待摊支出的会计分录。

借:在建工程——建筑工程(发电车间)   231 990

    ——建筑工程(冷却塔)   123 728

    ——在安装设备(发电设备)   77 330

    ——安装工程(发电设备)   6 952

  贷:在建工程——待摊支出   440 000

结转在建工程的会计分录。

借:固定资产——发电车间   15 231 990

    ——冷却塔   8 123 728

    ——发电设备   5 534 282

  贷:在建工程——建筑工程(发电车间)   15 231 990

    ——建筑工程(冷却塔)   8 123 728

——在安装设备(发电设备)	5 077 330
——安装工程(发电设备)	456 952

3)其他方式取得固定资产

企业取得固定资产的其他方式,主要包括接受投资者投资、非货币性资产交换、债务重组、企业合并等。

①投资者投入的固定资产,应当按照投资合同或协议约定的价值确定固定资产的成本,但合同或协议约定的价值不公允的除外。在投资合同或协议约定不公允的情况下,按照该项固定资产的公允价值作为入账价值。固定资产的入账价值与实收资本或股本的差额记入"资本公积"账户。

②企业通过非货币性资产交换、债务重组、企业合并等方式取得的固定资产,应当分别按照《企业会计准则第7号——非货币性资产交换》《企业会计准则第12号——债务重组》《企业会计准则第20号——企业合并》等规定确定固定资产的成本。

3.2.3 固定资产折旧

1)固定资产折旧概述

固定资产折旧,是指在固定资产的使用寿命内,按照确定的方法对应计折旧额进行系统分摊。应计折旧额,是指应当计提折旧的固定资产原价扣除其预计净残值后的金额,已计提减值准备的固定资产,还应当扣除已计提的固定资产减值准备累计金额。

(1)影响固定资产折旧的主要因素

①固定资产原价,是指固定资产的成本。

②固定资产的使用寿命,是指企业使用固定资产的预计年限,或者该固定资产所能生产产品或提供劳务的数量。企业确定固定资产使用寿命时,应当考虑下列因素:

一是该项资产预计生产能力或实物产量。

二是该项资产预计有形损耗,如设备使用中发生磨损、房屋建筑物受到自然侵蚀等。

三是该项资产预计无形损耗,如因新技术的出现而使现有的资产技术水平相对陈旧、市场需求变化使产品过时等。

四是法律或者类似规定对该项资产使用的限制。

③预计净残值,是指假定固定资产预计使用寿命已满并处于使用寿命终了时的预期状态,企业目前从该项资产处置中获得的扣除预计处置费用后的金额。

④固定资产减值准备,是指固定资产已计提的固定资产减值准备累计金额。

(2)固定资产折旧范围

企业应当对所有的固定资产计提折旧,但下列情况除外:

一是已提足折旧仍继续使用的固定资产。

二是单独计价入账的土地。

在确定计提折旧的范围时,还应注意以下几点:

①固定资产应当按月计提折旧,当月增加的固定资产,当月不计提折旧,从下月起计提折旧;当月减少的固定资产,当月仍需计提折旧,从下月起不计提折旧。

②固定资产提足折旧后,不论能否继续使用,均不再计提折旧;提前报废的固定资产,也不再补提折旧。所谓提足折旧,是指已经提足该项固定资产的应计折旧额。

③已达到预定可使用状态但尚未办理竣工决算的固定资产,应当按照估计价值确定其成本,并计提折旧;待办理竣工决算后,再按实际成本调整原来的暂估价值,但不需要调整原已计提的折旧额。

(3)固定资产使用寿命、预计净残值和折旧方法的复核

企业至少应当于每年年度终了,对固定资产的使用寿命、预计净残值和折旧方法进行复核。使用寿命预计数与原先估计数有差异的,应当调整固定资产使用寿命。预计净残值与原先估计数有差异的,应当调整预计净残值。与固定资产有关的经济利益预期实现方式有重大改变的,应当改变固定资产折旧方法。

固定资产使用寿命、预计净残值和折旧方法的改变应当作为会计估计变更进行会计处理。

2)固定资产的折旧方法

企业应当根据与固定资产有关的经济利益的预期实现方式,合理选择固定资产折旧方法。可选用的折旧方法包括年限平均法(又称直线法)、工作量法、双倍余额递减法和年数总和法等。

(1)年限平均法

年限平均法,又称直线法,是指将固定资产的应计折旧额均衡地分摊到固定资产预计使用寿命内的一种方法。采用这种方法计算的每期折旧额是相等的。

年限平均法的计算公式如下:

$$年折旧率 = \frac{1 - 预计净残值率}{预计使用寿命(年)} \times 100\%$$

$$月折旧率 = \frac{年折旧率}{12}$$

月折旧额 = 固定资产原价 × 月折旧率

采用年限平均法计提固定资产折旧,虽然比较简便,但它存在一些明显的局限性,当固定资产在不同使用年限提供的经济效益不同的情况下,采用年限平均法是不合理的。一般来讲,固定资产在其使用前期工作效率相对较高,所带来的经济利益比较多,而在使用后期,工作效率呈下降趋势,所带来的经济利益也就逐年减少。年限平均法,不予考虑这些变化,计提的折旧额与固定资产的损耗程度不相符。

【例3.45】 甲公司有一台设备,原价为500 000元,预计可使用10年,预计报废时的净残值率为2%。该设备的折旧率和折旧额的计算如下:

$$年折旧率 = \frac{1-2\%}{10} = 9.8\%$$

$$月折旧率 = \frac{9.8\%}{12} = 0.82\%$$

月折旧额 = 500 000 元×0.82% = 4 083.33 元

(2)工作量法

工作量法是根据实际工作量计算固定资产每期应计提折旧额的一种方法。

工作量法的基本计算公式如下:

$$单位工作量折旧额 = \frac{固定资产原价 \times (1 - 预计净残值率)}{预计总工作量}$$

某项固定资产月折旧额 = 该项固定资产当月工作量×单位工作量折旧额

工作量法假定固定资产价值的降低不是由于时间推移导致固定资产价值下降,而是由于使用过程中固定资产的损耗造成的。实际工作中,不同的固定资产应当按照不同的工作量标准计算折旧,如机器设备按工作小时计算折旧,运输工具按照行驶里程计算折旧。

【例3.46】 甲企业的一辆运货汽车原价为500 000元,预计总行驶里程为500 000千米,预计报废时的净残值率为4%,本月行驶8 000千米。该辆汽车的月折旧额计算如下:

$$单位里程折旧额 = \frac{500\,000\,元×(1-4\%)}{500\,000\,千米} = 0.96\,元/千米$$

本月折旧额 = 8 000 千米×0.96 元/千米 = 7 680 元

(3)双倍余额递减法

双倍余额递减法,是指在不考虑固定资产预计残值的情况下,根据每期固定资产的期初账面净值(固定资产原价减去累计折旧)和双倍的直线法折旧率计算固定资产折旧额的一种方法。采用双倍余额递减法计提固定资产折旧,一般应在固定资产使用寿命到期前两年内,将固定资产账面净值扣除预计净残值后的余额平均摊销。

双倍余额递减法的计算公式如下:

$$年折旧率 = \frac{2}{预计使用寿命(年)} \times 100\%$$

$$月折旧率 = \frac{年折旧率}{12}$$

年折旧额 = 每个折旧年度年初固定资产账面净值×年折旧率

需要注意的是,这里的折旧年度是指"以固定资产开始计提折旧的月份为始计算的一个年度期间",如某公司3月取得某项固定资产,其折旧年度为"从当年4月到第二年3月的期间"。

【例3.47】 某企业一项固定资产的原价为 1 000 000 元,预计使用年限为 5 年,预计净残值率为4%。按双倍余额递减法计提折旧,每年的折旧额计算如下:

$$年折旧率 = \frac{2}{5} \times 100\% = 40\%$$

第 1 年应计提的折旧额 = 1 000 000 元 × 40% = 400 000 元

第 2 年应计提的折旧额 = (1 000 000 - 400 000) 元 × 40% = 240 000 元

第 3 年应计提的折旧额 = (1 000 000 - 400 000 - 240 000) 元 × 40% = 144 000 元

从第 4 年起改用年限平均法(直线法)计提折旧:

预计净残值 = 1 000 000 元 × 4% = 40 000 元

第 4 年、第 5 年的年折旧额 = $\dfrac{(1\,000\,000 - 400\,000 - 240\,000 - 144\,000) - 40\,000}{2}$ 元 = 88 000 元

计算的各年折旧额见表3-5。

表 3-5 固定资产折旧计算表

(双倍余额递减法)   金额单位:元

年份	账面净值 (=原价-累计折旧额) (1)=(1)-(6)	账面净值-预计净残值 (2)=(1)-预计净残值	年折旧率 (3)	年摊销率 (4)	年折旧额 (5)=(1)×(3) 或=(2)×(4)	累计折旧 (6)=上年(6) +本年(5)
1	1 000 000	—	40%		400 000	400 000
2	1 000 000-400 000= 600 000	—	40%		240 000	640 000
3	1 000 000-640 000= 360 000	—	40%		144 000	784 000
4	1 000 000-784 000= 216 000	216 000-40 000= 176 000		50%	88 000	872 000
5	1 000 000-784 000= 216 000	216 000-40 000= 176 000		50%	88 000	960 000

各月折旧额根据年折旧额除以 12 来计算。

(4)年数总和法

年数总和法又称年限合计法,是指将固定资产的原价减去预计净残值后的余额,乘以一个逐年递减的分数计算每年的折旧额。这个分数的分子代表固定资产尚可使用寿命,分母代表固定资产预计使用寿命逐年数字总和。

年数总和法的计算公式如下:

$$年折旧率 = \frac{尚可使用年限}{预计使用寿命的年数总和} \times 100\%$$

年折旧额 = (固定资产原价-预计净残值) × 年折旧率

$$月折旧额 = \frac{年折旧额}{12}$$

【例3.48】 承[例3.47],如果采用年数总和法,计算的各年折旧额,见表3-6。

表3-6 固定资产折旧计算表

（年数总和法）   金额单位:元

年份	尚可使用年限	原价-预计净残值	年折旧率	年折旧额	累计折旧
1	5	960 000	5/15	320 000	320 000
2	4	960 000	4/15	256 600	576 000
3	3	960 000	3/15	192 000	768 000
4	2	960 000	2/15	128 000	896 000
5	1	960 000	1/15	64 000	960 000

3）固定资产折旧的会计处理

固定资产应当按月计提折旧,计提的折旧应当记入"累计折旧"账户,并根据固定资产的用途计入相关资产的成本或者当期损益。企业自行建造固定资产过程中使用的固定资产,其计提的折旧应计入在建工程成本;基本生产车间所使用的固定资产,其计提的折旧应计入制造费用;管理部门所使用的固定资产,其计提的折旧应计入管理费用;销售部门所使用的固定资产,其计提的折旧应计入销售费用;经营租出的固定资产,其计提的折旧额应计入其他业务成本;未使用的固定资产,其计提的折旧额计入管理费用。

【例3.49】 某企业2019年7月会计部门编制的固定资产折旧计算汇总表,见表3-7。

表3-7 固定资产折旧计算汇总表

2019 年7月   金额单位:元

使用部门	上月折旧额	上月增加固定资产		上月减少固定资产		本月折旧额
		原价	折旧额	原价	折旧额	
基本生产车间	226 800	150 000	3 500			230 300
辅助生产车间	168 000	400 000	2 400			170 400
厂部管理部门	90 400			360 000	1 080	89 320
专设销售机构	5 000					5 000
出租	18 000					18 000
合计	508 200	550 000	5 900	360 000	1 080	513 020

该企业应编制如下会计分录。

借:制造费用——基本生产车间	230 300
——辅助生产车间	170 400
管理费用	89 320
销售费用	5 000
其他业务成本	18 000
贷:累计折旧	513 020

3.2.4　固定资产后续支出的核算

固定资产的后续支出,是指固定资产在使用过程中发生的更新改造支出、修理费用等。企业的固定资产投入使用后,由于各个组成部分耐用程度不同或者使用条件不同,往往会发生固定资产的局部损坏。为了保持固定资产的正常运转和使用,充分发挥其使用效能,就必然产生必要的后续支出。

固定资产的更新改造等后续支出,满足固定资产确认条件的,应当计入固定资产成本,如有被替换的部分,应同时将被替换部分的账面价值从该固定资产原账面价值中扣除;不满足固定资产确认条件的固定资产修理费用等,应当在发生时计入当期损益。

1)资本化的后续支出

固定资产发生的可资本化的后续支出,应当通过"在建工程"账户核算。固定资产发生可资本化的后续支出时,企业应将该固定资产的原价、已计提的累计折旧和减值准备转销,将固定资产的账面价值转入在建工程,借记"在建工程""累计折旧""固定资产减值准备"等账户,贷记"固定资产"账户。当固定资产转入在建工程,应停止计提折旧。发生的可资本化的后续支出,借记"在建工程"账户,发生后续支出取得增值税专用发票的,按实际支付的金额,贷记"银行存款"等账户。在固定资产发生的后续支出完工并达到预定可使用状态时,借记"固定资产"账户,贷记"在建工程"账户。

【例3.50】　2019年7月1日,甲公司决定对现有的一条生产线进行技术改造,以提高其生产能力。该生产线于2016年12月20日购入并投入使用,其原始价值为400 000元,预计净残值率5%,预计使用年限为5年,采用年限平均法计提折旧。

2019年7月1日至10月10日共发生更新改造支出200 000元,假设全部以银行存款支付。其中,对生产线的某一重要部件进行更换,该部件的账面原值为150 000元,假定报废处理,无残值。2019年10月10日,完成了该生产线的技术更新改造。该生产线达到预定可使用状态后,大大提高了生产能力,预计其使用年限将延长3年。假定该生产线的预计净残值率和折旧方法仍不变。

分析:甲公司对生产线进行更新改造后生产能力大大提高,能够为企业带来更多的经济利益,改扩建的支出能够可靠计量。因此,该后续支出符合固定资产的确认条件,应计入固定资产的成本。

更新改造前，生产线的累计折旧金额 $=\dfrac{400\,000\times(1-5\%)}{5}$ 元 $\times2.5=190\,000$ 元，该项固定资产的账面价值为 $400\,000$ 元 $-190\,000$ 元 $=210\,000$ 元。

甲公司应编制如下会计分录。

①2019 年 7 月 1 日将固定资产转入在建工程。

借：在建工程	210 000
累计折旧	190 000
贷：固定资产	400 000

②2019 年 7 月 1 日至 10 月 10 日发生更新改造支出。

借：在建工程	200 000
贷：银行存款	200 000

③扣除被替换部分的账面价值。

被替换部件的累计折旧金额 $=\dfrac{150\,000\times(1-5\%)}{5}$ 元 $\times2.5=71\,250$ 元，该部件的账面价值为 $150\,000$ 元 $-71\,250$ 元 $=78\,750$ 元。

借：营业外支出——非流动资产处置损失	78 750
贷：在建工程	78 750

④2019 年 10 月 10 日，该生产线达到预定可使用状态，生产线的入账价值 $=(210\,000+200\,000-78\,750)$ 元 $=331\,250$ 元。

借：固定资产	331 250
贷：在建工程	331 250

2) 费用化的后续支出

一般情况下，固定资产投入使用后，由于固定资产磨损、各组成部件耐用程度不同，可能导致固定资产的局部损坏。为了维护固定资产的正常运转和使用，充分发挥其使用效能，企业应对固定资产进行必要的维护。固定资产的日常修理费用、大修理费用等支出只是确保固定资产的正常工作状况，一般不产生未来的经济利益。因此，通常不符合固定资产的确认条件，在发生时直接计入当期损益。企业生产车间（部门）和行政管理部门发生的固定资产日常修理费用等后续支出，记入"管理费用"账户；企业专设销售机构发生的固定资产日常修理费用等后续支出，记入"销售费用"账户。

【例 3.51】 甲公司为增值税一般纳税人，2019 年 6 月 5 日，对基本生产车间的生产设备进行维修，领用修理配件 5 个，成本 1 000 元，另以银行存款支付日常修理费用，取得增值税专用发票，注明修理费 20 000 元，增值税税额 2 600 元。

甲公司应编制如下会计分录。

借：管理费用	21 000
应交税费——应交增值税（进项税额）	2 600

贷:银行存款   22 600

    原材料   1 000

3.2.5 固定资产处置的核算

固定资产处置,即固定资产的终止确认。

1)固定资产终止确认的条件

固定资产满足下列条件之一的,应当终止确认:

(1)该固定资产处于处置状态

固定资产处置具体包括固定资产的出售、报废、毁损、对外投资、非货币性资产交换、债务重组等。处于处置状态的固定资产不再用于生产商品、提供劳务、出租或经营管理,因此不再符合固定资产的定义,应予以终止确认。

(2)该固定资产预期通过使用或处置不能产生经济利益

固定资产的确认条件之一是"与该固定资产有关的经济利益很可能流入企业",如果一项固定资产预期通过使用或处置不能产生经济利益,那么,它就不再符合固定资产的定义和确认条件,应予以终止确认。

2)固定资产处置的账务处理

企业处置固定资产应通过"固定资产清理"账户进行核算。具体包括以下几个步骤:

(1)固定资产转入清理

企业因出售、报废、毁损、对外投资、非货币性资产交换、债务重组等转出的固定资产,按该项固定资产的账面价值,借记"固定资产清理"账户,按已计提的累计折旧,借记"累计折旧"账户,按已计提的减值准备,借记"固定资产减值准备"账户,按其账面原价,贷记"固定资产"账户。

(2)发生的清理费用等

固定资产清理过程中,应支付的清理费用及其可抵扣的增值税进项税额,借记"固定资产清理""应交税费——应交增值税(进项税额)"账户,贷记"银行存款"等账户。

(3)收回出售固定资产的价款、残料价值和变价收入等

收回出售固定资产的价款和税款,借记"银行存款"账户,按增值税专用发票上注明的价款,贷记"固定资产清理"账户,按增值税专用发票上注明的增值税销项税额,贷记"应交税费——应交增值税(销项税额)"账户,残料入库,按残料价值,借记"原材料"等账户,贷记"固定资产清理"账户。

(4)保险赔偿等的处理

应由保险公司或过失人赔偿的损失,借记"其他应收款"等账户,贷记"固定资产清理"账户。

(5)清理净损益的处理

固定资产清理完成后,对清理净损益,应区分不同情况进行账务处理:①因固定资产已丧失使用功能或因自然灾害发生毁损等原因而报废清理产生的利得或损失应计入营业外收支。属于生产经营期间报废清理产生的处理净损失,借记"营业外支出——非流动资产处置损失"(正常原因)或"营业外支出——非常损失"(非正常原因)科目,贷记"固定资产清理"科目;如为净收益,借记"固定资产清理"科目,贷记"营业外收入——非流动资产处置利得"科目。②因出售、转让等原因产生的固定资产处置利得或损失应计入资产处置损益。确认处置净损失,借记"资产处置损益"科目,贷记"固定资产清理"科目;如为净收益,借记"固定资产清理"科目,贷记"资产处置损益"科目。

【例3.52】 甲公司为增值税一般纳税人,2019年7月20日,出售一台生产设备,出售价款为80 000元,增值税税额为1 600元,款项已存入银行。该设备原价为280 000元,累计折旧150 000元,计提减值准备30 000元。另转账支付清理费用5 000元。

甲公司应编制如下会计分录。

①将出售固定资产转入清理时。

借:固定资产清理	100 000
固定资产减值准备	30 000
累计折旧	150 000
贷:固定资产	280 000

②支付清理费用时。

| 借:固定资产清理 | 5 000 |
| 贷:银行存款 | 5 000 |

③收到出售固定资产的价款和税款时。

借:银行存款	81 600
贷:固定资产清理	80 000
应交税费——应交增值税(销项税额)	1 600

④结转出售固定资产实现的损失时。

| 借:资产处置损益 | 25 000 |
| 贷:固定资产清理 | 25 000 |

3.2.6 固定资产清查和减值的核算

1)固定资产清查

企业应当定期或者至少于每年年末对固定资产进行清查盘点,以保证固定资产核算的真实性,充分挖掘企业现有固定资产的潜力。在固定资产清查过程中,如果发现盘盈、盘亏的固定资产,应当填制固定资产盘盈、盘亏报告表。清查固定资产的损溢,应当及时查明原因,并按照规定程序报批处理。

（1）固定资产的盘盈

企业在财产清查中盘盈的固定资产，作为前期差错处理。企业在财产清查中盘盈的固定资产，在按管理权限报经批准处理前应先通过"以前年度损益调整"账户核算。盘盈的固定资产，应按重置成本确定其入账价值，借记"固定资产"账户，贷记"以前年度损益调整"账户。

【例 3.53】　甲公司为增值税一般纳税人，2018 年 6 月 12 日在财产清查过程中发现，2017 年 12 月购入的一台设备尚未入账，重置成本为 50 000 元。假定甲公司按净利润的 10% 提取法定盈余公积，不考虑相关税费及其他因素的影响。

甲公司应编制如下会计分录。

①盘盈固定资产时。

借：固定资产　　　　　　　　　　　　　　　　　　　　　　　50 000
　　贷：以前年度损益调整　　　　　　　　　　　　　　　　　　　　　50 000

②结转为留存收益时。

借：以前年度损益调整　　　　　　　　　　　　　　　　　　　50 000
　　贷：盈余公积——法定盈余公积　　　　　　　　　　　　　　　　　5 000
　　　　利润分配——未分配利润　　　　　　　　　　　　　　　　　45 000

（2）固定资产的盘亏

企业在财产清查中盘亏的固定资产，按照盘亏固定资产的账面价值，借记"待处理财产损溢"账户，按照已计提的累计折旧，借记"累计折旧"账户，按照已计提的减值准备，借记"固定资产减值准备"账户，按照固定资产的原价，贷记"固定资产"账户。

企业按照管理权限报经批准后处理时，按照可收回的保险赔偿或过失人赔偿，借记"其他应收款"账户，按照应计入营业外支出的金额，借记"营业外支出——盘亏损失"账户，贷记"待处理财产损溢"账户。

【例 3.54】　甲公司为增值税一般纳税人，2019 年 6 月 25 日进行财产清查时，发现短缺一台仪器，原价为 30 000 元，已计提折旧 12 000 元，购入时增值税税额为 5 100 元。经保险公司核准，决定给予公司 10 000 元赔偿，款项尚未收到。经管理层批准，该盘亏的固定资产作为营业外支出入账。

甲公司应编制如下会计分录。

①盘亏固定资产时。

借：待处理财产损溢　　　　　　　　　　　　　　　　　　　　18 000
　　累计折旧　　　　　　　　　　　　　　　　　　　　　　　12 000
　　贷：固定资产　　　　　　　　　　　　　　　　　　　　　　　30 000

②转出不可抵扣的进项税额时。

借：待处理财产损溢　　　　　　　　　　　　　　　　　　　　　5 100
　　贷：应交税费——应交增值税（进项税额转出）　　　　　　　　　　5 100

③保险公司赔偿时。

借:其他应收款	10 000	
贷:待处理财产损溢		10 000

④报经批准转销时。

借:营业外支出——盘亏损失	13 100	
贷:待处理财产损溢		13 100

在本例中,根据现行增值税制度规定,该仪器因盘亏,其购入时的增值税进项税额不得从销项税额中抵扣,应将记入"应交税费——应交增值税(进项税额)"账户的相关金额5 100元转出,借记"待处理财产损溢"账户,贷记"应交税费——应交增值税(进项税额转出)"账户。

2)固定资产减值

企业应当在资产负债表日判断固定资产是否存在减值迹象。有确凿证据表明固定资产存在减值迹象的,应当进行减值测试,估计其可收回金额。可收回金额,是指资产的公允价值减去处置费用后的净额与资产预计未来现金流量的现值两者之中的较高者。如果固定资产的可收回金额低于其账面价值,则表明固定资产发生了减值。

固定资产在资产负债表日存在可能发生减值的迹象时,其可收回金额低于账面价值的,企业应当将该固定资产的账面价值减记至可收回金额,减记的金额确认为减值损失,计入当期损益,借记"资产减值损失——计提的固定资产减值准备"账户,同时,计提相应的资产减值准备,贷记"固定资产减值准备"账户。

需要强调的是,根据《企业会计准则第8号——资产减值》的规定,企业固定资产减值损失一经确认,在以后会计期间不得转回。

【例3.55】 2015年12月15日,甲公司购入一台生产设备,其原始价值为500 000元,预计使用年限为10年,预计净残值率为5%,采用年限平均法计提折旧。

2019年12月31日,由于市场需求发生不利变化,甲公司对其进行减值测试,估计其可收回金额为80 000元,并预计尚可使用3年,预计净残值不变。

①计算该固定资产未计提减值准备前的账面价值。

该固定资产的预计净残值=500 000元×5%=25 000元

2016—2019年,固定资产的累计折旧金额=$\frac{500\,000-25\,000}{10}$元×4=190 000元

该固定资产未计提减值准备前的账面价值为=500 000元-190 000元=310 000元

②2019年12月31日,该固定资产可收回金额为80 000元,低于账面价值,因此应当将该固定资产的账面价值减记至可收回金额,同时确认资产减值损失。计提的固定资产减值准备金额=310 000元-80 000元=230 000元。

③甲公司应编制如下会计分录。

借:资产减值损失——计提的固定资产减值准备	230 000	
贷:固定资产减值准备		230 000

【任务实施】

根据本任务"任务导入"里的任务资料和任务目标,编制白云有限责任公司 2019 年有关固定资产业务的会计分录,具体任务实施过程如下。

4 月 20 日,购入一台不需要安装的 A 设备。

借:固定资产——A 设备 　　　　　　　　　　　　　　　　　5 100 000

　　应交税费——应交增值税(进项税额) 　　　　　　　　　650 000

　　贷:银行存款 　　　　　　　　　　　　　　　　　　　　　　　5 750 000

对 A 设备计提折旧:

$$月折旧额 = \frac{5\ 100\ 000 - 300\ 000}{10 \times 12} 元 = 40\ 000\ 元$$

借:管理费用 　　　　　　　　　　　　　　　　　　　　　　40 000

　　贷:累计折旧 　　　　　　　　　　　　　　　　　　　　　　40 000

5 月 25 日,开始自行建造一台专用设备。

购入工程物资。

借:工程物资 　　　　　　　　　　　　　　　　　　　　　100 000

　　应交税费——应交增值税(进项税额) 　　　　　　　　13 000

　　贷:银行存款 　　　　　　　　　　　　　　　　　　　　　　113 000

领用工程物资。

借:在建工程 　　　　　　　　　　　　　　　　　　　　　85 000

　　贷:工程物资 　　　　　　　　　　　　　　　　　　　　　　85 000

领用原材料。

借:在建工程 　　　　　　　　　　　　　　　　　　　　　3 000

　　贷:原材料 　　　　　　　　　　　　　　　　　　　　　　3 000

负担工程人员薪酬。

借:在建工程 　　　　　　　　　　　　　　　　　　　　　42 000

　　贷:应付职工薪酬 　　　　　　　　　　　　　　　　　　　42 000

辅助生产车间提供劳务支出。

借:在建工程 　　　　　　　　　　　　　　　　　　　　　39 500

　　贷:生产成本——辅助生产成本 　　　　　　　　　　　　39 500

支付其他支出。

借:在建工程 　　　　　　　　　　　　　　　　　　　　　12 000

　　贷:银行存款 　　　　　　　　　　　　　　　　　　　　　12 000

达到预定可使用状态。

借:固定资产 　　　　　　　　　　　　　　　　　　　　　181 500

　　贷:在建工程 　　　　　　　　　　　　　　　　　　　　　181 500

剩余工程物资转为原材料。

借:原材料 15 000

　　贷:工程物资 15 000

8月28日,厂房由于遭台风袭击。

转入固定资产清理。

借:固定资产清理 1 180 000

　　累计折旧 1 820 000

　　贷:固定资产 3 000 000

取得变价收入。

借:银行存款 120 000

　　贷:固定资产清理 120 000

支付清理费用。

借:固定资产清理 31 000

　　贷:银行存款 31 000

保险公司赔偿部分。

借:其他应收款——保险公司 600 000

　　贷:固定资产清理 600 000

结转固定资产清理净损益。

借:营业外支出——非常损失 491 000

　　贷:固定资产清理 491 000

任务3　无形资产和长期待摊费用核算

【学习目标】

知识目标:熟悉无形资产的定义、特征和内容;掌握无形资产取得的核算,重点掌握外购无形资产和自行研究开发无形资产的核算;掌握无形资产摊销的核算;熟悉无形资产减值和处置的核算。

技能目标:能正确填制与无形资产业务相关的各种原始凭证,并据以编制记账凭证;能登记无形资产相关账簿。

【任务导入】

任务原始资料:白云有限责任公司为增值税一般纳税人,增值税率13%。2019年发生如下无形资产业务。

5 月 18 日,购入一项产品的专利权,用银行存款支付转让费,取得的增值税专用发票上注明的价款为 120 万元,增值税税额 7.2 万元,款项均以银行存款支付。

5 月 28 日,对专利权计提摊销,预计使用寿命为 5 年,净残值为零。

8 月 11 日,将持有的商标权出租给建达股份有限责任公司 6 年,每月收取租金 30 万元,建达股份有限责任公司按月支付。该商标权的月摊销额为 18 万元。

任务目标:编制白云有限责任公司 2019 年有关无形资产业务的记账凭证。

【知识链接】

3.3.1　认知无形资产

1)无形资产概述

(1)无形资产的定义和特征

无形资产是指企业拥有或者控制的没有实物形态的可辨认非货币性资产。

无形资产具有三个主要特征:

一是不具有实物形态。无形资产通常表现为某种权利、某项技术或某种获取超额利润的综合能力。它们不具有实物形态,看不见,摸不着,比如,土地使用权,非专利技术等。需要指出的是,某些无形资产的存在有赖于实物载体。比如,计算机软件需要存储在介质中,但这并不改变无形资产本身不具有实物形态的特征。在确定一项包含无形和有形要素的资产是属于固定资产,还是属于无形资产时,需要通过判断来加以确定,通常以哪个要素更重要作为判断的依据。

二是具有可辨认性。资产满足下列条件之一的,符合无形资产定义中的可辨认性标准:

①能够从企业中分离或者划分出来,并能单独或者与相关合同、资产或负债一起,用于出售、转让、授予许可、租赁或者交换。

②源自合同性权利或其他法定权利,无论这些权利是否可以从企业或其他权利和义务中转移或者分离。

商誉由于无法与企业自身分离而存在,不具有可辨认性,不是无形资产。

三是属于非货币性长期资产。无形资产属于非货币性资产,且能够在多个会计期间为企业带来经济利益。无形资产的使用年限在一年以上,其价值将在各个受益期间逐渐摊销。

(2)无形资产的内容

无形资产主要包括专利权、非专利技术、商标权、著作权、土地使用权和特许权等。

①专利权。专利权是指国家专利主管机关依法授予发明创造专利申请人,对其发明创造在法定期限内所享有的专有权利,包括发明专利权、实用新型专利权和外观设计专利权。一般而言,只有从外单位购入的专利或者自行开发并按法律程序申请取得的专利,才能作为无形资产管理和核算。

企业从外单位购入的专利权,应按实际支付的价款作为专利权的成本。企业自行开发并按法律程序申请取得的专利权,应按照《企业会计准则第 6 号——无形资产》确定的金额作为成本。

②非专利技术。非专利技术即专有技术,是指不为外界所知、在生产经营活动中已采用了的、不享有法律保护的、可以带来经济效益的技术及诀窍。非专利技术一般包括工业专有技术、商业(贸易)专有技术、管理专有技术等。非专利技术并不是专利法的保护对象,非专利技术用自我保密的方式来维持其独占性。

企业的非专利技术,有些是自己开发研究的,有些是根据合同规定从外部购入的,如果是企业自己开发研究的,应将符合《企业会计准则第 6 号——无形资产》规定的开发支出资本化条件的,确认为无形资产。对于从外部购入的非专利技术,应将实际发生的支出予以资本化,作为无形资产入账。

③商标权。商标是用来辨认特定的商品或劳务的标记。商标权是指专门在某类指定的商品或产品上使用特定的名称或图案的权利。商标经过注册登记,就获得了法律上的保护。

企业自创的商标并将其注册登记,所花费用一般不大,是否将其资本化并不重要。能够给拥有者带来获利能力的商标,往往是通过多年的广告宣传和其他传播商标名称的手段,以及客户的信赖等树立起来的。广告费一般不作为商标权的成本,而是在发生时直接计入当期损益。

根据《中华人民共和国商标法》的规定,商标可以转让,但受让人应保证使用该注册商标的产品质量。如果企业购买他人的商标,一次性支出费用较大的,可以将其资本化,作为无形资产管理。这时,应根据购入商标的价款、支付的手续费及有关费用作为商标的成本。

④著作权。著作权又称版权,指作者对其创作的文学、科学和艺术作品依法享有的某些特殊权利。著作权包括两方面的权利,即精神权利(人身权利)和经济权利(财产权利)。前者指作品署名、发表作品、确认作者身份、保护作品的完整性、修改已经发表的作品等各项权利,包括作品署名权、发表权、修改权和保护作品完整权;后者指以出版、表演、广播、展览、录制唱片、摄制影片等方式使用作品以及因授权他人使用作品而获得经济利益的权利。

⑤土地使用权。土地使用权是指国家准许某一企业或单位在一定期间内对国有土地享有开发、利用、经营的权利。根据《中华人民共和国土地管理法》的规定,我国实行土地的社会主义公有制,即全民所有制和劳动群众集体所有制。任何单位和个人不得侵占、买卖或者以其他形式非法转让土地。土地使用权可以依法转让。企业取得土地使用权,应将取得时发生的支出资本化,作为土地使用权的成本,记入"无形资产"账户核算。

⑥特许权。特许权又称经营特许权、专营权,是指企业在某一地区经营或销售某种特定商品的权利或是一家企业接受另一家企业使用其商标、商号、技术秘密等的权利。前者一般是由政府机构授权,准许企业使用或在一定地区享有经营某种业务的特权,如水、电、邮电通信等专营权、烟草专卖权等;后者指企业间依照签订的合同,有限期或无限期使用另一家企业的某些权利,如连锁店分店使用总店的名称等。

2) 无形资产核算的账户设置

为了反映和监督无形资产的取得、摊销和处置等情况,企业应当设置"无形资产""累计摊销"等账户进行核算。

"无形资产"账户核算企业持有的无形资产成本,借方登记取得无形资产的成本,贷方登记处置无形资产转出无形资产的账面余额,期末借方余额,反映企业持有的无形资产的成本。"无形资产"账户应当按照无形资产的项目设置明细账户进行核算。

"累计摊销"账户属于"无形资产"的调整账户,类似于"累计折旧"账户相对于"固定资产"账户,核算企业对使用寿命有限的无形资产计提的累计摊销,贷方登记企业计提的无形资产摊销,借方登记处置无形资产转出无形资产的累计摊销,期末贷方余额,反映企业无形资产的累计摊销额。本账户可按无形资产项目进行明细核算。

此外,企业无形资产发生减值的,还应当设置"无形资产减值准备"账户进行核算。

3.3.2　无形资产取得的核算

取得的无形资产应当按照成本进行初始计量。企业取得无形资产的主要方式有外购、自行研究开发等。取得的方式不同,其会计处理也有所差别。

1) 外购无形资产

外购的无形资产,其成本包括购买价款、相关税费以及直接归属于使该项资产达到预定用途所发生的其他支出。其中,直接归属于使该项资产达到预定用途所发生的其他支出包括使无形资产达到预定用途所发生的专业服务费用、测试无形资产是否能够正常发挥作用的费用等。需要注意的是,相关税费不包括按照现行增值税制度规定,可以从销项税额中抵扣的增值税进项税额。取得增值税专用发票的,按注明的增值税进项税额,借记"应交税费——应交增值税(进项税额)"账户;取得增值税普通发票的,按照注明的价税合计金额作为无形资产的成本,其进项税额不可抵扣。

【例3.56】　甲公司为增值税一般纳税人,购入一项专利权,取得的增值税专用发票上注明的价款为 1 000 000 元,税率6%,增值税税额 60 000 元,并支付相关专业服务费用 30 000 元,以银行存款支付。

甲公司应编制如下会计分录。

借:无形资产——专利权　　　　　　　　　　　　　　　　1 030 000
　　应交税费——应交增值税(进项税额)　　　　　　　　　　60 000
　　贷:银行存款　　　　　　　　　　　　　　　　　　　　　1 090 000

2) 自行研究开发无形资产

企业内部研究开发项目所发生的支出应区分研究阶段支出和开发阶段支出。

（1）基本原则

企业内部研究和开发无形资产，其在研究阶段的支出全部费用化，计入当期损益（管理费用）；开发阶段的支出符合资本化条件的应最终计入无形资产的成本，不符合资本化条件的计入当期损益（管理费用）。如果确实无法区分研究阶段的支出和开发阶段的支出，应将发生的研发支出全部费用化，计入当期损益（管理费用）。

（2）具体账务处理方法

①企业自行开发无形资产发生的研发支出，不满足资本化条件的，借记"研发支出——费用化支出"账户，满足资本化条件的，借记"研发支出——资本化支出"账户，贷记"原材料""银行存款""应付职工薪酬"等账户。

②研究开发项目达到预定用途形成无形资产的，应当按照"研发支出——资本化支出"账户的余额，借记"无形资产"账户，贷记"研发支出——资本化支出"账户。

③期（月）末，应将"研发支出——费用化支出"账户归集的金额转入"管理费用"账户，借记"管理费用"账户，贷记"研发支出——费用化支出"账户。

【例3.57】 甲公司为一项新产品专利技术进行研究开发活动。2019年发生如下业务：1月因调研考察发生差旅费400 000元，以银行存款支付；3月为改进材料和工艺发生费用600 000元，以银行存款支付；6月在开发过程中领用原材料800 000元、工人工资500 000元，以及其他费用500 000元，合计发生1 800 000元，其中符合资本化条件的支出为1 500 000元；8月该专利技术已经达到预定用途，并交付生产车间用于产品生产。

甲公司应编制如下会计分录。

①1月发生研究阶段支出时。

借：研发支出——费用化支出		400 000
贷：银行存款		400 000

1月末研究阶段支出转入管理费用时。

借：管理费用		400 000
贷：研发支出——费用化支出		400 000

②3月发生研究阶段支出时。

借：研发支出——费用化支出		600 000
贷：银行存款		600 000

3月末研究阶段支出转入管理费用时。

借：管理费用		600 000
贷：研发支出——费用化支出		600 000

③6月发生开发阶段支出时。

借：研发支出——资本化支出		1 500 000
——费用化支出		300 000
贷：原材料		800 000
应付职工薪酬		500 000

| | 银行存款 | 500 000 |

6月末将费用化支出转入管理费用时。

借:管理费用　　　　　　　　　　　　　　　　　　　　　　　300 000

　　贷:研发支出——费用化支出　　　　　　　　　　　　　　　　　300 000

④8月达到预定用途转入无形资产时。

借:无形资产　　　　　　　　　　　　　　　　　　　　　　1 500 000

　　贷:研发支出——资本化支出　　　　　　　　　　　　　　　　1 500 000

3.3.3　无形资产摊销和减值的核算

1)无形资产的摊销

企业应当于取得无形资产时分析判断其使用寿命。使用寿命有限的无形资产应进行摊销。使用寿命不确定的无形资产不应摊销。使用寿命有限的无形资产,通常其残值视为零。对使用寿命有限的无形资产应当自可供使用,即其达到预定用途当月起开始摊销,处置当月不再摊销。无形资产摊销的方法包括年限平均法(直线法)、生产总量法等。企业选择的无形资产摊销方法,应当反映与该项无形资产有关的经济利益的预期实现方式。无法可靠确定预期实现方式的,应当采用年限平均法(直线法)摊销。企业应当按月对无形资产进行摊销。

无形资产的摊销额一般应当计入当期损益。企业管理用的无形资产,其摊销金额计入管理费用;出租的无形资产,其摊销金额计入其他业务成本;某项无形资产包含的经济利益通过所生产的产品或其他资产实现的,其摊销金额应当计入相关资产成本。

企业对无形资产进行摊销时,借记"管理费用""其他业务成本""生产成本""制造费用"等账户,贷记"累计摊销"账户。

【例3.58】　甲公司租给红星公司一项管理用特许权,成本为6 000 000元,合同规定租赁期限为10年,甲公司采用年限平均法按月进行摊销,每月摊销时,甲公司应作如下账务处理。

①计算每月应摊销的金额 $= \dfrac{6\,000\,000}{10 \times 12}$ 元 $= 50\,000$ 元。

②编制会计分录。

借:其他业务成本　　　　　　　　　　　　　　　　　　　　　50 000

　　贷:累计摊销　　　　　　　　　　　　　　　　　　　　　　　50 000

2)无形资产的减值

无形资产在资产负债表日存在可能发生减值的迹象时,其可收回金额低于账面价值的,企业应当将该无形资产的账面价值减记至可收回金额,减记的金额确认为减值损失,计入当期损益,同时计提相应的资产减值准备。

企业按照应减记的金额,借记"资产减值损失——计提的无形资产减值准备"账户,贷记"无形资产减值准备"账户。

需要强调的是,根据《企业会计准则第8号——资产减值》的规定,企业无形资产减值损失一经确认,在以后会计期间不得转回。

【例3.59】 2019年12月31日,甲公司一项专利技术,账面价值为1 000 000元,剩余摊销年限为5年,由于市场上某项新技术生产的产品销售势头较好,已对甲公司产品的销售产生重大不利影响。经减值测试,该专利技术的可收回金额为800 000元。

分析:由于甲公司该专利技术在资产负债表日的账面价值为1 000 000元,可收回金额为800 000元,可收回金额低于账面价值,应按其差额200 000元计提减值准备。

甲公司应编制如下会计分录。

借:资产减值损失——计提的无形资产减值准备   200 000
    贷:无形资产减值准备   200 000

3.3.4 无形资产处置的核算

1)无形资产的出售

企业将无形资产出售,应将所取得的价款与该无形资产账面价值的差额作为资产处置利得或损失计入当期损益。

出售无形资产时,应按实际收到的金额,借记"银行存款"等账户;按已摊销的累计摊销额,借记"累计摊销"账户;原已计提减值准备的,借记"无形资产减值准备"账户;按应支付的相关税费,贷记"应交税费"等账户;按其账面价值,贷记"无形资产"账户;按其差额,贷记"营业外收入——处置非流动资产利得"账户或借记"营业外支出——处置非流动资产损失"账户。

【例3.60】 甲公司为增值税一般纳税人,出售持有的一项专利权,开具增值税专用发票,注明价款为500 000元,增值税税额30 000元,款项530 000元已存入银行。该专利权的成本为650 000元,已摊销220 000元,已提减值准备50 000元。

甲公司应编制如下会计分录。

借:银行存款   530 000
    累计摊销   220 000
    无形资产减值准备   50 000
    贷:无形资产   650 000
        应交税费——应交增值税(销项税额)   30 000
        营业外收入——非流动资产处置利得   120 000

2)无形资产的报废

如果无形资产预期不能为企业带来经济利益,不再符合无形资产的定义,应将其转销。

应按已计提的累计摊销,借记"累计摊销"账户,已计提减值准备的,借记"无形资产减值准备"账户;按其账面余额,贷记"无形资产"账户;按其差额,借记"营业外支出——处置非流动资产损失"账户。

【例3.61】 甲公司预计某项非专利技术已无法给企业带来经济利益,按规定将其报废。该非专利技术账面余额964 000元,已累计摊销金额840 000元。

甲公司应编制如下会计分录。

借:累计摊销 840 000
　营业外支出——非流动资产处置损失 124 000
　　贷:无形资产 964 000

3.3.5　长期待摊费用的核算

长期待摊费用是指企业已经发生但应由本期和以后各期负担的分摊期限在一年以上的各项费用,如以经营租赁方式租入的固定资产发生的改良支出等。

企业应设置"长期待摊费用"账户对此类项目进行核算。"长期待摊费用"账户可按费用项目进行明细核算。

企业发生的长期待摊费用,借记"长期待摊费用"账户,取得可在当期抵扣的增值税进项税额,借记"应交税费——应交增值税(进项税额)"账户,贷记"原材料""银行存款"等账户。摊销长期待摊费用,借记"管理费用""销售费用"等账户,贷记"长期待摊费用"账户。"长期待摊费用"账户期末借方余额,反映企业尚未摊销完毕的长期待摊费用。

【例3.62】 2019年4月1日,甲公司对以经营租赁方式新租入的一台设备进行更新改造,发生以下有关支出:领用生产用材料80 000元;有关人员工资等职工薪酬40 000元。2019年10月30日,该设备更新改造完成,达到预定可使用状态并交付使用,按租赁期10年进行摊销。假定不考虑其他因素。

甲公司应编制如下会计分录。

①领用原材料时。

借:长期待摊费用 80 000
　　贷:原材料 80 000

②确认工程人员职工薪酬时。

借:长期待摊费用 40 000
　　贷:应付职工薪酬 40 000

③2019年12月摊销改造支出时。

借:管理费用 1 000
　　贷:长期待摊费用 1 000

【任务实施】

根据本任务"任务导入"里的任务资料和任务目标,编制白云有限责任公司2019年有关无形资产业务的会计分录,具体任务实施过程如下。

5 月 18 日,购入产品的专利权。

借:无形资产	1 200 000
应交税费——应交增值税(进项税额)	72 000
贷:银行存款	1 272 000

5 月 28 日,对专利权计提摊销。

借:管理费用	240 000
贷:累计摊销	240 000

8 月 11 日,将持有的商标权出租给建达股份有限责任公司。

按月收取租金。

借:银行存款	300 000
贷:其他业务收入	300 000

按月摊销。

借:其他业务成本	180 000
贷:累计摊销	180 000

项目4 资金岗位会计

【项目指引】 认知资金岗位会计

一、资金岗位会计职责

资金活动是指企业筹资、投资和资金营运等活动的总称。本项目中涉及的资金岗位会计,主要是根据筹资业务和投资业务核算的需要而设置的会计岗位。

资金岗位的会计职责主要包括以下几方面。

①拟定资金管理和核算办法。

②编制资金收支计划。

③负责资金的调度。

④及时进行各项资金筹集业务的账务处理,负责资金筹集的明细分类核算。

⑤及时进行各项投资业务的账务处理,负责各项投资的明细分类核算。

二、资金岗位会计核算内容

资金岗位会计核算的内容主要包括以下两方面。

(一)筹资业务核算的内容

企业为了进行正常的生产经营活动,必须拥有一定数量的资金。因此,筹集资金是企业生产经营活动的首要条件。企业筹集资金的渠道主要有负债筹集资金和所有者权益筹集资金两条。

负债筹集资金主要是指企业从银行等金融机构贷款、向社会发行企业债券以及在生产经营过程中因购买货物进行价款结算而形成的应付款项。本项目所指负债筹集资金的核算内容,主要包括短期借款、长期借款、应付债券和长期应付款的核算。

所有者权益筹集资金是指企业接受投资者直接投入的现金或非现金资产及企业的内部资金积累。所有者权益筹集资金的核算内容,主要包括实收资本或股本、资本公积、盈余公

141

积和未分配利润的核算。

（二）投资业务核算的内容

企业筹集到资金后，一方面，为了满足正常的生产经营活动需要而准备的必要的物资、技术条件，即购入必需的存货、固定资产等生产资料，从而形成直接的对内投资。对内投资的相关问题属于财产物资岗位会计核算的内容，在项目3中已作相关阐述。另一方面，企业为了获得收益或实现资本增值，可以通过购买债券、股票等方式向被投资单位投放资金，从而形成对外投资。同时，企业持有的房地产除了用作自身管理、生产经营活动场所和对外销售外，也会将房地产用于赚取租金或资本增值收益活动，即发生投资性房地产业务。资金岗位会计核算的主要任务是对外投资业务核算和投资性房地产业务核算。

三、资金岗位内部控制

资金是企业生产经营循环的血液，是企业生存和发展的基础，决定着企业的竞争能力和可持续发展能力。通常，资金活动是指企业筹资、投资和资金营运等活动的总称。其中，筹资活动是企业筹集资金的行为与过程，是企业资金活动的起点，也是企业整个经营活动的基础；投资活动是企业投放资金的行为与过程，是筹资活动的延续，也是筹资的重要目的之一；资金运营是企业生产经营过程中资金组织、调度、平衡和管理的行为与过程。资金运营的内部控制，已在项目1中进行相关简述，本项目不再说明。

资金岗位的内部控制，即要求对企业的资金活动建立健全相关的内部控制制度。相关的内部控制要点，主要包括以下几方面。

（一）建立健全资金管理制度

资金管理制度是企业内部控制制度的核心内容之一，其目的是在保证资金安全完整的情况下，既能满足企业生产经营过程中对资金的需求，又要尽可能提高资金的使用效益。为规范资金岗位的管理工作，企业必须通过建立"考虑充分、设计合理"的内部资金管理制度来保障企业资金管理模式的实施及与之配套的资金管理组织的良好运转。

（二）实施资金活动的职务分离控制

为了促进企业正常组织资金活动，防范和控制资金风险，保证资金安全完整，提高资金的使用效益，企业应当明确筹资、投资、资金运营等环节的职责权限和岗位分工要求。

（三）加强业务流程控制，明确风险关键控制点

一般来说，企业资金活动的业务流程，主要涉及筹资或投资方案的提出、审批、筹资或投资计划的编制、方案实施、检查与评估评价等环节。因此，在日常的资金控制活动中，应充分考虑相关业务活动的特征和流程，明确筹资、投资等业务存在风险的关键控制点，确保各环节、步骤的工作内容和应该履行的程序的执行，并将其落实到具体的部门和人员，实施风险控制。

（四）做好检查和评估

定期或不定期地对资金管理活动进行检查和评估,落实责任追究制度,确保企业资金管理的真正安全、有效。

任务 1　负债资金核算

【学习目标】

知识目标:了解负债的概念及分类,掌握短期借款、长期借款、应付债券和长期应付款的基本核算内容和方法。

技能目标:能对短期借款、长期借款、应付债券和长期应付款进行账务处理。

【任务导入】

任务原始资料:白云有限责任公司发生如下部分经济业务:

1. 白云公司为建造一条生产流水线,于 2018 年 1 月 1 日借入期限为 2 年的长期专门借款 2 000 000 元,款项存入银行,借款利率按市场利率确定为 8%,每年付息一次,期满后一次还清本金。2018 年初,该企业用银行存款支付工程价款共计 1 500 000 元。2019 年初,又以银行存款支付工程价款 500 000 元。该生产线于 2019 年 6 月 30 日完工,达到预定可使用状态。假定不考虑闲置的专门借款资金存款的利息收入或投资收益。

2. 2014 年 8 月 1 日,白云公司经批准发行面值 20 000 000 元,期限 5 年,年利率 6%,到期一次还本、分期付息的公司债券,债券利息在每年 12 月 31 日支付。已知债券发行时的市场利率同票面利率。此次公司筹集的资金全部用于某大型设备的建设项目,该项目于 2015 年末完工。

任务目标:编制与上述业务相关的会计分录。

【知识链接】

4.1.1　短期借款的核算

1)短期借款的认知

短期借款是指企业向银行或其他金融机构借入的期限在一年以下(含一年)的各种款项。短期借款一般是企业为满足正常生产经营所需,或者是为抵偿某项债务而借入的资金。

2）账户设置

企业应通过"短期借款"账户,核算短期借款的取得、偿还等情况。该账户属于负债类,贷方登记取得借款本金的金额,借方登记偿还借款的本金金额,余额在贷方,反映企业尚未偿还的短期借款。本账户可按借款种类、贷款人和币种进行明细核算。

3）**短期借款典型业务的核算**

（1）借入短期借款

企业从银行或其他金融机构取得短期借款时,借记"银行存款"账户,贷记"短期借款"账户。

在实际工作中,银行一般于每季度末收取短期借款利息,为此,企业的短期借款利息一般采用月末预提的方式进行核算。短期借款利息属于筹资费用,应计入"财务费用"账户。企业借入短期借款应支付利息,在资产负债表日,企业应当按照计算的短期借款利息费用,借记"财务费用"账户,贷记"应付利息"账户;实际支付利息时,借记"应付利息"账户,贷记"银行存款"账户。

如果企业的短期借款利息按月支付,或者利息是在借款到期归还本金时一并支付且数额不大的,可以在实际支付或收到银行的计息通知时,直接计入当期损益。

【例4.1】 2019年1月1日,甲公司向银行借入一笔3个月的借款,共计100 000元,年利率为6%。根据与银行签署的借款协议,该项借款的本金到期后一次归还,利息按季支付。编制如下会计分录。

①2019年1月1日借入短期借款。

借：银行存款 100 000

　贷：短期借款 100 000

②1月末,计提1月应付利息。

借：财务费用 500

　贷：应付利息 500

2月末计提2月利息费用的处理与1月相同。

（2）归还短期借款

短期借款到期时,应及时归还。短期借款到期偿还本金时,企业应借记"短期借款"账户,贷记"银行存款"账户。如果利息是在短期借款到期时连同本金一起归还的,企业应将归还的利息通过"应付利息"或"财务费用"账户核算。

【例4.2】 承[例4.1],3月31日甲企业按期归还借款,编制如下会计分录。

借：财务费用 500

　应付利息 1 000

　短期借款 100 000

　贷：银行存款 101 500

4.1.2　长期借款的核算

1)长期借款的认知

长期借款,是指企业从银行或其他金融机构借入的期限在一年以上(不含一年)的借款。长期借款是项目投资中的主要资金来源。按照付息方式与本金的偿还方式不同,可将长期借款分为分期付息到期还本的长期借款,到期一次还本付息的长期借款和分期偿还本息的长期借款。按取得借款的用途不同,可将长期借款分为固定资产投资借款、更新改造借款、科技开发和新产品试制借款等。

2)账户设置

为了反映企业的各种长期借款,应设置"长期借款"账户,用来核算各种长期借款的借入、应计利息、归还和结欠情况。该账户属于负债类,贷方登记借入款项的本金及计提到期一次还本付息长期借款的应付利息;借方登记还本付息的数额;期末余额在贷方,表示尚未偿还的长期借款本息数额。该账户可按贷款单位和贷款种类设置明细账,分别按"本金"和"利息调整"等进行明细核算。

3)长期借款的典型业务核算

企业借入各种长期借款,按实际收到的款项,借记"银行存款"账户,按借款本金,贷记"长期借款——本金"账户,按其差额,借记"长期借款——利息调整"账户。

在资产负债表日,企业应按长期借款的摊余成本和实际利率计算确定长期借款的利息费用,借记"在建工程""财务费用"等账户,按借款本金和合同利率计算确定的应付未付利息,贷记"应付利息"账户(对于一次还本付息的长期借款,贷记"长期借款——应计利息"),按其差额,贷记"长期借款——利息调整"账户。

企业归还长期借款,按归还的长期借款本金,借记"长期借款——本金"账户,按转销的利息调整金额,贷记"长期借款——利息调整"账户,按实际归还的款项,贷记"银行存款"账户,按其差额,借记"在建工程""财务费用""制造费用"等账户。

【例 4.3】　某企业为建造一幢厂房,2017 年 1 月 1 日借入期限为两年的长期借款 1 000 000 元,款项已存入银行。借款利率为 9%,每年付息一次,期满后一次还清本金。2017 年初,以银行存款支付工程价款共计 600 000 元,2018 年初又以银行存款支付工程费用 400 000 元。该厂房于 2018 年 8 月底完工,交付使用,并办理了竣工决算手续。根据上述业务,编制如下会计分录。

①2017 年 1 月 1 日,取得借款时。

借:银行存款　　　　　　　　　　　　　　　　　　　　1 000 000
　　贷:长期借款——本金　　　　　　　　　　　　　　　　　　1 000 000

②2017 年初,支付工程款时。

借:在建工程	600 000	
贷:银行存款		600 000

③2017 年 12 月 31 日,计算 2017 年应计利息时。

借款利息=1 000 000 元×9%=90 000 元

资本化利息=600 000 元×9%=54 000 元

借:在建工程	54 000	
财务费用	36 000	
贷:应付利息		90 000

④2017 年 12 月 31 日支付借款利息时。

借:应付利息	90 000	
贷:银行存款		90 000

⑤2018 年初又支付工程款时。

借:在建工程	400 000	
贷:银行存款		400 000

⑥2018 年竣工前的应付利息为:

(1 000 000×9%÷12)元×8=60 000 元

借:在建工程	60 000	
贷:应付利息		60 000

⑦资产完工交付使用时。

借:固定资产	1 114 000	
贷:在建工程		1 114 000

⑧2018 年 9 月,资产办理竣工决算后,按月预提借款利息为:

$$\frac{1\ 000\ 000×9\%}{12} 元=7\ 500\ 元$$

借:财务费用	7 500	
贷:应付利息		7 500

2018 年 10—12 月按月预提借款利息的会计分录同⑧。

⑨2018 年 12 月 31 日支付借款利息的会计分录同④。

⑩2019 年 1 月 1 日到期还本时:

借:长期借款——本金	1 000 000	
贷:银行存款		1 000 000

4.1.3 应付债券的核算

1)应付债券的认知

应付债券是指企业为筹集长期资金而实际发行的债券及应付的利息,它是企业筹集长期资金的一种重要方式。企业根据国家有关规定,在符合条件的前提下,经批准可以发行公司债券、可转换公司债券、认股权和债券分离交易的可转换公司债券等金融工具。本任务以一般公司债券为例说明应付债券的会计处理。

2）账户设置

企业应设置"应付债券"账户,核算应付债券发行、计提利息、还本付息等情况。该账户属于负债类,贷方登记应付债券的本金和利息,借方登记归还的债券本金和利息,期末贷方余额表示企业尚未偿还的长期债券。企业根据具体情况,在该账户下设置"面值""利息调整""应计利息"等明细账户进行明细核算。

3）**应付债券的典型业务核算**

（1）一般公司债券的发行

企业发行债券的价格受同期银行存款利率的影响较大,一般情况下,债券发行有面值发行、溢价发行和折价发行三种情况（我国不允许折价发行）。假设不考虑其他条件下,债券的票面利率高于市场利率,可按超过债券票面价值的价格发行,称为溢价发行,溢价是企业为以后各期多付利息而得到的补偿；如果债券的票面利率低于市场利率,可按低于债券票面价值的价格发行,称为折价发行,折价是企业为以后各期少付利息而预先给投资者的补偿；如果债券的票面利率等于市场利率,可按债券票面价值的价格发行,称为面值发行。溢价或折价实质上是发行债券企业在债券存续期内对利息费用的一种调整。

无论是按面值发行,还是溢价发行或折价发行,企业均应按债券面值记入"应付债券——面值"账户,实际收到的款项与面值的差额记入"应付债券——利息调整"账户。企业发行债券时,按实际收到的款项,借记"银行存款"等账户,按债券票面价值,贷记"应付债券——面值"账户,按实际收到的款项与票面价值之间的差额,贷记或借记"应付债券——利息调整"账户。

（2）利息费用的计提及调整

利息调整应在债券存续期间采用实际利率法进行摊销。实际利率法中的实际利率,是指使某项资产或负债的未来现金流量现值等于当前公允价值的折现率。在实际利率法下,每期的利息费用按实际利率乘以期初债券账面价值计算,按实际利率计算的利息费用与按票面利率计算的应计利息的差额,即为本期摊销的溢价或折价。

企业发行的债券通常分为到期一次还本付息和分期付息、一次还本两种。在资产负债表日,对于分期付息、一次还本的债券,企业应按应付债券的摊余成本和实际利率计算确定的利息费用,借记"在建工程""制造费用""财务费用"等账户,按票面利率计算确定的应付未付利息,贷记"应付利息"账户,按其差额,借记或贷记"应付债券——利息调整"账户。

对于到期一次还本付息的债券,企业应于资产负债表日按摊余成本和实际利率计算确定的债券利息费用,借记"在建工程""制造费用""财务费用"等账户,按票面利率计算确定的应付未付利息,贷记"应付债券——应计利息"账户,按其差额,借记或贷记"应付债券——利息调整"账户。

（3）到期债券的偿还

采用一次还本付息方式的，企业应于债券到期支付债券本息时，借记"应付债券——面值""应付债券——应计利息"账户，贷记"银行存款"账户。采用一次还本、分期付息方式的，在每期支付利息时，借"应付利息"账户，贷记"银行存款"账户；债券到期偿还本金并支付最后一期利息时，借记"应付债券——面值""在建工程""财务费用""制造费用"等账户，贷记"银行存款"账户，按其差额，借或贷记"应付债券——利息调整"账户。

【例4.4】 2014年12月31日，丙公司经批准发行5年期一次还本、分期付息的公司债券10 000 000元，债券利息在每年12月31日支付，票面利率为年利率8%。假定债券发行时的市场利率为5%。

该批债券实际发行价格为：

10 000 000元×0.783 5+10 000 000元×8%×4.329 5=11 298 600元

注：0.783 5查"复利现值系数表"利率为5%，期数为5可得；4.329 5查"年金现值系数表"利率为5%，期数为5可得。

根据上述资料，采用实际利率法和摊余成本计算确定的利息费用，见表4-1。

表4-1　利息费用一览表　　　　　　　　　　　　　　单位：元

付息日期	现金流出（1）	利息费用（2）=期初（4）×5%	摊销的利息调整（3）=（1）-（2）	应付债券摊余成本（4）=期初（4）-（3）
2014.12.31				11 298 600
2015.12.31	800 000	564 930	235 070	11 063 530
2016.12.31	800 000	553 176.5	246 823.5	10 816 706.5
2017.12.31	800 000	540 835.33	259 164.67	10 557 541.83
2018.12.31	800 000	527 877.09	272 122.91	10 285 418.92
2019.12.31	800 000	514 581.08 *	285 418.92	10 000 000

注：* 尾数调整10 000 000+800 000-10 285 418.92=514 581.08。

根据表4-1的资料，丙公司账务处理如下。

①2014年12月31日发行债券时。

借：银行存款　　　　　　　　　　　　　　　　　　　　11 298 600
　贷：应付债券——面值　　　　　　　　　　　　　　　　10 000 000
　　　　　　　　——利息调整　　　　　　　　　　　　　　1 298 600

②2015年12月31日，计算利息费用。

借：财务费用（或在建工程）　　　　　　　　　　　　　　564 930
　应付债券——利息调整　　　　　　　　　　　　　　　235 070
　贷：应付利息　　　　　　　　　　　　　　　　　　　　800 000

2016、2017、2018 年确认利息费用的会计处理的原理同 2013 年,此处分录略。

③2019 年 12 月 31 日,归还债券本金及最后一期利息费用。

借:财务费用(或在建工程)　　　　　　　　　　　　　　　514 581.08

　　应付债券——面值　　　　　　　　　　　　　　　　　　10 000 000

　　　　　　　——利息调整　　　　　　　　　　　　　　　285 418.92

　　贷:银行存款　　　　　　　　　　　　　　　　　　　　　　　10 800 000

4.1.4　长期应付款的核算

1)长期应付款的认知

长期应付款,是企业除长期借款和应付债券以外的其他各种长期应付款项,包括应付融资租入固定资产的租赁费、具有融资性质的延期付款购买资产发生的应付款项等。

2)账户设置

企业发生的长期应付款及以后归还情况的核算与监督,应设置"长期应付款"账户。该账户属于负债类,贷方登记发生的长期应付款,主要有应付补偿贸易引进设备款及其应付利息、应付融资租入固定资产的租赁费等;借方登记长期应付款的归还数;期末余额在贷方,表示尚未支付的各种长期应付款。该账户应按长期应付款的种类设置明细账户,进行明细核算。

3)长期应付款典型业务的核算

(1)应付融资租入固定资产的租赁费

①租赁期开始日。租赁期开始日,是指承租人有权行使其使用租赁资产权利的日期,表明租赁行为的开始。在租赁期开始日,承租人应当对租入资产、最低租赁付款额和未确认融资费用进行初始确认。

企业采用融资租赁方式租入的固定资产,应在租赁期开始日,将租赁开始日租赁资产公允价值与最低租赁付款额现值两者较低者,加上初始直接费用,作为租入资产的入账价值,借记"固定资产"等账户,按最低租赁付款额,贷记"长期应付款"账户,按发生的初始直接费用,贷记"银行存款"等账户,按其差额,借记"未确认融资费用"账户。

初始直接费用,是指在租赁谈判和签订租赁协议的过程中发生的可直接归属于租赁项目的费用。承租人发生的初始直接费用,通常有印花税、佣金、律师费、差旅费、谈判费等。承租人发生的初始直接费用,应当计入租入资产价值。

企业在计算最低租赁付款额的现值时,能取得出租人租赁内含利率的,应当采用租赁内含利率作为折现率,否则,应当采用租赁合同规定的利率作为折现率。企业无法取得出租人租赁内含利率且租赁合同没有规定利率的,应当采用同期银行贷款利率作为折现率。

未担保余值,是指租赁资产余值中扣除就出租人而言的担保余值以后的资产余值。

②未确认融资费用的分摊。在融资租赁下,承租人向出租人支付的租金中,包含了本金和利息两部分。承租人支付租金时,一方面减少长期应付款,另一方面同时将未确认的融资费用按一定的方法确认为当期融资费用。

在分摊未确认融资费用时,根据租赁准则的规定,承租人应当采用实际利率法。

③履约成本。履约成本,是指租赁期内为租赁资产支付的各种使用费用,如技术咨询和服务费、人员培训费、维修费、保险费等。承租人发生的履约成本通常应计入当期损益。

④或有租金。或有租金,是指不固定、以时间长短以外的其他因素(如销售量、使用量、物价指数等)为依据计算的租金。由于或有租金的金额不固定,无法采用系统合理的方法对其进行分摊,因此,或有租金在实际发生时,计入当期损益。

⑤租赁期届满时。租赁期届满时,承租人通常对租赁资产的处理有 3 种方式,即返还、优惠续租和留购。

租赁期届满,承租人向出租人返还资产的,通常借记"长期应付款——应付融资租赁款""累计折旧"账户,贷记"固定资产——融资租入固定资产"账户。

如果承租人行使优惠续租选择权,则应视同该项租赁一直存在而做出相应的会计处理。如果承租人在租赁期届满时没有续租,根据租赁协议规定向出租人支付违约金时,应当借记"营业外支出"账户,贷记"银行存款"等账户。

在承租人享有优惠购买选择权的情况下,支付购买价款时,借记"长期应付款——应付融资租赁款"账户,贷记"银行存款"等账户;同时,将固定资产从"融资租入固定资产"明细账户转入有关明细账户。

【例 4.5】 H 公司为了扩大生产,从 C 公司租入一台设备。2015 年 12 月 20 日双方签订了租赁合同,主要条款包括:租赁期限自 2015 年 12 月 31 日起至 2019 年 12 月 31 日止共 4 年;H 公司每年年末向 C 公司支付租金 150 万元;租赁期满,H 公司可行使设备优先购买权,购买价为 60 万元。该设备租赁开始日的公允价值为 700 万元,合同规定的年利率为 8%。租赁开始日,H 公司支付租赁设备相关直接费用 15 万元,另支付设备安装调试费 5 万元。H 公司该租入设备于 2016 年 1 月 25 日调试完毕并投入使用。

H 公司采用实际利率法分期摊销未确认融资费用,采用年限平均法计提固定资产折旧。H 公司预计该设备自达到预定可使用状态起可使用 5 年,预计净残值为零。2016 年 12 月 31 日支付第一笔租金。假定 H 公司租赁期满时将行使优先购买选择权,不考虑其他相关税费等因素。已知:$(P/A, 8\%, 4) = 3.3121$,$(P/F, 8\%, 4) = 0.7350$。

①编制融资租入固定资产入账的相关会计分录。

最低租赁付款额 = 150 万元 × 4 + 60 万元 = 660 万元

确认长期应付款 660 万元

最低租赁付款额现值 = 150 万元 × 3.3121 + 60 万元 × 0.7350 = 540.92 万元

未确认融资费用 = 660 万元 - 540.92 万元 = 119.08 万元

最低租赁付款额现值低于租赁资产的公允价值,融资租入固定资产的入账价值 = (540.92 + 15 + 5) 万元 = 560.92 万元。

借:在建工程	5 609 200
未确认融资费用	1 190 800
贷:长期应付款	6 600 000
银行存款	200 000
借:固定资产	5 609 200
贷:在建工程	5 609 200

②计算2016年度应计提的折旧额和应确认的财务费用。

因为H公司租赁期满时将行使优先购买选择权,应计提折旧的期限为租赁资产尚可使用年限5年,2016年应计提折旧=560.92万元÷5÷12×11=102.84万元。

2016年分摊未确定融资费用=540.92万元×8%=43.27万元,计入财务费用。

(2)具有融资性质的延期付款购买资产

企业购买资产有可能延期支付有关价款。如果延期支付的购买价款超过正常信用条件,实质上具有融资性质,所购资产的成本应当以延期支付购买价款的现值为基础确定。实际支付的价款与购买价款的现值之间的差额,应当在信用期间采用实际利率法进行摊销,符合资本化条件的,计入相关资产成本,否则计入当期损益。

企业购入资产超过正常信用条件延期付款实质上具有融资性质时,应按购买价款的现值,借记"固定资产""在建工程"等账户,按应支付的价款总额,贷记"长期应付款"账户,按其差额,借记"未确认融资费用"账户。按期支付价款时,借记"长期应付款"账户,贷记"银行存款"账户。

【例4.6】 甲公司2016年12月31日以分期付款方式从乙公司购买了一台不需要安装的管理用A设备,购买合同注明该项设备的总价款为2 500万元,于2017年1月1日支付了400万元,其余款项从2017年12月31日至2019年12月31日于每年年末支付700万元,假定同期银行贷款年利率为6%,相关手续已经于2016年12月31日办理完毕。该项设备预计使用年限为10年,无残值,采用年限平均法计提折旧。2019年1月3日,甲公司将该设备出售,收到价款1 000万元。已知利率6%,期数为3的年金现值系数为2.673 0。

①该设备的入账价值=400万元+700万元×2.673 0=2 271.1万元。

未确认融资费用=2 500万元-2 271.1万元=228.9万元

②2016年12月31日。

借:固定资产	2 271.1
未确认融资费用	228.9
贷:长期应付款	2 100
银行存款	400

③2017年12月31日。

借:长期应付款	700
贷:银行存款	700

2017年分摊未确定融资费用(2 100-228.9)万元×6%=112.27万元

借:财务费用 112.27

　　贷:未确定融资费用 112.27

借:管理费用 227.11

　　贷:累计折旧 227.11

④2018 年 12 月 31 日。

借:长期应付款 700

　　贷:银行存款 700

2018 年分摊未确定融资费用 $[2\,100-700-(228.9-112.27)]$ 万元×6% =77 万元

借:财务费用 77

　　贷:未确定融资费用 77

借:管理费用 227.11

　　贷:累计折旧 227.11

⑤2019 年 1 月 3 日。

借:长期应付款 700

　　银行存款 1 000

　　资产处置损益 156.51

　　累计折旧 454.22

　　贷:固定资产 2 271.1

　　　　未确认融资费用 39.63

【任务实施】

根据本项目"任务导入"里的任务资料和任务目标,具体任务实施过程如下。

1.①2018 年 1 月 1 日借入专门借款。

借:银行存款 2 000 000

　　贷:长期借款 2 000 000

②2018 年初,支付工程款。

借:在建工程 1 500 000

　　贷:银行存款 1 500 000

③2018 年 12 月 31 日,计算 2018 年应计入生产线成本的利息费用。

借款利息费用=2 000 000 元×8% =160 000 元

借:在建工程 160 000

　　贷:应付利息 160 000

实际支付利息时。

借:应付利息 160 000

　　贷:银行存款 160 000

④2019 年初,支付工程费用。

借:在建工程	500 000	
贷:银行存款		500 000

⑤2019 年 6 月 30 日,工程完工达到预定可使用状态。

$$应计入工程成本的计息 = \frac{2\,000\,000\ 元 \times 8\%}{12} \times 6 = 80\,000\ 元$$

借:在建工程	80 000	
贷:应付利息		80 000

同时,

借:固定资产	2 240 000	
贷:在建工程		2 240 000

⑥2019 年 12 月 31 日,计算 2019 年 7—12 月利息费用时。

$$应计入财务费用的利息 = \frac{2\,000\,000\ 元 \times 8\%}{12} \times 6 = 80\,000\ 元$$

借:财务费用	80 000	
贷:应付利息		80 000

实际支付利息时。

借:应付利息	160 000	
贷:银行存款		160 000

⑦2020 年 1 月 1 日,到期还本。

借:长期借款	2 000 000	
贷:银行存款		2 000 000

2. 因为债券发行时的市场利率同票面利率,则白云公司该批债券实际发行价格等于票据面值 20 000 000 元。

①2014 年 8 月 1 日发行债券,收到发行债券款时。

借:银行存款	20 000 000	
贷:应付债券——面值		20 000 000

②2014 年 12 月 31 日,计算利息费用,编制如下会计分录。

$$应计入在建工程的利息费用 = \frac{20\,000\,000\ 元 \times 6\%}{12} \times 5 = 500\,000\ 元$$

借:在建工程	500 000	
贷:应付利息		500 000

实际支付利息时。

借:应付利息	500 000	
贷:银行存款		500 000

③2015 年 12 月 31 日,计算利息费用,编制如下会计分录。

应计入在建工程的利息费用 = 20 000 000 元×6% = 1 200 000 元

借:在建工程	1 200 000	
贷:应付利息		1 200 000

实际支付利息时。

借:应付利息	1 200 000	
贷:银行存款		1 200 000

④2016 年 12 月 31 日,计算利息费用,编制如下会计分录。

应计入财务费用的利息费用 = 20 000 000 元×6% = 1 200 000 元

借:财务费用	1 200 000	
贷:应付利息		1 200 000

实际支付利息时。

借:应付利息	1 200 000	
贷:银行存款		1 200 000

⑤2017 年末、2018 年末确认利息费用及支付利息的会计处理同 2016 年。

⑥2019 年 8 月 1 日,归还债券本金及最后一期利息费用时。

应计入财务费用的利息费用 $= \dfrac{20\,000\,000\ 元×6\%}{12}×7 = 700\,000\ 元$

借:财务费用	700 000	
应付债券——面值	20 000 000	
贷:银行存款		20 700 000

任务 2 权益资金核算

【学习目标】

知识目标:了解权益资金管理的基本内容,熟悉实收资本、资本公积和其他综合收益核算的内容及方法。

技能目标:能对企业接受投资者投入资本、增资、减资、转增资本等相关业务进行分析并编制记账凭证;能对由金融工具、长期股权投资和投资性房地产等产生的其他综合收益进行相关业务分析并编制相关记账凭证。

【任务导入】

任务原始资料:盛达股份公司 2018 年年初所有者权益构成如下:股本 50 000 000 元,资本公积(股本溢价)20 000 000 元,其他综合收益 3 000 000 元,盈余公积 5 000 000 元,未分配利润 3 000 000 元。2018 年发生的与所有者权益有关的经济事项如下：

2 月 5 日,在证券市场公开发行股票 10 000 000 股,每股发行价 5 元。

6 月 30 日,盛达公司持有的可供出售金融资产公允价值上升 1 000 000 元。

10 月 20 日,盛达公司回购本公司股票 1 000 000 股,每股回购价 6 元。

11 月 18 日,经相关部门批准,盛达公司将回购本公司股票注销。

12 月 31 日,盛达公司当年实现净利润 10 000 000 元。

12 月 31 日,盛达公司按净利润的 10% 提取法定盈余公积。

12 月 31 日,分配现金股利 3 000 000 元。

12 月 31 日,期末结转利润分配所属相关明细账户。

任务目标:编制盛达股份公司 2018 年发生相关交易业务的记账凭证。

【知识链接】

4.2.1　所有者权益的认知

所有者权益是指企业资产扣除负债后所有者享有的剩余权益。对公司来说,其所有者权益又称为股东权益。所有者权益在性质上体现为所有者对企业资产的剩余权益,它具有以下特征:

①除非发生减值、清算或分派现金股利,企业不需要偿还所有者权益;

②企业清算时,只有在清偿所有负债后,所有者权益才返还给所有者;

③所有者凭借所有者权益能够参与企业利润的分配。

所有者权益来源分为三类:

①所有者投入;

②直接计入所有者权益的利得和损失;

③留存收益。

4.2.2　实收资本

1)实收资本的认知

实收资本是指企业按照章程规定或合同、协议约定,接受投资者投入企业的资本。实收资本的构成比例或股东的股份比例,是确定所有者在企业所有者权益中份额的基础,也是企业进行利润或股利分配的主要依据。

我国《公司法》规定,股东可以用货币出资,也可以用实物、知识产权、土地使用权等可以用货币估价并可以依法转让的非货币财产作价出资;但是,法律、行政法规规定不得作为出资的财产除外。股东以货币出资的,应当将货币出资足额存入公司在银行开设的账户;以非货币财产出资的,应当依法办理其财产权的转移手续。股东不按照前款规定缴纳出资的,除应当向公司足额缴纳外,还应当向已按期足额缴纳出资的股东承担违约责任。

企业收到所有者投入企业的资本后,应根据有关原始凭证(如投资清单、银行通知单等),分不同的出资方式进行会计处理。

2)实收资本核算的账户设置

(1)股份有限公司以外的企业

股份有限公司以外的企业包括有限责任公司、国有独资公司等。为了核算企业接受投资者投入的实收资本的增减变动,企业应设置"实收资本"账户,该账户贷方登记实收资本的增加数额,借方登记按法定程序报经批准而减少的实收资本数额,期末贷方余额表示企业实收资本的实有数额。本账户按照投资者设置明细账,进行明细核算。

(2)股份有限公司

股份有限公司(简称"股份公司")是指全部资本由等额股份构成并通过发行股票筹集资本,股东以其所持股份对公司承担有限责任,公司以其全部资产对公司债务承担责任的企业法人。发行股票时,既可以按面值发行股票,也可以溢价发行(我国目前不允许折价发行)。股份有限公司在核定的股本总额及核定的股份总额的范围内发行股票时,应在实际收到现金等资产时进行会计处理。

为了如实反映股份有限公司股本收缴及增减变动情况,企业应设置"股本"账户进行核算。该账户贷方登记发行的公司股本,借方登记按法定程序注销的股本,贷方余额表示公司的股本总额。本账户按照普通股、优先股投资者设置明细账,进行明细核算,并设置"股本备查簿"详细记录股本总额、股数、面值、已认购股本等情况。

3)实收资本典型业务核算

(1)接受现金资产投资

①股份有限公司以外的企业接受现金资产投资。

企业接受现金资产投资时,应以实际收到的金额或存入企业开户银行的金额,借记"银行存款"等账户,按投资合同或协议约定的投资者在企业注册资本中所占份额的部分,贷记"实收资本"账户。实际收到或存入企业开户银行的金额超过投资者在企业注册资本中所占份额的部分,应计入"资本公积"账户。

【例4.7】 通融公司、国恒公司、天恒公司共同投资设立通恒有限责任公司(以下简称"通恒公司"),注册资本为5 000 000元。通融公司、国恒公司、天恒公司分别投入资本2 500 000元、1 500 000元和1 000 000元,持股比例分别为50%,30%,20%。通恒公司已如期收到各投资者一次缴足的款项。通恒公司根据投资清单、银行通知单等编制如下会计分录。

借:银行存款 5 000 000
　贷:实收资本——通融公司 2 500 000
　　　　　　　——国恒公司 1 500 000

| | ——天恒公司 | 1 000 000 |

②股份有限公司接受现金投资。

股份有限公司发行股票时,按实际收到的款项,借记"银行存款"账户,按面值乘以股份总数的金额,贷记"股本"账户,按实际收到款项大于股本的差额作为股本,贷记"资本公积——股本溢价"账户。

【例4.8】　顺达股份有限公司公开发行普通股100 000 000股,每股面值1元,每股发行价格7元。本次股票发行成功,股款已全部募集到位,共计700 000 000元,不考虑发行过程中的税费等因素。顺达股份有限公司根据投资清单、银行通知单等编制如下会计分录。

借:银行存款　　　　　　　　　　　　　　　　　　　700 000 000
　贷:股本　　　　　　　　　　　　　　　　　　　　100 000 000
　　　资本公积——股本溢价　　　　　　　　　　　　600 000 000

计入资本公积的金额=700 000 000元−100 000 000×1元=600 000 000元

(2)接受非现金资产投资

①股份有限公司以外的企业接受投资者以非现金资产投资。

股份有限公司以外的企业接受投资者以非现金资产投入的资本时,应按投资合同或协议约定价值(合同或协议不公允的除外)确定资产的入账价值,借记"固定资产""无形资产""原材料""库存商品"等账户,按投资合同或协议约定的投资者在企业注册资本中所占份额的部分作为实收资本入账,贷记"实收资本"账户,投资合同或协议约定价值超过投资者在企业注册资本中所占份额的部分,计入"资本公积——资本溢价"账户。

【例4.9】　通融公司、国恒公司、天恒公司共同投资设立通恒有限责任公司,注册资本为5 000 000元。其中,通融公司以现金和一项专利技术出资,现金认缴1 500 000元,专利技术评估作价1 000 000元,国恒公司以生产用设备出资,该设备评估作价1 500 000元,天恒公司以一批原材料作价出资,该原材料合同协议价值1 000 000元。持股比例分别为50%,30%,20%。专有技术投资符合《公司法》规定。假设上述合同约定价值符合公允价值,不考虑相关税费,通恒公司根据投资清单、银行通知单等编制如下会计分录。

借:银行存款　　　　　　　　　　　　　　　　　　　1 500 000
　无形资产　　　　　　　　　　　　　　　　　　　1 000 000
　固定资产　　　　　　　　　　　　　　　　　　　1 500 000
　原材料　　　　　　　　　　　　　　　　　　　　1 000 000
　贷:实收资本——通融公司　　　　　　　　　　　　2 500 000
　　　　　　——国恒公司　　　　　　　　　　　　1 500 000
　　　　　　——天恒公司　　　　　　　　　　　　1 000 000

②股份有限公司接受投资者以非现金资产投资。

股份有限公司接受投资者以非现金资产投入的资本时,应按投资合同或协议约定价值(合同或协议不公允的除外)确定资产的入账价值,借记"固定资产""无形资产""原材料""库存商品"等账户,按投资合同或协议约定的投资者在企业注册资本中所占份额的部分作为股本入账,贷记"股本"账户,投资合同或协议约定价值超过投资者在企业注册资本中所占份额的部分,计入"资本公积——股本溢价"账户。

【例4.10】 通融公司以一生产用设备向长恒股份有限公司投资1 000 000元,获得长恒股份公司20%的股份,长恒股份公司注册资本为4 000 000元。假设上述合同约定价值符合公允价值,不考虑相关税费,长恒股份公司根据投资清单等编制如下会计分录。

借:固定资产	1 000 000
贷:股本——通融公司	800 000
资本公积——股本溢价	200 000

(3)实收资本(或股本)的增减变动

一般情况下,企业的实收资本应相对固定不变,但在某些特定情况下,实收资本也可能发生增减变化。我国《企业法人登记管理条例施行细则》规定,除国家另有规定外,企业的注册资本应当与实收资本相一致,当实收资本比原注册资本增加或减少超过20%时,应持资本使用证明或者验资证明,向原登记主管机关申请变更登记。如擅自改变注册资本或抽逃资金,要受到工商行政管理部门的处罚。

①实收资本(或股本)增加。通常情况下,企业增加资本主要有3个途径:接受投资者追加投资;资本公积转增资本;盈余公积转增资本。

a.接受投资者追加投资。企业按规定接受投资者追加投资时,核算原则与投资者初次投入时相同。

【例4.11】 为扩大经营,通恒有限责任公司决定增加注册资本1 000 000元,通融公司、国恒公司、天恒公司按持股比例50%,30%,20%追加投资。通恒有限责任公司已如期收到各投资者一次缴足的款项。通恒有限责任公司根据投资清单、银行通知单等编制如下会计分录。

借:银行存款	1 000 000
贷:实收资本——通融公司	500 000
——国恒公司	300 000
——天恒公司	200 000

b.资本公积或盈余公积转增资本。企业采用资本公积或盈余公积转增资本时,应按转增的资本金额确认实收资本或股本。用资本公积转增资本时,借记"资本公积——资本溢价(或股本溢价)"账户,贷记"实收资本"(或"股本")账户。

用盈余公积转增资本时,借记"盈余公积"账户,贷记"实收资本"(或"股本")账户。用资本公积或盈余公积转增资本时,应按原投资者各自出资比例计算确定各投资者相应增加的出资额。

【例4.12】 承[例4.11],为扩大经营,经批准,通恒有限责任公司按原出资比例将资本公积300 000元转增资本。通恒有限责任公司应编制如下会计分录。

借:资本公积	300 000
贷:实收资本——通融公司	150 000
——国恒公司	90 000

——天恒公司	·	60 000

【例4.13】　承[例4.11],为扩大经营,经批准,通恒有限责任公司按原出资比例将盈余公积500 000元转增资本。通恒有限责任公司应编制如下会计分录。

借:盈余公积　　　　　　　　　　　　　　　　　　　　　500 000
　　贷:实收资本——通融公司　　　　　　　　　　　　　　　250 000
　　　　　　　　　——国恒公司　　　　　　　　　　　　　　150 000
　　　　　　　　　——天恒公司　　　　　　　　　　　　　　100 000

②实收资本(或股本)减少。

对于非股份公司,企业减少实收资本主要是出于两种原因:第一,经营规模缩小。企业按法定程序报经批准减少注册资本时,按减少资本的金额,借记"实收资本"账户,贷记"银行存款"账户。第二,严重亏损。企业连续发生重大亏损而采用减少注册资本弥补亏损时,报经批准后借记"实收资本"账户,贷记"利润分配——未分配利润"账户。

对于股份有限公司采用收购本公司股票方式减资的,通过"库存股"账户核算回购股份的金额。减资时,按股票面值和注销股数计算的股票面值总额冲减股本,按注销库存股的账面余额与所冲减股本的差额冲减"股本溢价",股本溢价不足冲减的,应依次冲减"盈余公积""利润分配——未分配利润"等账户。如果回购股票支付的价款低于面值总额的,所注销库存股的账面余额与所冲减股本的差额作为增加资本公积(股本溢价)处理。

【例4.14】　2019年12月31日,顺达股份有限公司股本为100 000 000元,每股面值为1元,资本公积(股本溢价)为20 000 000元,盈余公积为20 000 000元。经股东大会批准,顺达股份有限公司以现金回购方式回购本公司股票10 000 000股并注销。顺达股份有限公司按每股3元回购股票,不考虑其他因素。顺达股份有限公司应编制如下会计分录。

①回购股份时。

库存股成本=10 000 000元×3=30 000 000元

借:库存股　　　　　　　　　　　　　　　　　　　　　30 000 000
　　贷:银行存款　　　　　　　　　　　　　　　　　　　30 000 000

②注销股票时。

借:股本　　　　　　　　　　　　　　　　　　　　　　10 000 000
　　资本公积——股本溢价　　　　　　　　　　　　　　　20 000 000
　　　贷:库存股　　　　　　　　　　　　　　　　　　　30 000 000

【例4.15】　承[例4.14],2019年12月31日,顺达股份有限公司股本为100 000 000元,每股面值为1元,资本公积(股本溢价)为20 000 000元,盈余公积为20 000 000元。经股东大会批准,顺达股份有限公司以现金回购方式回购本公司股票10 000 000股并注销。顺达股份有限公司按每股4元回购股票,不考虑其他因素。顺达股份有限公司应编制如下会计分录。

①回购股份时。

库存股成本=10 000 000元×4=40 000 000元

借:库存股　　　　　　　　　　　　　　　　　　　　　40 000 000

贷:银行存款	40 000 000

②注销股票时。

借:股本	10 000 000
资本公积——资本溢价	20 000 000
盈余公积	10 000 000
贷:库存股	40 000 000

4.2.3　资本公积

1)资本公积认知

资本公积是企业收到投资者出资额超出其在注册资本(或股本)中所占份额的部分,以及其他资本公积等。资本公积包括资本溢价(或股本溢价)和其他资本公积。

资本公积从本质上讲属于企业资本范畴,与留存收益不同,其来源不是企业实现的利润,而主要来自资本溢价(或股本溢价)等。留存收益是企业从历年实现的利润中提取或形成的留存于企业的内部积累,来源于企业生产经营活动实现的利润。

资本公积与其他综合收益不同之处是,其他综合收益指企业根据《企业会计准则》规定未在当期损益中确认的各项利得和损失。资本公积不会影响企业的损益,而部分其他综合收益项目则在满足《企业会计准则》规定的条件时,可以重分类进损益,从而成为企业利润的一部分。

2)资本公积核算的账户设置

企业应设置"资本公积"账户,该账户贷方登记资本公积增加的数额,借方登记减少数额,期末贷方余额表示企业资本公积的实有数额。

3)资本公积典型业务核算

(1)资本溢价

①资本溢价。除股份有限公司外的其他类型的企业,在企业创立时,投资者认缴的出资额与注册资本一致,一般不会产生资本溢价。但在企业重组或有新的投资者加入时,常常会出现资本溢价。因为在企业进行正常生产经营后,其资本利润率通常要高于企业初创阶段,另外,企业有内部积累,新投资者加入企业后,对这些积累将来也要分享,所以新加入的投资者往往要付出大于原投资者的出资额,才能取得与原投资者相同的出资比例。投资者多缴的部分就形成了资本溢价。

【例4.16】　通融公司、国恒公司、天恒公司共同投资设立通恒有限责任公司,注册资本为5 000 000元。通融公司、国恒公司、天恒公司分别投入资本2 500 000元、1 500 000元和1 000 000元,持股比例分别为50%,30%,20%。经营三年后,为扩大生产经营规模,吸收投资者华祥公司加入,将注册资本增加到8 000 000元,华祥公司以现金出资3 000 000元,占通恒有限责任公司股份的20%,投资款一次缴足。通恒有限责任公司根据投资清单、银行通知单等编制如下会计分录。

借:银行存款　　　　　　　　　　　　　　　　　　　　　　　　3 000 000

　贷:实收资本——华祥公司　　　　　　　　　　　　　　　　　　1 600 000

　　资本公积——资本溢价　　　　　　　　　　　　　　　　　　1 400 000

②股本溢价。股票可按面值发行,也可以溢价发行,我国目前不准折价发行。与其他类型的企业不同,股份有限公司在成立时可能会溢价发行股票,因而在成立之初,就可能会产生股本溢价。股本溢价的数额等于股份有限公司发行股票时实际收到的款额超过股票面值总额的部分。

在按面值发行股票的情况下,企业发行股票取得的收入,应全部作为股本处理;在溢价发行股票的情况下,企业发行股票取得的收入,等于股票面值部分作为股本处理,超出股票面值的溢价收入应作为股本溢价处理。

发行股票相关的手续费、佣金等交易费用,如果是溢价发行股票的,应从溢价中抵扣,冲减资本公积(股本溢价);无溢价发行股票或溢价金额不足以抵扣的,应将不足抵扣的部分冲减盈余公积和未分配利润。

【例4.17】　宏盛股份有限公司公开发行普通股20 000 000股,每股面值1元,每股发行价格6元。本次股票发行成功,股款已全部募集到位,共计120 000 000元,宏盛股份有限公司按发行收入的3%向承销股票的证券公司支付佣金。宏盛股份有限公司根据投资清单、银行通知单等编制如下会计分录。

借:银行存款　　　　　　　　　　　　　　　　　　　　　　　116 400 000

　贷:股本　　　　　　　　　　　　　　　　　　　　　　　　20 000 000

　　资本公积——股本溢价　　　　　　　　　　　　　　　　　96 400 000

(2)其他资本公积

其他资本公积是指除资本溢价(或股本溢价)项目以外形成的资本公积。比如,企业的长期股权投资采用权益法核算时,因被投资单位除净损益、其他综合收益以及利润分配以外的所有者权益的其他变动。投资企业按应享有份额而增加或减少的资本公积,直接计入"资本公积——其他资本公积"。

(3)资本公积转增资本

经股东大会或类似机构决议,用资本公积转增资本时,应冲减资本公积,同时按照转增资本前的实收资本(或股本)的结构或比例,将转增的金额记入"实收资本"(或"股本")账户下各所有者的明细分类账户。

4.2.4　其他综合收益

1)其他综合收益的认知

其他综合收益,是指企业根据其他会计准则规定未在当期损益中确认的各项利得和损失,包括金融资产公允价值变动,存货或自用房地产转换为投资性房地产,采用权益法核算的长期股权投资等。

2）其他综合收益核算的账户设置

企业应设置"其他综合收益"账户,核算企业可供出售金融资产公允价值变动;将存货或自用房地产转为以公允价值计量的投资性房地产时,公允价值大于账面价值的差额;长期股权投资权益法核算时,按持股比例确认应分担或享有的被投资企业其他综合收益变动的份额等。

3）其他综合收益典型业务核算

企业发生以上业务时,借记相关资产,贷记"其他综合收益",或做相反分录。

【**例4.18**】 2018年6月30日,通融公司持有天恒公司股票的公允价值上升50 000元,通融公司应编制如下会计分录。

借:可供出售金融资产——天恒公司——公允价值变动　　　　　50 000
　　贷:其他综合收益——公允价值变动——天恒公司　　　　　　　　50 000

4.2.5　留存收益

1）留存收益的认知

留存收益是指企业从历年实现的利润中提取或形成的留存企业内部的积累。它来源于企业在生产经营活动中所实现的净利润。企业在一定时期实现的利润总额扣除所得税后就是税后利润,税后利润扣除已宣告分配的利润后就是留存收益。留存收益分为盈余公积和未分配利润两部分。

(1)盈余公积

盈余公积是指企业按照有关规定从净利润中提取的积累资金。一般企业的盈余公积包括法定盈余公积和任意盈余公积。法定盈余公积是指企业按照规定的比例从净利润中提取的盈余公积,公司制企业提取的比例为10%;任意盈余公积是指企业按照股东会或股东大会决议提取的盈余公积,公司在按照法律规定提取法定盈余公积后,可以根据股东会或股东大会决议提取任意盈余公积,提取的盈余公积经批准可用于弥补亏损、转增资本或发放现金股利或利润等。

(2)未分配利润

未分配利润是指企业实现的净利润经过弥补亏损、提取盈余公积和向投资者分配利润后留存在企业的、历年结存的利润。未分配利润相对于盈余公积而言,属于未确定用途的利润,相对于所有者权益的其他部分来说,企业对于未分配利润的使用有较大的自主权。

2）留存收益核算的账户设置

为了核算和反映盈余公积的形成及使用情况,企业应设置"盈余公积"账户。该账户贷方登记从净利润中提取的盈余公积数额,借方登记因弥补亏损、转增资本以及分配股利(利润)而减少的盈余公积数额,期末贷方余额表示企业提取的盈余公积结余额。本账户分别设置"法定盈余公积""任意盈余公积"进行明细核算。

企业应设置"利润分配"账户核算企业利润的分配(或亏损的弥补)和历年分配(或弥补)后的未分配利润。该账户分别设置"提取法定盈余公积""提取任意盈余公积""应付现金股利或利润""盈余公积补亏""未分配利润"等进行明细核算。企业的未分配利润通过"利润分配——未分配利润"明细账户进行核算。

3)留存收益典型业务核算

(1)盈余公积

①提取盈余公积。企业按规定提取各项盈余公积时,应当按照提取的各项盈余公积金额,借记"利润分配——提取法定盈余公积、提取任意盈余公积"账户,贷记"盈余公积——法定盈余公积、任意盈余公积"账户。

【例4.19】　顺达股份公司2018年的实现净利润为50 000 000元,年初未分配利润为0。经股东大会批准,按10%提取法定盈余公积,同时按公司章程规定按20%计提任意盈余公积金。宏盛股份公司应编制如下会计分录。

借:本年利润　　　　　　　　　　　　　　　　　　　　　50 000 000
　　贷:利润分配——未分配利润　　　　　　　　　　　　　　50 000 000
借:利润分配——提取法定盈余公积　　　　　　　　　　　　5 000 000
　　　　　　　——提取任意盈余公积　　　　　　　　　　　10 000 000
　　贷:盈余公积——法定盈余公积　　　　　　　　　　　　　5 000 000
　　　　　　　——任意盈余公积　　　　　　　　　　　　　10 000 000

②盈余公积补亏。用盈余公积弥补亏损时,按照确定的弥补亏损金额,借记"盈余公积"账户,贷记"利润分配——盈余公积补亏"账户。

【例4.20】　2018年,宏盛股份公司以前年度累计未弥补亏损为1 000 000元,该亏损系2010年度发生的亏损,超过了以税前利润弥补亏损的期间。2018年,公司提议并经股东大会的批准,以盈余公积全额弥补以前年度未弥补亏损。该公司进行账务处理时,应编制如下会计分录。

借:盈余公积——法定盈余公积　　　　　　　　　　　　　1 000 000
　　贷:利润分配——盈余公积补亏　　　　　　　　　　　　　1 000 000

③盈余公积转增资本。企业用提取的盈余公积转增资本,应当按照批准的转增资本的数额,借记"盈余公积"账户,贷记"实收资本"或"股本"账户。

【例4.21】　2018年12月31日,顺达股份公司经股东大会批准同意,将盈余公积500 000元用于转增股本。假定不考虑其他因素,顺达股份公司应编制如下会计分录。

借:盈余公积——法定盈余公积　　　　　　　　　　　　　　500 000
　　贷:股本　　　　　　　　　　　　　　　　　　　　　　　500 000

企业将盈余公积转增资本时,应当按照转增资本的结构比例,将盈余公积转增资本的数额计入"实收资本(或股本)"账户下各所有者的明细账,相应增加各所有者对企业的资本投入。

④用盈余公积发放现金股利或利润。企业在没有利润而用盈余公积分配股利时,应该首先借记"盈余公积"账户,贷记"应付股利"账户,然后编制利润分配的会计分录。

【例4.22】 2019年3月6日,宏盛股份有限公司经股东大会决议,用盈余公积金分配现金股利300 000元。该公司应编制如下会计分录。

借:盈余公积——法定盈余公积　　　　　　　　　　　　　　　　300 000
　　贷:应付股利　　　　　　　　　　　　　　　　　　　　　　　　300 000

(2)未分配利润

年度终了,企业应将全年实现的净利润或发生的净亏损,自"本年利润"账户转入"利润分配——未分配利润"账户,并将"利润分配"账户所属其他明细账户的余额,转入"未分配利润"明细账户。结转后,"利润分配——未分配利润"账户如为贷方余额,表示累积未分配的利润数额;如为借方余额,则表示累积未弥补的亏损数额。"利润分配"账户所属其他明细账户应无余额。

【例4.23】 承[例4.19],期末,顺达股份公司结转利润分配所属相关明细账户,应编制如下会计分录。

借:利润分配——未分配利润　　　　　　　　　　　　　　　　15 000 000
　　贷:利润分配——提取法定盈余公积　　　　　　　　　　　　　5 000 000
　　　　　　　　　——提取任意盈余公积　　　　　　　　　　　10 000 000

【任务实施】

根据本项目"任务导入"里的任务资料和任务目标,具体任务实施过程如下。

第一步,年初建账。

第二步,根据经济业务的原始凭证,由会计编制记账凭证(以会计分录简化列示如下)。

2月5日,在证券市场公开发行股票,编制会计分录如下。

借:银行存款　　　　　　　　　　　　　　　　　　　　　　　　50 000 000
　　贷:股本　　　　　　　　　　　　　　　　　　　　　　　　　10 000 000
　　　　资本公积——资本溢价　　　　　　　　　　　　　　　　40 000 000

6月30日,将可供出售金融资产调整至公允价值,编制会计分录如下。

借:可供出售金融资产——公允价值变动　　　　　　　　　　　　1 000 000
　　贷:其他综合收益——公允价值变动　　　　　　　　　　　　　1 000 000

10月20日,回购本公司股票,编制会计分录如下。

借:库存股　　　　　　　　　　　　　　　　　　　　　　　　　6 000 000
　　贷:银行存款　　　　　　　　　　　　　　　　　　　　　　　6 000 000

11月18日,将回购本公司股票注销,编制会计分录如下。

借:股本　　　　　　　　　　　　　　　　　　　　　　　　　1 000 000
　　资本公积——资本溢价　　　　　　　　　　　　　　　　　5 000 000
　　　贷:库存股　　　　　　　　　　　　　　　　　　　　　　　　　6 000 000

12 月 31 日,当年实现净利润,编制会计分录如下。

借:本年利润　　　　　　　　　　　　　　　　　　　　　　　10 000 000
　　　贷:利润分配——未分配利润　　　　　　　　　　　　　　　　10 000 000

12 月 31 日,提取法定盈余公积,编制会计分录如下。

借:利润分配——提取法定盈余公积　　　　　　　　　　　　　1 000 000
　　　贷:盈余公积——法定盈余公积　　　　　　　　　　　　　　　1 000 000

12 月 31 日,分配现金股利,编制会计分录如下。

借:利润分配——应付现金股利　　　　　　　　　　　　　　　3 000 000
　　　贷:应付股利　　　　　　　　　　　　　　　　　　　　　　　3 000 000

12 月 31 日,期末结转利润分配所属相关明细账户,编制会计分录如下。

借:利润分配——未分配利润　　　　　　　　　　　　　　　　4 000 000
　　　贷:利润分配——提取法定盈余公积　　　　　　　　　　　　　1 000 000
　　　　　　　　——应付现金股利　　　　　　　　　　　　　　　　3 000 000

任务3　金融资产核算

【学习目标】

知识目标:了解金融资产管理的基本内容,熟悉金融资产的分类;掌握金融资产业务核算。

技能目标:能根据金融资产原始凭证正确判断金融资产业务属性,能对交易性金融资产、持有至到期资产、可供出售金融资产的取得、持有和出售进行相关账务处理;能登记相关明细账和总账。

【任务导入】

任务原始资料:伟宏公司 2017 年发生以下金融资产交易业务:

4 月 10 日,委托证券公司从深圳证券交易所购入盛达公司股票 100 000 股,每股购买价为 10.3 元(其中包括已宣告但尚未发放的现金股利 0.5 元/股)。另支付相关交易费用 3 000 元,伟宏公司将其划分为交易性金融资产核算。

5 月 12 日,伟宏公司收到现金股利 50 000 元。

6 月 30 日,盛达公司股票公允价为 11.3 元/股。

9 月 30 日,盛达公司再次宣告发放现金股利 0.5 元/股。

10 月 12 日,伟宏公司收到现金股利 50 000 元。

12 月 30 日,盛达公司股票公允价为 10.8 元/股。

12 月 31 日,伟宏公司将持有的盛达公司股票全部出售,售价为 11 元/股,支付交易费 3 000 元,余款已存入证券公司指定账户中,假定不考虑其他税费因素。

任务目标:编制伟宏公司 2017 年发生金融资产交易业务的记账凭证。

【知识链接】

4.3.1　金融资产的定义及分类

1)金融资产的定义

金融资产,指企业持有的现金、权益工具投资、从其他单位收取现金或其他金融资产的合同权利,以及在潜在有利条件下与其他单位交换金融资产或金融负债的合同权利。企业的金融资产主要包括库存现金、银行存款、应收账款、应收票据、应收利息、应收股利、其他应收款、贷款、垫款、债权投资、股权投资、基金投资、衍生金融资产等。本任务不涉及货币资金,以及对子公司、联营企业、合营企业的长期股权投资的会计处理。

虽然《企业会计准则第 22 号——金融工具确认与计量》于 2017 年进行了修订,但是,考虑到这些准则自 2019 年 1 月 1 日才在境内上市企业执行,而本书使用者多在中小非上市企业工作,所以本书仍以现行准则为依据编写。

2)金融资产的分类

企业应当结合自身业务特点和风险管理要求,将取得的金融资产在初始确认时分为以下几类:以公允价值计量且其变动计入当期损益的金融资产;持有至到期投资;贷款和应收款项;可供出售金融资产。金融资产的分类与金融资产的计量密切相关。同一项投资,管理者持有意图不同,分类也不同,具体会计核算也不同,对报表的影响也不同。上述分类一经确定,不得随意变更。

需要说明的是,本任务所讲述的金融资产仅指除贷款和应收款项外的其他三类金融资产。

4.3.2　以公允价值计量且其变动计入当期损益的金融资产

以公允价值计量且其变动计入当期损益的金融资产,可以进一步分为交易性金融资产和直接指定为以公允价值计量且其变动计入当期损益的金融资产。

1）以公允价值计量且其变动计入当期损益的金融资产的确认

（1）满足以下条件之一的金融资产，应当划分为交易性金融资产

①取得该金融资产的目的主要是为了近期出售或回购。例如，企业以赚取差价为目的从二级市场购入的股票、债券和基金等。

②属于进行集中管理的可辨认金融工具组合的一部分，且有客观证据表明企业近期采用短期获利方式对该组合进行管理。在这种情况下，即使组合中有某个组成项目持有的期限稍长也不受影响。

③属于衍生工具。例如，远期合同、期货合同等，其公允价值变动大于零时，应将其相关变动金额确认为交易性金融资产。但是，与在活跃市场中没有报价且其公允价值不能可靠计量的权益工具投资挂钩并须通过交付该权益工具结算的衍生工具除外。

（2）直接指定为以公允价值计量且其变动计入当期损益的金融资产

企业将某项金融资产指定为以公允价值计量且其变动计入当期损益的金融资产，通常是指该项金融资产不满足确认为交易性金融资产条件时，企业仍可在符合某些特定条件的情况下将其按公允价值计量，并将其公允价值变动计入当期损益。企业不能随意将某项金融资产直接指定为以公允价值计量且其变动计入当期损益的金融资产。只有在满足以下条件之一时，企业才能将某项金融资产指定为以公允价值计量且其变动计入当期损益的金融资产。

①该指定可以消除或明显减少由于该金融资产的计量基础不同而导致的相关利得或损失在确认和计量方面不一致的情况。

②企业的风险管理或投资策略的正式书面文件已载明，该金融资产组合等，以公允价值为基础进行管理、评价并向关键管理人员报告。

此项条件着重企业日常管理和评价业绩的方式，而不是关注金融工具组合中各组成部分的性质。例如，风险投资机构、证券投资基金或类似会计主体，其经营活动的主要目的在于从投资工具的公允价值变动中获取回报，它们在风险管理或投资策略的正式书面文件中对此也有清楚的说明。

在活跃市场中没有报价、公允价值不能可靠计量的权益工具投资，不得指定为以公允价值计量且其变动计入当期损益的金融资产。

2）以公允价值计量且其变动计入当期损益的金融资产的核算

企业对以公允价值计量且其变动计入当期损益的金融资产的会计处理，应着重于该金融资产与金融市场的紧密结合性，反映该类金融资产相关市场变化对其价值的影响，进而对企业财务状况和经营成果的影响。

（1）账户设置

企业应设置"交易性金融资产""公允价值变动损益""投资收益"等账户进行核算。

"交易性金融资产"账户，用来核算企业的交易性金融资产的公允价值。企业持有的指

定为以公允价值计量且其变动计入当期损益的金融资产也在该账户中核算。该账户属于资产类，借方登记交易性金融资产的取得成本、资产负债日其公允价值高于账面余额的差额；贷方登记资产负债表日其公允价值低于账面余额的差额，以及企业出售交易性金融资产时结转的成本和公允价值变动损益。期末借方余额，反映企业持有的交易性金融资产的公允价值。企业应当按照交易性金融资产的类别和品种，分别设置"成本""公允价值变动"等明细账户进行核算。

"公允价值变动损益"账户，核算企业交易性金融资产的公允价值变动而形成的、应计入当期损益的利得和损失。该账户属于损益类，借方登记资产负债表日企业持有的交易性金融资产等的公允价值低于账面余额的差额；贷方登记资产负债表日企业持有的交易性金融资产等的公允价值高于账面余额的差额。

"投资收益"账户，属于损益类，核算企业取得交易性金融资产时的交易费用、持有期间取得或转让时获得的投资收益或投资损失等。

（2）交易性金融资产的核算

①取得交易性金融资产。

企业取得交易性金融资产时，应当按照取得时的公允价值作为其初始入账金额，相关交易费用应当直接计入当期损益，作为投资收益，发生交易费用取得增值税专用发票的，进项税额经认证后可从当月销项税额中扣除。其中，公允价值是指市场参与者在计量日发生的有序交易中，出售一项资产所能收到或者转移一项负债所需支付的价格。交易费用是指可直接归属于购买、发行或处置金融工具的新增的外部费用。包括支付给代理机构、咨询公司、券商、证券交易所、政府有关部门等的手续费、佣金、相关税费以及其他必要支出，不包括债券溢价、折价、融资费用、内部管理成本和持有成本等与交易不直接相关的费用。

企业为取得金融资产而支付的价款中，如果包含已宣告但尚未发放的现金股利或已到期但尚未领取的债券利息，应当单独确认为应收项目（在初级会计师考试教材中的处理方式是将其计入了取得资产成本中）。企业取得交易性金融资产时按其公允价值，借记"交易性金融资产——成本"账户，发生交易费用的，借记"投资收益"账户，取得增值税专用发票的，借记"应交税费——应交增值税（进项税额）"账户，按已到付息期但尚未领取的利息或已宣告但尚未发放的现金股利，借记"应收利息"或"应收股利"账户，按照实际支付的金额，贷记"其他货币资金"等账户。

【例4.24】 2018年5月1日，通融公司从上海证券交易所购入国恒公司股票100 000股，该股票在购买日的公允价值为500 000元，另支付相关交易费用2 000元。通融公司将其划分为交易性金融资产进行管理和核算。假设不考虑相关税费，根据股票交割单应编制如下会计分录。

借：交易性金融资产——国恒公司股票——成本　　　　　　　　　　500 000
　　投资收益——国恒公司股票　　　　　　　　　　　　　　　　　2 000
　　贷：其他货币资金——存出投资款　　　　　　　　　　　　　　　　502 000

【例4.25】　2018年6月1日,通融公司从上海证券交易所购入国恒公司股票100 000股,支付价款500 000元(其中包含已宣告但尚未发放的现金股利30 000元),另支付相关交易费用2 000元。通融公司将其划分为交易性金融资产进行管理和核算。假设不考虑相关税费,根据股票交割单应编制如下会计分录。

借:交易性金融资产——国恒公司股票——成本　　　　　　　　　　　470 000
　应收股利——国恒公司股票　　　　　　　　　　　　　　　　　　 30 000
　投资收益　　　　　　　　　　　　　　　　　　　　　　　　　　 2 000
　贷:其他货币资金——存出投资款　　　　　　　　　　　　　　　　　502 000

②交易性金融资产持有期间的股利或利息。

交易性金融资产持有期间被投资单位宣告发放的现金股利,或在资产负债表日按分期付息、一次还本债券投资的票面利率计算的利息,应当计入投资收益。借记"应收股利"或"应收利息"账户,贷记"投资收益"账户。

【例4.26】　承[例4.24],假定2019年3月1日,国恒公司宣告发放现金股利,通融公司按其持有股份计算应获得股利50 000元,应编制如下会计分录。

借:应收股利——国恒公司股票　　　　　　　　　　　　　　　　　　 50 000
　贷:投资收益　　　　　　　　　　　　　　　　　　　　　　　　　　 50 000

③资产负债表日公允价值变动。

资产负债表日企业应对金融资产的账面余额与公允价值进行比较,将以公允价值计量且其变动计入当期损益的金融资产或金融负债的公允价值变动计入当期损益。

交易性金融资产公允价值高于其账面余额的差额,借记"交易性金融资产——公允价值变动"账户,贷记"公允价值变动损益"账户;公允价值低于其账面余额的差额做相反的会计分录。

【例4.27】　承[例4.24],假定2018年12月31日,通融公司持有国恒公司股票的公允价值为600 000元,通融公司应编制如下会计分录。

借:交易性金融资产——国恒公司股票——公允价值变动　　　　　　　100 000
　贷:公允价值变动损益——国恒公司股票　　　　　　　　　　　　　 100 000

④处置交易性金融资产。

处置交易性金融资产时,按实际收到的金额,借记"其他货币资金"等账户,按该金融资产的账面余额,贷记"交易性金融资产"账户,按其差额,贷记或借记"投资收益"账户。同时调整公允价值变动损益,将原计入该金融资产的公允价值变动转出,借记或贷记"公允价值变动损益"账户,贷记或借记"投资收益"账户。

【例4.28】　承[例4.27],假定2019年4月30日,通融公司出售了所持有的全部国恒公司股票,价款为650 000元,通融公司应编制如下会计分录。

借:其他货币资金——存出投资款　　　　　　　　　　　　　　　　　650 000
　贷:交易性金融资产——国恒公司股票——成本　　　　　　　　　　　500 000
　　　　　　　　　　　　　　　　　　——公允价值变动　　　　　　　100 000

投资收益	50 000

借:公允价值变动损益——国恒公司股票　　　　　　　　　100 000

　　贷:投资收益　　　　　　　　　　　　　　　　　　　　　100 000

4.3.3　持有至到期投资

1)持有至到期投资的确认

持有至到期投资,是指到期日固定、回收金额固定或可确定,且企业有明确意图和能力持有至到期的非衍生金融资产。例如,企业从二级市场上购入的国债、企业债券、金融债券等。

企业在将金融资产划分为持有至到期投资时,还应满足以下特征:

①该金融资产到期日固定、回收金额固定或可确定。

到期日固定、回收金额固定或可确定,是指相关合同明确了投资者在确定的期间获得或应收取的现金流量(如投资利息和本金等)的金额和时间。因此,权益工具投资不能划分为持有至到期投资(如长期股权投资)。如果符合其他条件,不能由于某债务工具投资是浮动利率投资而不将其划分为持有至到期投资。

②企业有明确意图将该金融资产持有至到期。

有明确意图将该金融资产持有至到期,是指投资者投资时意图就是明确的,除非遇到一些企业不能控制、预期不会重复发生且难以合理预计的独立事项,否则将持有至到期。

③企业有能力将该金融资产持有至到期。

企业有能力将该金融资产持有至到期是指企业有足够的财务资源,并不受外部因素影响将投资持有至到期。企业应当于每个资产负债表日对持有至到期投资的意图和能力进行评价。发生变化的,应当将其重分类为可供出售金融资产进行处理。

2)持有至到期投资的核算

(1)账户设置

企业应设置"持有至到期投资"账户核算企业持有至到期投资的摊余成本,借方登记持有至到期投资的取得成本、一次还本付息债券投资在资产负债表日按照票面利率计算确定的应收未收利息等;贷方登记企业出售持有至到期投资时结转的成本等。可按持有至到期投资类别和品种,分别设置"成本""利息调整""应计利息"等进行明细核算。

(2)持有至到期投资的核算

①取得持有至到期投资业务的核算。

企业取得持有至到期投资时,关键是确定投资成本。企业购入债券时,可能是按面值购买,也可能是溢价或者折价购买。投资成本应当按照公允价值和相关交易费用之和确定,实际支付的价款中包括已到付息期但尚未领取的债券利息,应单独确认为应收项目。

企业取得持有至到期投资时,按该投资的面值,借记"持有至到期投资——成本"账户,按支付的价款中包含的已到付息期但尚未领取的利息,借记"应收利息"账户,按实际支付的金额,贷记"银行存款"等账户,按其差额,借记或贷记"持有至到期投资——利息调整"账户。

【例 4.29】　通融公司 2014 年 1 月 1 日,以 100 000 元(含交易费用)的价款从深圳证券交易市场上购入大通公司发行的 5 年期公司债券 1 000 份,债券面值总额为 125 000 元,票面年利率为 4.72%,每年年末支付利息,到期一次还本。通融公司将其划分为持有至到期投资。

通融公司应根据交易合同及交割单编制如下会计分录。

借:持有至到期投资——大通公司债券——成本　　　　　　　　　　 125 000
　贷:银行存款　　　　　　　　　　　　　　　　　　　　 100 000
　　持有至到期投资——利息调整　　　　　　　　　　　　 25 000

②持有至到期投资业务利息的核算。

企业在持有至到期投资的持有期间,应当按照摊余成本对持有至到期投资进行计量。在资产负债表日,按照持有至到期投资摊余成本和实际利率计算确定的债券利息收入,应当作为投资收益。初始确认时,应当计算确定其实际利率,并在该持有至到期投资预期存续期间或适用的期间保持不变。实际利率,是指将金融资产或金融负债在预期存续期间或适用的更短期间的未来现金流量,折现为其当前账面价值所使用的利率。

应收利息=持有至到期投资面值×票面利率×期限

利息收入=持有至到期投资摊余成本×实际利率×期限

摊余成本是指该金融资产的初始确认金额经下列调整后的结果:a. 扣除已偿还的本金;b. 加上或减去采用实际利率法将该初始确认金额与到期日之间的差额进行摊销形成的累计摊销额;c. 扣除已发生的减值损失。

持有至到期投资为分期付息、一次还本债券投资的,应按票面值和票面利率计算确定的应收未收利息,借记"应收利息"账户,按持有至到期投资摊余成本与实际利率计算确定的利息收入,贷记"投资收益"账户,按其差额,借记或贷记"持有至到期投资——利息调整"账户。

持有至到期投资为一次还本付息债券投资的,应于资产负债表日按票面值和票面利率计算确定的应收未收利息,借记"持有至到期投资——应计利息"账户,按持有至到期投资摊余成本和实际利率计算确定的利息收入,贷记"投资收益"账户,按其差额,借记或贷记"持有至到期投资——利息调整"账户。

【例 4.30】　承[例 4.29],2015 年 1 月 3 日,通融公司收到大通公司支付的第 1 年债券利息;2016 年 1 月 3 日,通融公司收到大通公司支付的第 2 年债券利息;2017 年 1 月 3 日,通融公司收到大通公司支付的第 3 年债券利息;2018 年 1 月 3 日,通融公司收到大通公司支付的第 4 年债券利息。2018 年 12 月 31 日,通融公司收到大通公司支付的第 5 年债券利息和债券本金。

根据下列公式:

$$125\,000\ \text{元}\times(P/F,i,5)+5\,900\ \text{元}\times(P/A,i,5)=100\,000\ \text{元}$$

求出债券实际利率 $i=10\%$（此处对本金采用复利现值折现、对利息采用年金现值折现来计算实际利率）。

表 4-2　持有至到期投资收益计算表

单位：元

计息日期	应收利息	实际利息收入	摊销的利息调整	期末摊余成本
	（1）=面值×4.72%	（2）=期初（4）×10%	（3）=（2）-（1）	（4）=期初（4）-（3）
2014.1.1				100 000
2014.12.31	5 900	10 000	4 100	104 100
2015.12.31	5 900	10 410	4 510	108 610
2016.12.31	5 900	10 861	4 961	113 571
2017.12.31	5 900	11 357*	5 457	119 028
2018.12.31	5 900	11 872*	5 972	125 000

注：尾数调整 125 000+5 900-119 028＝11 872。

通融公司持有至到期投资收益计算见表 4-2，其应根据银行利息通知单编制如下会计分录。

①2014 年 12 月 31 日确认投资收益。

借：应收利息　　　　　　　　　　　　　　　　　　　　　　　5 900

　　持有至到期投资——利息调整　　　　　　　　　　　　　　4 100

　　　贷：投资收益　　　　　　　　　　　　　　　　　　　　　　　10 000

②2015 年 1 月 3 日收到利息。

借：银行存款　　　　　　　　　　　　　　　　　　　　　　　5 900

　　　贷：应收利息　　　　　　　　　　　　　　　　　　　　　　　5 900

③2015 年 12 月 31 日确认投资收益。

借：应收利息　　　　　　　　　　　　　　　　　　　　　　　5 900

　　持有至到期投资——利息调整　　　　　　　　　　　　　　4 510

　　　贷：投资收益　　　　　　　　　　　　　　　　　　　　　　　10 410

④2016 年 1 月 3 日收到利息。

借：银行存款　　　　　　　　　　　　　　　　　　　　　　　5 900

　　　贷：应收利息　　　　　　　　　　　　　　　　　　　　　　　5 900

⑤2016 年 12 月 31 日确认投资收益。

借：应收利息　　　　　　　　　　　　　　　　　　　　　　　5 900

　　持有至到期投资——利息调整　　　　　　　　　　　　　　4 961

贷:投资收益	10 861

⑥2017 年 1 月 3 日收到利息。

借:银行存款	5 900
贷:应收利息	5 900

⑦2017 年 12 月 31 日确认投资收益。

借:应收利息	5 900
持有至到期投资——利息调整	5 457
贷:投资收益	11 357

⑧2018 年 1 月 3 日收到利息。

借:银行存款	5 900
贷:应收利息	5 900

⑨2018 年 12 月 31 日确认投资收益,收到本息。

借:应收利息	5 900
持有至到期投资——利息调整	5 972
贷:投资收益	11 872
借:银行存款	130 900
贷:应收利息	5 900
持有至到期投资——大通公司债券——成本	125 000

③持有至到期投资减值的核算。

在资产负债表日企业应对持有至到期投资账面价值进行检查,有客观证据表明持有至到期投资发生减值的,应当计提减值准备。资产负债表日,持有至到期投资账面价值高于预计未来现金流量现值的,企业应当将该持有至到期投资的账面价值减记至预计未来现金流量现值,减记的金额确认为资产减值损失,计入当期损益,同时计提相应的资产减值准备。

企业应当设置"持有至到期投资减值准备"账户,核算计提的持有至到期投资减值准备。在资产负债表日,持有至到期投资发生减值的,企业应当按照持有至到期投资账面价值高于预计未来现金流量现值的差额,借记"资产减值损失——计提的持有至到期投资减值准备"账户,贷记"持有至到期投资减值准备"账户。如有客观证据表明持有至到期投资价值恢复的,应当在原已计提的减值准备金额内予以转回,转回的金额计入当期损益。

【例 4.31】　承[例 4.29],2016 年 12 月 31 日,有客观证据表明大通公司发生了严重财务困难,预计大通公司的债券减值损失为 20 000 元;2017 年 12 月 31 日,有客观证据表明大通公司债券价值已恢复,大通公司的债券预计减值损失恢复 10 000 元,且客观上与确认该损失后发生的事项有关。通融公司应编制如下会计分录。

①2016 年 12 月 31 日,确认减值损失。

借:资产减值损失——计提的持有至到期投资减值准备——大通公司债券	
	20 000
贷:持有至到期投资减值准备——大通公司债券	20 000

②2017 年 12 月 31 日,价值回升,转回已确认减值损失。

借:持有至到期投资减值准备——大通公司债券　　　　　　　　　　　　10 000

　　贷:资产减值损失——计提的持有至到期投资减值准备——大通公司债券

　　　　　　　　　　　　　　　　　　　　　　　　　　　　　　　　10 000

④持有至到期投资的出售。

企业出售持有至到期投资,应当将取得的价款与账面价值之间的差额作为投资损益进行会计处理。如果对持有至到期投资计提了减值准备,还应当同时结转减值准备。

出售持有至到期投资,主要是应确定转让损益。企业应当按照实际收到的金额,借记"其他货币资金"等账户,按照该持有至到期投资的账面余额,贷记"持有至到期投资——成本、利息调整、应计利息"账户,按照其差额,贷记或借记"投资收益"账户。已计提减值准备的,还应同时结转减值准备。

【例 4.32】 承[例 4.29]和[例 4.31],2018 年 1 月 1 日,通融公司将所持大通公司债券全部出售,取得价款 90 000 元,应编制如下会计分录。

借:其他货币资金——存出投资款　　　　　　　　　　　　　　　　　　90 000

　　持有至到期投资——大通公司债券——利息调整　　　　　　　　　　5 972

　　持有至到期投资减值准备——大通公司债券　　　　　　　　　　　10 000

　　贷:持有至到期投资——大通公司债券——成本　　　　　　　　　100 000

　　　　投资收益——大通公司债券　　　　　　　　　　　　　　　　5 972

4.3.4　可供出售金融资产

1)可供出售金融资产的确认

可供出售金融资产,是指初始确认时即被指定为可供出售的非衍生金融资产,以及没有划分为持有至到期投资、贷款和应收款项、以公允价值计量且其变动计入当期损益的金融资产。

某项金融资产具体应划分为哪一类,主要取决于企业管理层的风险管理、投资决策等因素。通常情况下,划分为此类的金融资产应当在活跃的市场上有报价,因此,企业从二级市场上购入的债券投资、股票投资、基金投资等,可以划分为可供出售金融资产。

2)可供出售金融资产的核算

(1)账户设置

可供出售金融资产的会计处理,与以公允价值计量且其变动计入当期损益的金融资产的会计处理有类似之处,如初始确认时和后续计量都应按公允价值计量。但是,也有一些不同之处,如可供出售金融资产取得时发生的交易费用应当计入初始入账金额,后续计量时公允价值变动计入所有者权益,期末需要计提减值准备。

企业应当设置"可供出售金融资产""其他综合收益""投资收益"等账户进行核算。

"可供出售金融资产"账户核算企业持有的可供出售金融资产的公允价值。"可供出售金融资产"账户的借方登记可供出售金融资产的取得成本、资产负债表日其公允价值高于账面余额的差额、可供出售金融资产转回的减值损失等;贷方登记资产负债表日其公允价值低于账面余额的差额、可供出售金融资产发生的减值损失、出售可供出售金融资产时结转的成本和公允价值变动。企业应当按照可供出售金融资产的类别和品种,分别设置"成本""利息调整""应计利息""公允价值变动""减值准备"等明细账户进行核算。

"其他综合收益"账户核算企业可供出售金融资产公允价值变动而形成的应计入所有者权益的利得或损失等。"其他综合收益"账户的借方登记资产负债表日企业持有的可供出售金融资产的公允价值低于账面余额的差额等;贷方登记资产负债表日企业持有的可供出售金融资产的公允价值高于账面余额的差额等。

(2)可供出售金融资产核算

①取得可供出售金融资产。

企业取得可供出售金融资产,应按其公允价值与交易费用之和计入可供出售金融资产的初始入账金额。企业取得可供出售金融资产支付的价款中包含已宣告但尚未发放的现金股利或已到付息期但尚未领取的债券利息,应当单独确认为应收项目。

a. 企业取得可供出售的金融资产,应当按照该金融资产取得时的公允价值与交易费用之和,借记"可供出售金融资产——成本"账户,按照支付的价款中包含的已宣告但尚未发放的现金股利,借记"应收股利"账户,按照实际支付的金额,贷记"其他货币资金——存出投资款"等账户。

b. 企业取得的可供出售金融资产为债券投资的,应当按照该债券的面值,借记"可供出售金融资产——成本"账户,按照支付的价款中包含的已到付息期但尚未领取的利息,借记"应收利息"账户,按照实际支付的金额,贷记"银行存款"账户,按其差额,借记或贷记"可供出售金融资产——利息调整"账户。

【例4.33】　2017 年 9 月 10 日,通融公司从上海证券交易所购入天恒公司股票100 000 股,支付价款510 000 元(含已宣告但尚未发放的现金股利10 000 元),另支付相关交易费用2 000 元,并将其划分为可供出售金融资产进行管理和核算。假设不考虑相关税费,根据股票交割单编制如下会计分录。

借:可供出售金融资产——天恒公司股票——成本　　　　　　　　　502 000

　　应收股利——天恒公司股票　　　　　　　　　　　　　　　　　10 000

　　贷:其他货币资金——存出投资款　　　　　　　　　　　　　　　　512 000

【例4.34】　2018 年 1 月 1 日,通融公司以 250 000 元(含 2 000 元交易费用)的价款从公开市场上购入大通公司发行的 5 年期公司债券2 000 份,债券面值总额为200 000 元,票面年利率为5%,每年年末支付利息,到期一次还本,并将其划分为可供出售金融资产进行管理和核算。

通融公司应根据交易合同及交割单编制如下会计分录。

借:可供出售金融资产——大通公司债券——成本　　　　　　　　　200 000

——大通公司债券——利息调整　　　　　　　　　　　50 000

　　贷:银行存款　　　　　　　　　　　　　　　　　　　　　　　2 50 000

②可供出售金融资产持有期间的股利、利息。

企业在持有可供出售金融资产的期间取得的现金股利或债券利息,应当作为投资收益进行会计处理。

a.可供出售金融资产为股票投资的,被投资单位宣告发放现金股利时,按相应金额,借记"应收股利"账户,贷记"投资收益"账户。

b.可供出售金融资产为分期付息、一次还本债券投资的,在资产负债表日,企业应当按照可供出售债券的面值和票面利率计算确定的应收未收利息,借记"应收利息"账户,按照可供出售债券的摊余成本和实际利率计算确定的利息收入,贷记"投资收益"账户,按照其差额,借记或贷记"可供出售金融资产——利息调整"账户。

c.可供出售金融资产为一次还本付息债券投资的,在资产负债表日,企业应当按照可供出售债券的面值和票面利率计算确定的应收未收利息,借记"可供出售金融资产——应计利息"账户,按照可供出售债券的摊余成本和实际利率计算确定的利息收入,贷记"投资收益"账户,按照其差额,借记或贷记"可供出售金融资产——利息调整"账户。

【例4.35】　承[例4.33],2019年2月2日,天恒公司宣告发放现金股利,通融公司按其持有股份计算应获得的股利50 000元,应编制如下会计分录。

　　借:应收股利——天恒公司股票　　　　　　　　　　　　50 000

　　　　贷:投资收益　　　　　　　　　　　　　　　　　　　　　50 000

③可供出售金融资产的期末计量。

在资产负债表日,可供出售金融资产应当按照公允价值计量,可供出售金融资产公允价值变动应当作为其他综合收益,计入所有者权益。资产负债表日,可供出售金融资产的公允价值高于其账面余额的差额,借记"可供出售金融资产——公允价值变动"账户,贷记"其他综合收益"账户;公允价值低于其账面余额的差额做相反的会计分录。

【例4.36】　承[例4.33],2017年12月31日,通融公司持有天恒公司股票的公允价值为500 000元,应编制如下会计分录。

　　借:其他综合收益——公允价值变动——天恒公司股票　　　2 000

　　　　贷:可供出售金融资产——天恒公司股票——公允价值变动　　2 000

④可供出售金融资产的减值。

资产负债表日,企业应当对可供出售金融资产的账面价值进行检查,有客观证据表明该金融资产发生减值的,应当确认减值损失,同时直接冲减可供出售金融资产或计提相应的资产减值准备。借记"资产减值损失"账户,按照应从所有者权益中转出原计入其他综合收益的累计损失金额,贷记"其他综合收益"账户,按照其差额,贷记"可供出售金融资产——减值准备"账户。

对已确认减值损失的可供出售金融资产,在随后会计期间内公允价值已上升且客观上与确认原减值损失事项有关的,应当在原已确认的减值损失范围内转回。借记"可供出售金融资产——减值准备"等账户,贷记"资产减值损失"账户;但可供出售金融资产为股票等权益工具投资的,借记"可供出售金融资产——减值准备"等账户,贷记"其他综合收益"账户,同时调整资产减值损失或所有者权益。

【例 4.37】　承[例 4.33]和[例 4.36],2018 年 12 月 31 日,通融公司持有天恒公司股票价格进一步下跌至 300 000 元,企业检查发现该金融资产已发生减值,应编制如下会计分录。

借:资产减值损失——可供出售金融资产——天恒公司股票　　　　　　　202 000

　　贷:可供出售金融资产——天恒公司股票——减值准备　　　　　　　200 000

　　　　其他综合收益——公允价值变动——天恒公司股票　　　　　　　　2 000

⑤可供出售金融资产的出售。

企业出售可供出售金融资产,应当将取得的价款与账面余额之间的差额作为投资损益进行会计处理,同时,将原计入该金融资产的公允价值变动转出,由其他综合收益转为投资收益。如果对可供出售金融资产计提了减值准备,还应当同时结转减值准备。

企业出售可供出售金融资产按照实际收到的金额,借记"其他货币资金——存出投资款"等账户,按该可供出售金融资产的账面余额,贷记"可供出售金融资产——成本、公允价值变动、利息调整、应计利息"账户,按照其差额,贷记或借记"投资收益"账户。同时,按照应从所有者权益中转出的公允价值累计变动额,借记或贷记"其他综合收益"账户,贷记或借记"投资收益"账户。

【例 4.38】　承[例 4.33]和[例 4.36],2019 年 2 月 3 日,通融公司持有天恒公司股票全部出售,取得价款 520 000 元,通融公司应编制如下会计分录。

借:其他货币资金——存出投资款　　　　　　　　　　　　　　　　　520 000

　　可供出售金融资产——天恒公司股票——公允价值变动　　　　　　　2 000

　　可供出售金融资产——天恒公司股票——减值准备　　　　　　　　200 000

　　贷:可供出售金融资产——天恒公司股票——成本　　　　　　　　　502 000

　　　　投资收益　　　　　　　　　　　　　　　　　　　　　　　220 000

⑥金融资产重分类。

企业因持有意图或能力发生改变,使某项投资不再适合划分为持有至到期投资的,应当将其重分类为可供出售金融资产,并以公允价值进行后续计量。重分类日,该投资的账面价值与其公允价值之间的差额计入所有者权益,在该可供出售金融资产发生减值或终止确认时转出,计入当期损益。

【任务实施】

根据本项目"任务导入"里的任务资料和任务目标,具体任务实施过程如下。

第一步,年初建账。

第二步,根据经济业务的原始凭证,编制记账凭证(以会计分录简化列示如下)。

4 月 10 日,购入交易性金融资产,编制会计分录如下。

借:交易性金融资产——盛达公司股票——成本　　　　　　　　　　　983 000

	应收股利——盛达公司股票	50 000	
	贷:其他货币资金——存出投资款		1 033 000

5 月 12 日,收到现金股利,编制会计分录如下。

借:其他货币资金——存出投资款	50 000	
贷:应收股利——盛达公司股票		50 000

6 月 30 日,将盛达公司股票调整至公允价值,编制会计分录如下。

借:交易性金融资产——盛达公司股票——公允价值变动	147 000	
贷:公允价值变动损益——盛达公司股票		147 000

9 月 30 日,盛达公司再次宣告发放现金股利,编制会计分录如下。

借:应收股利——盛达公司股票	50 000	
贷:投资收益		50 000

10 月 12 日,伟宏公司收到现金股利,编制会计分录如下。

借:其他货币资金——存出投资款	50 000	
贷:应收股利——盛达公司股票		50 000

12 月 30 日,将盛达公司股票调整至公允价值,编制会计分录如下。

借:公允价值变动损益——盛达公司股票	50 000	
贷:交易性金融资产——盛达公司股票——公允价值变动		50 000

12 月 31 日,将盛达公司股票全部出售,编制会计分录如下。

借:其他货币资金——存出投资款	1 097 000	
贷:交易性金融资产——盛达公司股票——成本		983 000
——公允价值变动		97 000
投资收益		17 000

任务4　长期股权投资核算

【学习目标】

知识目标:了解长期股权投资的概念、内容;理解长期股权投资的初始计量、后续计量的原则;清楚成本法和权益法核算的范围,掌握成本法与权益法进行后续计量的应用;掌握长期股权投资减值的核算。

技能目标:能运用所学知识进行企业长期股权投资业务的会计处理;能运用会计基本理论知识解释长期股权投资业务信息生成过程;能解决长期股权投资业务会计处理过程中的常见问题。

【任务导入】

任务原始资料: 白云公司和荣域公司同为海驰集团的子公司,且为海驰集团直接投资形成的子公司。

2018 年 5 月 18 日白云公司与海驰集团签订合同,白云公司以银行存款 8 000 万元和一栋作为固定资产的办公楼为对价购买海驰集团持有的荣域公司 80% 的表决权资本。2018 年 6 月 25 日白云公司与海驰集团股东大会批准该协议。

2018 年 8 月 30 日,白云公司以银行存款 8 000 万元支付给海驰集团,当日办公楼的账面价值为 16 000 万元(原值为 20 000 万元,累计折旧为 4 000 万元),公允价值为 22 000 万元(不考虑增值税),办理了必要的财产权交接手续并取得控制权。当日荣域公司所有者权益的账面价值为 38 000 万元,荣域公司可辨认净资产的公允价值为 40 000 万元;海驰集团(原母公司)合并财务报表中的荣域公司净资产账面价值为 35 000 万元。白云公司另发生审计、法律服务、评估咨询等中介费用 200 万元(不考虑增值税因素)。

任务目标:

(1)判断该交易所属的企业合并类型。

(2)确定合并方、合并日及长期股权投资的初始成本。

【知识链接】

4.4.1　长期股权投资概述

1)长期股权投资的概念和特征

长期股权投资是指投资方对被投资单位实施控制、重大影响的权益性投资,以及对其合营企业的权益性投资,即对子公司、合营企业和联营企业的权益性投资。长期股权投资具有如下特点:

①长期持有。

②获取经济利益,并承担相应的风险。

③除股票投资外,长期股权投资通常不能随时出售。

④长期股权投资相对于长期债权投资而言,投资风险较大。

2)长期股权投资的类型

长期股权投资依据对被投资单位产生的影响,分为控制、共同控制和重大影响 3 种类型。

(1)投资企业对被投资单位实施控制的权益性投资,即对子公司的投资

控制,是指投资方拥有对被投资方的权力,通过参与被投资方的相关活动而享有可变回

报,并且有能力运用对被投资方的权力影响其回报金额。投资方要实现控制,必须具备两项基本要素:一是因涉入被投资方而享有可变回报;二是拥有对被投资方的权力,并且有能力运用对被投资方的权力影响其回报金额。投资方只能同时具备上述两个要素时,才能控制被投资方。实际工作中,投资方在判断其能否控制被投资方时,应综合考虑所有相关事实和情况,以判断是否同时满足控制的上述两个要素。

(2)投资方与其他合营方一同对被投资单位实施共同控制且对被投资单位净资产享有权利的权益性投资,即对合营企业的投资

共同控制,是指按照相关约定对某项安排所共有的控制,并且该安排的相关活动必须经过分享控制权的参与方一致同意后才能决策。相关活动是指对某项安排的回报产生重大影响的活动,其应当根据具体情况来判断,通常包括商品或劳务的销售、购买,金融资产的管理,资产的购买处置等活动。

(3)投资企业对被投资单位具有重大影响的权益性投资,即对联营企业投资

重大影响,是指投资方对被投资单位的财务和经营政策有参与决策的权力,但并不能够控制或者与其他方一起共同控制这些政策的制定。投资方能够对被投资单位施加重大影响的,被投资单位为其联营企业。实务中,较为常见的重大影响体现为在被投资单位的董事会或类似权力机构中派有代表,通过在被投资单位财务和经营决策制定过程中的发言权实施重大影响。投资方直接或通过子公司间接持有被投资单位 20% 以上但低于 50% 的表决权时,一般认为对被投资单位具有重大影响,除非有明确的证据表明该种情况下不能参与被投资单位的生产经营决策,不形成重大影响。

在确定能否对被投资单位施加重大影响时,一方面应考虑投资方直接或间接持有被投资单位的表决权股份,同时要考虑投资方及其他方的影响,如被投资单位发行的当期可转换的认股权证、股份期权及可转换公司债券等的潜在的影响。

4.4.2　长期股权投资的初始计量

长期股权投资在取得时,应按初始投资成本入账。长期股权投资的初始成本应分为企业合并和非企业合并两种情况分别确定。

1)企业合并形成的长期股权投资

企业合并,是指将两个或者两个以上单独的企业合并形成一个报告主体的交易或事项。合并可分为控股合并、吸收合并、新设合并。本任务所指的合并通常指控股合并,即合并方通过企业合并交易或事项取得被合并方的控制权,企业合并后能够通过所取得的股权等主导被合并方的生产经营决策,并从被合并方的生产经营活动中收益,而被合并方在企业合并后仍维持其独立法人资格继续经营的合并方式。

企业合并形成的长期股权投资,应根据参与合并前后是否受同一方或相同的多方最终控制,分为同一控制下的企业合并与非同一控制下的企业合并两种情况,分别进行会计处理。

为了对企业持有的各种长期股权投资进行核算,企业应设置"长期股权投资"账户。该账户属于资产类,其借方登记长期股权投资的增加额;贷方登记长期股权投资的减少额;期末余额在借方,表示企业期末长期股权投资的持有额。本账户应当按照被投资单位进行明细核算。

(1)同一控制下企业合并形成的长期股权投资

同一控制下企业合并,指参与合并的企业在合并前后均受同一或相同的多方最终控制且该控制并非暂时性的。

①合并方以支付现金、转让非现金资产或承担债务方式作为合并对价的,应当在合并日按照被合并方所有者权益在最终控制方合并报表中的账面价值的份额作为长期股权投资的初始投资成本。长期股权投资初始成本与支付的现金、转让非现金资产以及承担债务账面价值之间的差额,应当调整资本公积;资本公积不足冲减的,调整留存收益。

在合并日,按被合并方所有者权益在最终控制方合并报表中的账面价值的份额,借记"长期股权投资"账户,按应享有被投资单位已宣告但尚未发放的现金股利或利润,借记"应收股利"账户,按支付的合并对价的账面价值,贷记有关资产或借记有关负债账户,按其差额,借记或贷记"资本公积——资本溢价或股本溢价",如果资本公积的余额不足冲减的,借记"盈余公积""利润分配——未分配利润"账户。

【例4.39】 林山公司与白云公司分别为海驰集团控制下的两家子公司,海驰集团持有林山公司65%的股权。2018年5月18日,白云公司自海驰集团处取得海驰集团持有的林山公司全部的股权,该项合并属于同一控制下的企业合并。合并中,白云公司支付1 600万元,同日林山公司的所有者权益账面价值为3 200万元,其在海驰集团合并报表中的账面价值为1 980万元。假定合并前双方采用的会计政策和会计期间均相同。白云公司账务处理如下。

借:长期股权投资——林山公司　　　　　　　　　　　　　　　　19 800 000
　贷:银行存款　　　　　　　　　　　　　　　　　　　　　　　16 000 000
　　　资本公积——股本溢价　　　　　　　　　　　　　　　　　3 800 000

长期股权投资的初始成本=19 800 000元×100%=19 800 000元

若白云公司支付2 100万元,则:

借:长期股权投资——林山公司　　　　　　　　　　　　　　　　19 800 000
　　资本公积——股本溢价　　　　　　　　　　　　　　　　　　1 200 000
　贷:银行存款　　　　　　　　　　　　　　　　　　　　　　　21 000 000

②合并方以发行权益性证券作为合并对价的,应当在合并日按被合并方所有者权益在最终控制方合并财务报表中的账面价值的份额作为长期股权投资的初始成本。按照发行股份的面值总额作为股本,长期股权投资初始成本与所发行股份面值总额之间的差额,应调整资本公积;若资本公积不足冲减的,调整留存收益。

【例4.40】 白云公司与驰骋公司同为海驰集团的子公司,海驰集团拥有驰骋公司100%的股权。2018年6月8日,白云公司合并驰骋公司,该项合并属于同一控制下的企业合并。合并中,白云公司发行本公司普通股 1 000 万股,每股面值 1 元,每股市价 1.2 元,作为对价取得驰骋公司所有者权益的 80%,同日驰骋公司的所有者权益的账面价值为 3 200 万元,其在海驰集团合并报表中的账面价值为 3 500 万元。假定合并前双方采用的会计政策和会计期间均相同。白云公司账务处理如下。

借:长期股权投资——驰骋公司 　　　　　　　　　　　　　　　28 000 000
　　贷:股本 　　　　　　　　　　　　　　　　　　　　　　　　10 000 000
　　　　资本公积——股本溢价 　　　　　　　　　　　　　　　18 000 000

长期股权投资的初始成本 = 35 000 000 元 × 80% = 28 000 000 元

(2)非同一控制下企业合并形成的长期股权投资

非同一控制下的企业合并是指参与合并的各方在合并前后不受同一方或相同的多方最终控制的合并交易。

购买方应当按照合并成本作为长期股权投资的初始投资成本。合并成本包括在购买日为取得被购买方的控制权而付出的资产、发生或承担的负债及发行的权益性证券的公允价值。合并方或购买方为企业合并发生的审计、法律服务、评估等中介费用以及其他相关费用,应当于发生时计入当期损益。长期股权投资初始成本代表的是取得被合并方所有者权益公允价值份额所付出的对价。

合并日,按企业合并成本(不含应自被投资单位收取的现金股利或利润),借记“长期股权投资”账户,按应享有被投资单位已宣告但尚未发放的现金股利或利润,借记“应收股利”账户,按支付合并对价的账面价值,贷记有关资产或借记有关负债账户,按其差额,贷记“营业外收入”或借记“营业外支出”账户。

【例 4.41】　白云公司于 2018 年 3 月 1 日与南海公司签订协议,白云公司以库存商品和无形资产换取南海公司股权。5 月 1 日合并日,白云公司取得南海公司 70% 的股权份额。两家公司属非同一控制下的独立公司。白云公司投出的库存商品的公允价值为 600 万元,增值税税额为 102 万元,账面成本为 520 万元;该无形资产的账面金额为 9 800 万元,已提累计摊销 1 250 万元,该无形资产的公允价值为 8 000 万元。白云公司账务处理如下。

借:长期股权投资——南海公司 　　　　　　　　　　　　　　　87 020 000
　　累计摊销 　　　　　　　　　　　　　　　　　　　　　　　12 500 000
　　营业外支出 　　　　　　　　　　　　　　　　　　　　　　 5 500 000
　　贷:无形资产 　　　　　　　　　　　　　　　　　　　　　　98 000 000
　　　　主营业务收入 　　　　　　　　　　　　　　　　　　　　 6 000 000
　　　　应交税费——应交增值税(销项税额) 　　　　　　　　　　 1 020 000
借:主营业务成本 　　　　　　　　　　　　　　　　　　　　　　 5 200 000
　　贷:库存商品 　　　　　　　　　　　　　　　　　　　　　　 5 200 000

长期股权投资的初始成本 = (6 000 000 + 1 020 000 + 80 000 000)元 = 87 020 000 元

2)非企业合并形成长期股权投资

除企业合并形成的长期股权投资以外,以其他方式取得的长期股权投资,应当按以下规定确认其初始投资成本。

①以支付现金取得的长期股权投资,应当按实际支付的购买价款作为长期股权投资的初始成本。初始成本包括企业所发生的与取得长期股权投资直接相关的费用、税金及其他必要的支出。企业取得的长期股权投资实际支付的价款中包含的被投资单位已宣告但尚未发放的现金股利或利润作为应收项目核算,不构成长期股权投资的成本。

【例4.42】　白云公司于2018年3月1日从公开市场中购入海天公司发行的1 200万股票作为长期投资,占海天公司35%的股份,每股7元(含已宣告但尚未发放的现金股利0.5元),实际支付价款8 400万元,另支付相关税费42万元。该股份取得后能够对海天公司施加重大影响。白云公司账务处理如下。

借:长期股权投资——海天公司　　　　　　　　　　　　78 420 000

　　应收股利——海天公司　　　　　　　　　　　　　　　6 000 000

　　贷:银行存款　　　　　　　　　　　　　　　　　　　　　84 420 000

长期股权投资的初始成本=12 000 000×(7−0.5)元+420 000元=78 420 000元

②以发行权益性证券方式取得的长期股权投资,长期股权投资的初始成本为所发行的权益性证券的公允价值。为发行权益性证券支付的手续费、佣金等与权益性证券发行直接相关的费用,不构成长期股权投资的成本,而应从权益性证券的溢价发行收入中扣除,溢价收入不足的,应冲减盈余公积和未分配利润。

【例4.43】　2018年5月8日,白云公司发行股票1 000万股作为对价向通达公司投资,取得通达公司30%的股权,股票每股面值为1元,该股票的公允价值为2 200万元,另支付相关发行费、手续费和佣金等共150万元。该股票取得后能够对通达公司施加重大影响。白云公司账务处理如下。

借:长期股权投资——通达公司　　　　　　　　　　　　22 000 000

　　贷:股本　　　　　　　　　　　　　　　　　　　　　　10 000 000

　　　资本公积——股本溢价　　　　　　　　　　　　　　10 500 000

　　　银行存款　　　　　　　　　　　　　　　　　　　　 1 500 000

长期股权投资的初始成本=22 000 000元

③投资者投入的长期股权投资,按照投资合同或协议约定的价值作为初始投资成本。

④以债务重组、非货币性交易等方式取得的长期股权投资,其初始成本应按照《企业会计准则第12号——债务重组》和《企业会计准则第7号——非货币性资产交换》的有关规定确定。

4.4.3　长期股权投资的后续计量

长期股权投资在持有期间,根据投资方对被投资单位的影响程度分别采用成本法或权益法进行核算。

1）运用成本法进行后续计量

（1）成本法的适用范围

成本法是指长期股权投资按成本计价的方法。在成本法下，长期股权投资按其初始成本计价，在持有期间，除了投资企业追加投资或收回投资外，长期股权投资的账面价值一般保持不变。成本法主要适用于投资方能够对被投资单位实施控制的长期股权投资。

（2）持有期内投资损益的确认

采用成本法核算的长期股权投资，除取得投资时实际支付的价款或对价中包含的已宣告但尚未发放的现金股利或利润外，被投资企业宣告分派现金股利或利润时，投资企业应当按照应享有的部分，确认为投资收益，借记"应收股利"账户，贷记"投资收益"账户。投资企业收到股票股利时，不进行账务处理，但应在备查簿中登记。

【例4.44】　白云公司和长天公司属非同一控制下的独立公司。白云公司于2017年2月1日，以银行存款4 000万元对长天公司投资，取得长天公司45%的股份，并能对长天公司实施控制。购买该股票时发生有关税费75万元，白云公司支付的价款中含有长天公司已宣告但尚未发放的现金股利600万元。取得投资后，2017年9月1日，长天公司发放现金股利；2018年3月10日，长天公司宣告分派2017年度现金股利1 500万元；2018年5月20日，收到现金股利。

白云公司账务处理如下。

①2017年2月1日，取得投资时。

借：长期股权投资——长天公司　　　　　　　　　　　　　　　34 750 000

　　应收股利——长天公司　　　　　　　　　　　　　　　　　6 000 000

　　　贷：银行存款　　　　　　　　　　　　　　　　　　　　　　40 750 000

②2017年9月1日，收到长天公司发放的现金股利时。

借：银行存款　　　　　　　　　　　　　　　　　　　　　　　6 000 000

　　　贷：应收股利——长天公司　　　　　　　　　　　　　　　　6 000 000

③2018年3月10日，长天公司宣告分派现金股利时。

借：应收股利——长天公司　　　　　　　　　　　　　　　　15 000 000

　　　贷：投资收益　　　　　　　　　　　　　　　　　　　　　　15 000 000

④2018年5月20日，收到现金股利时。

借：银行存款　　　　　　　　　　　　　　　　　　　　　　　15 000 000

　　　贷：应收股利——长天公司　　　　　　　　　　　　　　　　15 000 000

2）运用权益法进行后续计量

（1）权益法的适用范围

权益法，是指长期股权投资以初始投资成本计量后，在投资持有期间，根据投资企业享有被投资单位所有者权益份额的变动对长期股权投资的账面价值进行调整的方法。企业对被投资单位具有共同控制或重大影响时,即企业对其合营企业及联营企业投资,应当采用权益法核算。

进行权益法核算时,应在"长期股权投资"账户下设置"成本""损益调整""其他综合收益"等明细分类账户,分别反映长期股权投资的初始投资成本以及因被投资单位所有者权益发生变动而对长期股权投资账面价值进行调整的金额。

（2）调整初始投资成本

在权益法下,投资企业取得投资后,应将取得投资时的初始投资成本与应享有被投资单位可辨认净资产公允价值份额进行比较。对于初始投资成本与应享有被投资单位可辨认净资产公允价值份额之间的差额,应区别情况处理:

①初始投资成本大于投资时应享有被投资单位可辨认净资产公允价值份额的,不调整长期股权投资的初始成本,仍按初始投资成本计价。

②初始投资成本小于投资时应享有被投资单位可辨认净资产公允价值份额的,其差额记入营业外收入,同时调整增加长期股权投资的成本。

【例4.45】　2017年1月3日白云公司购买南华公司发行的股票800万股准备长期持有,占南华的40%,买入价为5元/股,购买该股票时发生有关税费60万元,款项已支付。该股份取得后能够对南华公司施加重大影响。2016年12月31日,南华公司可辨认净资产的账面价值（与其公允价值不存在差异）9 000万元。白云公司账务处理如下。

2017年1月3日,取得投资时。

借:长期股权投资——南华公司——成本　　　　　　　　　　40 600 000
　　贷:银行存款　　　　　　　　　　　　　　　　　　　　　　40 600 000

长期股权投资的初始投资成本=8 000 000股×5元/股+600 000元=40 600 000元

初始投资成本40 600 000元大于投资时应享有被投资单位可辨认净资产公允价值份额36 000 000（90 000 000×40%）元,其差额4 600 000元,不调整已确认的初始投资成本,不进行账务处理。

【例4.46】　承[例4.45],如果取得投资时被投资单位南华公司的可辨认净资产公允价值为12 000万元。白云公司账务处理如下。

2017年1月3日,取得投资时。

借:长期股权投资——南华公司——成本　　　　　　　　　　40 600 000
　　贷:银行存款　　　　　　　　　　　　　　　　　　　　　　40 600 000

初始投资成本40 600 000元小于投资时应享有被投资单位可辨认净资产公允价值份额48 000 000元（即120 000 000×40%）,其差额7 400 000元,应计入取得投资当期的营业外收入,同时调增长期股权投资的成本。

借:长期股权投资——南华公司——成本　　　　　　　　　　7 400 000
　　贷:营业外收入　　　　　　　　　　　　　　　　　　　　　7 400 000

（3）确认投资损益

①被投资企业实现盈利或亏损。

投资企业取得长期股权投资后,应当按照应享的或应分担被投资单位实现净利润或发生净亏损的份额,调整长期股权投资的账面价值,并确认投资收益。根据被投资单位实现的净利润计算应享有的份额,借记"长期股权投资——损益调整"账户,贷记"投资收益"账户,被投资单位发生的净亏损作相反的会计分录。

【例4.47】 承[例4.46],2017年南华公司实现净利润1 200万元,白云公司确认2017年的投资收益的账务处理如下。

借:长期股权投资——南华公司——损益调整 　　　　　　　　 4 800 000

　　贷:投资收益 　　　　　　　　　　　　　　　　　　　　　　　 4 800 000

②被投资单位宣告现金股利或利润。

采用权益法核算长期股权投资时,投资企业自被投资单位取得的现金股利或利润,应冲减长期股权投资的账面价值。被投资单位宣告发放现金股利或利润时,企业计算应分得的部分,借记"应收股利"账户,贷记"长期股权投资——损益调整"账户;被投资单位宣告发放的股票股利,不进行账务处理,但应在备查簿中登记。

【例4.48】 承[例4.47],2018年4月6日,南华公司宣告发放现金股利600万元;2018年5月28日,白云公司收到南华公司分派的现金股利。白云公司账务处理如下。

①2018年4月6日,南华公司宣告发放现金股利时。

借:应收股利——南华公司 　　　　　　　　　　　　　　　　　 2 400 000

　　贷:长期股权投资——南华公司——损益调整 　　　　　　　　 2 400 000

②2018年5月28日,收到现金股利时。

借:银行存款 　　　　　　　　　　　　　　　　　　　　　　　 2 400 000

　　贷:应收股利——南华公司 　　　　　　　　　　　　　　　　 2 400 000

③确认超额亏损。

投资企业确认应分担被投资单位发生的损失,原则上应以长期股权投资的账面价值以及其他实质上构成对被投资单位净投资的长期权益减记至零为限,投资企业负有承担额外损失义务的除外。除上述情况仍未确认的应分担被投资单位的损失,应在账外备查登记。在确认了有关的投资损失后,被投资单位于以后期间实现盈利的,应按以上相反顺序分别减记账外备查登记的金额、已确认的预计负债、恢复其他长期权益及长期股权投资的账面价值,同时确认投资收益。

【例4.49】 白云公司持有通达公司30%的股权,能够对通达公司施加重大影响,2016年12月31日该长期股权投资的账面价值为4 000万元。假定,该公司取得投资时被投资单位各项可辨认净资产、负债的公允价值等于其账面价值,双方采用的会计政策、会计期间相同。白云公司账务处理如下。

①2016年通达公司亏损8 000万元时。

借:投资收益 　　　　　　　　　　　　　　　　　　　　　　　 24 000 000

  贷:长期股权投资——通达公司——损益调整   24 000 000

应确认的投资损失为 8 000 万元×30% = 2 400 万元,此时,长期股权投资的账面价值 = 4 000 万元−2 400 万元 = 1 600 万元。

  ②2017 年通达公司亏损 6 000 万元,假定无其他长期权益项目。

  借:投资收益   16 000 000

    贷:长期股权投资——通达公司——损益调整   16 000 000

白云公司应分担的损失为 6 000 万元×30% = 1 800 万元,但此时长期股权投资的账面价值仅为 1 600 万元,因此,白云公司应确认的投资损失为 1 600 万元,将长期股权投资账面价值减至零,超额损失 200 万元在备查账中进行登记。

  ③2018 年通达公司经营好转,盈利 1 000 万元。

白云公司应分享的利润为 1 000 万元×30% = 300 万元,应先减记备查账中登记的损失 200 万元,按余下部分 100 万元恢复长期股权投资的账面价值。

  借:长期股权投资——南华公司——损益调整   1 000 000

    贷:投资收益   1 000 000

（4）确认其他综合收益

采用权益法核算时,被投资单位确认的其他综合收益及其变动也会影响被投资单位所有者权益总额,进而影响投资企业应享有被投资单位所有者权益的份额。因此,投资企业对被投资单位实现的其他综合收益,按照应享有或应分担的被投资单位实现的其他综合收益,相应确认其他综合收益,同时调整长期股权投资的账面价值。根据被投资单位实现的其他综合收益计算应享有的份额,借记或贷记"长期股权投资"账户,贷记或借记"其他综合收益"账户。

（5）其他需要调整的事项

采用权益法核算时,投资企业对于被投资单位除净损益、其他综合收益和利润分配以外所有者权益的其他变动,按应享有或应分担的份额,相应调整长期股权投资的账面价值,同时计入资本公积(其他资本公积),并在备查簿中予以登记。投资方在后续处置股权但对剩余股权仍采用权益法核算时,应按处置比例将这部分资本公积转入当期投资收益;对剩余股权终止权益法核算时,将这部分资本公积全部转入当期投资收益。

4.4.4 长期股权投资的减值

投资方应当在资产负债表日判断长期股权投资是否存在可能发生减值的迹象,如果存在减值迹象的,应当估计其可收回金额。对子公司、联营企业及合营企业的投资,按照《企业会计准则第 8 号——资产减值》对长期股权投资进行减值测试并计提减值准备。

企业应设置"长期股权投资减值准备"账户,并按被投资单位进行明细核算。投资企业计提减值准备时,将长期股权投资的账面价值减记至可收回金额。长期股权投资可回收金额小于长期股权投资账面价值的差额,借记"资产减值损失——计提的长期股权投资减值准备"账户,贷记"长期股权投资减值准备"账户。长期股权投资减值损失一经确认,在以后会计期间不得转回。处置长期股权投资时,同时结转已计提的长期股权投资减值准备。

4.4.5　长期股权投资的处置

企业处置长期股权投资时,按实际取得的价款与长期股权投资账面价值的差额确认为当期投资损益,并同时结转已计提的长期股权投资减值准备。权益法下原计入其他综合收益或资本公积中的金额,在处置时也应进行结转,将与所出售股权相对应的部分在处置时自其他综合收益或资本公积转入当期损益。

按实际收到的金额,借记"银行存款"等账户,按原已计提的减值准备,借记"长期股权投资减值准备"账户,按该长期股权投资的账面余额,贷记"长期股权投资"账户,按尚未领取的现金股利或利润,贷记"应收股利"账户,按其差额,贷记或借记"投资收益"账户。同时,还应结转原计入其他综合收益或资本公积的相关金额,借记或贷记"其他综合收益"账户,贷记或借记"投资收益"账户。

【例4.50】　白云公司原持有通达公司30%的股票权,2018年3月6日,白云公司出售所持有的通达公司股权的60%,出售时白云公司账面上对通达公司长期股权投资的构成为:投资成本26 000万元,损益调整1 000万元,其他综合收益800万元。出售取得价款20 000万元。白云公司账务处理如下。

借:银行存款	200 000 000
贷:长期股权投资——通达公司——成本	156 000 000
——通达公司——损益调整	6 000 000
——通达公司——其他综合收益	4 800 000
投资收益	33 200 000

同时,

借:其他综合收益	4 800 000
贷:投资收益	4 800 000

【任务实施】

根据本项目"任务导入"中的任务资料和任务目标,具体任务实施过程如下。

(1)因为白云、荣域公司在合并前后均受海驰集团最终控制,所以确定该交易为同一控制下企业合并。

(2)该交易的合并方为白云公司,合并日为2018年8月30日。

(3)同一控制下企业合并形成的长期股权投资,应在合并日按取得被合并方在最终控制方(原母公司海驰集团)合并财务报表中的净资产账面价值的份额,作为长期股权投资初始成本28 000万元(即35 000×80%)。会计分录如下。

借:固定资产清理	160 000 000
累计折旧	40 000 000
贷:固定资产	200 000 000

借:长期股权投资	280 000 000
贷:银行存款	80 000 000
固定资产清理	160 000 000
资本公积——股本溢价	40 000 000
借:管理费用	2 000 000
贷:银行存款	2 000 000

提示:同一控制下的企业合并中,以非现金资产作为对价,不确认资产的处置损益。

任务5　投资性房地产核算

【学习目标】

知识目标:了解投资性房地产的概念和确认条件;清楚采用成本模式和公允价值计量的投资性房地产的前提条件;掌握在不同计量模式下投资性房地产取得、后续计量及处置的会计处理。

技能目标:能运用所学知识根据原始凭证分析经济业务,熟练进行企业投资性房地产业务的会计处理;能运用会计基本理论知识解释投资性房地产信息生成过程;能解决投资性房地产业务会计处理过程中的常见问题。

【任务导入】

任务原始资料:白云公司2017年9月20日新购入1栋20层的写字楼,每层均能够单独计量和出售。1层每平方米购买成本是4.5万元(不含增值税),共计1 200平方米;其余楼层每平方米购买成本是1.8万元,共计17 000平方米。购买成本总价为36 000万元,增值税进项税额为3 960万元,白云公司当日付清全部款项。该写字楼使用寿命为20年,预计净残值为零,采用平均年限法计提折旧。自用一段时间后,白云公司于2018年9月25日与洪峰公司签订租赁合同,将1层临街铺面全部出租给洪峰公司作为超市,租赁期为3年,每年租金900万元,租赁期开始日为2018年10月1日。2~20层仍然供白云公司办公使用。2018年10月1日,写字楼1楼的账面价值为5 130万元,其中原值5 400万元,已提折旧270万元,未计提减值准备;写字楼1楼的公允价值为5 300万元。

任务目标:

(1)判断该写字楼1层是否可以单独确认为投资性房地产?

(2)如果可以单独确认为投资性房地产,应于何时进行确认?

(3)企业采用成本模式和公允价值模式进行投资性房地产的后续计量,转换日的账务处理有何不同?

【知识链接】

4.5.1 投资性房地产概述

1)投资性房地产的定义

房地产是土地和房屋及其权属的总称。在我国,土地归国家或集体所有,企业只能取得土地使用权。因此,房地产中的土地,是指土地使用权。房屋,是指土地上的房屋等建筑物及构筑物。

投资性房地产,是指企业为赚取租金或资本增值,或者两者兼有而持有的房地产。

2)投资性房地产的特征

(1)投资性房地产是一种经营活动

投资性房地产的主要形式是出租建筑物和土地使用权,这实质上属于一种让渡资产使用权行为。投资性房地产的另一种形式是持有并准备增值后转让的土地使用权,目的是增值后转让以赚取增值收益,也是企业为完成其经营目标所从事的经营性活动形成的经济利益总流入。

(2)投资性房地产在用途、状态、目的等方面区别于作为生产经营场所的房地产和用于销售的房地产

企业持有的房地产,除用于生产经营活动场所和对外销售之外,还可用于赚取租金或增值收益的活动。这就需要将投资性房地产单独作为一项资产核算和反映,与自用的厂房、办公楼和作为存货的房地产加以区别,从而更清晰地反映企业所持有房地产的构成情况和盈利能力。

3)投资性房地产的范围

(1)已出租的土地使用权

已出租的土地使用权,是指企业通过出让或者转让方式取得并以经营租赁方式出租的土地使用权。企业计划用于出租但尚未出租的土地使用权、以经营租赁方式租入土地使用权再转租给其他单位的,都不能确认为投资性房地产。

(2)持有并准备增值后转让的土地使用权

持有并准备增值后转让的土地使用权,是指企业通过出让或转让方式取得的并准备增值后转让的土地使用权。但按国家有关规定已认定的闲置土地不属于投资性房地产。

(3)已出租的建筑物

已出租的建筑物是指企业拥有产权并以经营租赁方式出租的建筑物,包括自行建造或开发活动完成后用于出租的建筑物。

自用房地产、作为存货的房地产、企业以经营方式租入后再转租的房地产、持有并准备增值后转让的建筑物（非房地产企业作为固定资产）、按国家规定认定的闲置土地、计划用于出租但尚未出租（待出租）的土地使用权和建筑物，均不属于投资性房地产。

4）投资性房地产的确认

将某个项目确认为投资性房地产，首先应当符合投资性房地产的定义，其次要同时满足下列两项条件：一是与该投资性房地产有关的经济利益很可能流入企业；二是该投资性房地产的成本能够可靠地计量。

对已出租的土地使用权、已出租的建筑物，其作为投资性房地产的确认时点一般为租赁期开始日，即土地使用权、建筑物进入出租状态、开始赚取租金的日期；对持有并准备增值后转让的土地使用权，其作为投资性房地产的确认时间点为企业将自用土地使用权停止自用，准备增值后转让的日期。

4.5.2　投资性房地产的核算

投资性房地产的计量有成本和公允价值两种模式，通常采用成本模式计量，满足特定条件时可以采用公允价值模式。但是，同一企业只能采用一种模式对所有投资性房地产进行计量。计量模式一经确定，不得随意变更。

企业应设置"投资性房地产""投资性房地产累计折旧（摊销）""投资性房地产减值准备"等账户。其中，"投资性房地产"账户借方登记投资性房地产的取得成本、公允价值，贷方登记减少投资性房地产时结转的成本，期末借方余额反映投资性房地产的成本，该账户可按投资性房地产的类别和项目进行明细核算。"投资性房地产累计折旧（摊销）"账户核算的是企业在报告期末提取的投资性房地产折旧（摊销）累计数。"投资性房地产减值准备"账户核算的是投资性房地产在发生减值时计提的减值准备。

1）采用成本模式计量投资性房地产

（1）取得投资性房地产

投资性房地产应当按照其取得时的成本进行初始计量。投资性房地产可以通过外购、自行建造、所有者投入、债务重组等方式取得。不同的取得方式，其初始计量也不相同。

①外购投资性房地产。

企业外购的房地产，只有在购入的同时开始对外出租或用于资本增值，才能作为投资性房地产加以确认。企业购入房地产，自用一段时间之后再改为出租或用于资本增值的，应当先将外购的房地产确认为固定资产或无形资产，自租赁期开始日或用于资本增值之日起，才能从固定资产或无形资产转换为投资性房地产。

外购投资性房地产取得时的实际成本，包括购买价款、相关税费和可直接归属于该资产的其他支出。企业外购的投资性房地产，采用成本模式进行计量的，应当按照取得时的实际成本，借记"投资性房地产"账户，贷记"银行存款"等账户。

【例4.51】 2018年3月,白云公司计划购入一栋写字楼用于对外出租。3月,白云公司与南林公司签订了经营租赁合同,约定自购买日起就将写字楼出租给南林公司,期限为5年。6月,白云公司实际购入写字楼,支付买价3 800万元。白云公司采用成本模式核算投资性房地产。白云公司账务处理如下。

借:投资性房地产——写字楼　　　　　　　　　　　　　　　38 000 000
　　贷:银行存款　　　　　　　　　　　　　　　　　　　　　　　38 000 000

②自行建造的投资性房地产。

企业自行建造投资性房地产,只有在自行建造或开发活动完成(即达到预定可使用状态)的同时开始对外出租或用于资本增值,才能将自行建造的房地产确认为投资性房地产。企业自行建造房地产达到预定可使用状态后一段时间才对外出租或用于资本增值的,应当先将自行建造的房地产确认为固定资产、无形资产或存货,自租赁期开始日或用于资本增值之日开始,从固定资产、无形资产或存货转换为投资性房地产。

自行建造投资性房地产的成本,由建造该项房地产达到预定可使用状态前发生的必要支出构成,包括土地开发费、建筑成本、安装成本、应予以资本化的借款费用、支付的其他费用和分摊的间接费用等。采用成本模式进行后续计量的,应按照确定的自行建造投资性房地产的成本,借记"投资性房地产"账户,贷记"在建工程"或"开发产品"等账户。

【例4.52】 2017年5月,白云公司从其他单位购入一块土地,并在这块土地上开始自行建造两栋厂房。2017年10月,白云公司预计厂房即将完工,与晨曦公司签订了经营租赁合同,将其中的一栋厂房租赁给晨曦公司使用。租赁合同约定,该厂房于完工时开始起租。2017年12月25日,两栋厂房同时完工。该块土地使用权的成本为900万元,两栋厂房的实际造价均为2 000万元,能够单独出售。假设白云公司采用成本模式进行后续计量。白云公司账务处理如下。

土地使用权中应转换为投资性房地产部分为:9 000 000 元×(20 000 000÷40 000 000)=4 500 000 元。

借:固定资产——厂房　　　　　　　　　　　　　　　　　　20 000 000
　　投资性房地产——厂房　　　　　　　　　　　　　　　　　20 000 000
　　贷:在建工程——厂房　　　　　　　　　　　　　　　　　　40 000 000
借:投资性房地产——已出租土地使用权　　　　　　　　　　　4 500 000
　　贷:无形资产——土地使用权　　　　　　　　　　　　　　　4 500 000

(2)投资性房地产的后续计量

①投资性房地产计提折旧或摊销的核算。

采用成本模式进行后续计量的投资性房地产,应当按照《企业会计准则第4号——固定资产》或《企业会计准则第6号——无形资产》的有关规定,按月计提折旧或者摊销,借记"其他业务成本"等账户,贷记"投资性房地产累计折旧(摊销)"账户;取得的租金收入,借记"银行存款"等账户,贷记"其他业务收入"等账户。

②投资性房地产减值的核算。

投资性房地产存在减值迹象,经减值测试后确定发生减值的,应当计提减值准备,借记"资产减值损失"账户,贷记"投资性房地产减值准备"账户。

【例4.53】 2015年8月,白云公司计划购入一栋写字楼用于对外出租。9月,白云公司与晨曦公司签订了经营租赁合同,约定自购买日起就将写字楼出租给晨曦公司,期限为5年。10月底,白云公司实际购入写字楼,支付买价3 000万元。假如白云公司购买的写字楼预计使用50年,净残值为零,采用直线法按月计提折旧。按照租赁合同中约定,晨曦公司每月支付租金15万元给白云公司。2017年末,写字楼发生减值迹象,经减值测试,其可收回金额为2 600万元,以前未计提减值准备。白云公司采用成本模式核算投资性房地产。白云公司账务处理如下。

①购买写字楼时。

借:投资性房地产——写字楼   30 000 000

  贷:银行存款   30 000 000

②每月收到租金时。

借:银行存款   150 000

  贷:其他业务收入   150 000

③每月计提折旧时。

借:其他业务成本   50 000

  贷:投资性房地产累计折旧   50 000

④2017年末计提减值准备时。

借:资产减值损失——计提的投资性房地产减值准备   2 700 000

  贷:投资性房地产减值准备   2 700 000

年末该房地产的账面价值＝30 000 000元－50 000元×26＝28 700 000元

年末应计提的减值准备＝28 700 000元－26 000 000元＝2 700 000元

(3)投资性房地产的后续支出

①资本化的后续支出。

与投资性房地产有关的后续支出,满足投资性房地产确认条件的,应当计入投资性房地产成本。例如,企业为了提高投资性房地产的使用效能,对投资性房地产进行改建、扩建,或者通过装修而改善其室内装潢,改扩建或装修支出满足确认条件的,应当将其资本化。企业对某项投资性房地产进行改扩建等再开发且将来仍作为投资性房地产的,再开发期间应继续将其作为投资性房地产,但再开发期间不计提折旧或摊销。

采用成本模式计量的,投资性房地产进入改扩建或装修阶段后,应当将其账面价值转入改扩建工程,借记"投资性房地产——在建""投资性房地产累计折旧"等账户,贷记"投资性房地产"账户。发生资本化的改良或装修支出,通过"投资性房地产——在建"账户归集,借记"投资性房地产——在建",贷记"银行存款""应付账款"等账户。改扩建或装修完成后,转入"投资性房地产",借记"投资性房地产"账户,贷记"投资性房地产——在建"账户。

【例 4.54】 2017 年 3 月 28 日,白云公司与晨曦公司的一项办公楼经营租赁合同到期。该办公楼原价为 9 000 万元,已计提折旧 3 000 万元。为了提高办公楼的租金收入,白云公司决定在租赁期满后对该办公楼进行改扩建,并与南阳公司签订了经营租赁合同,约定自改扩建完工时将该办公楼出租给南阳公司。2017 年 12 月 31 日,该办公楼改扩建工程完工,共发生支出 800 万元,均已支付,即日按照租赁合同出租给南阳公司。假定白云公司采用成本计量模式。本例中,白云公司的改扩建支出属于资本化后续支出,应当计入投资性房地产的成本。白云公司账务处理如下。

①2017 年 3 月 28 日,将投资性房地产转入改扩建工程时。

借:投资性房地产——办公楼(在建)　　　　　　　　　　　60 000 000

　　投资性房地产累计折旧　　　　　　　　　　　　　　　30 000 000

　　　贷:投资性房地产——办公楼　　　　　　　　　　　　　　90 000 000

②2017 年 3 月 28 日至 2017 年 12 月 31 日,发生改扩建支出时。

借:投资性房地产——办公楼(在建)　　　　　　　　　　　8 000 000

　　　贷:银行存款　　　　　　　　　　　　　　　　　　　　8 000 000

③2017 年 12 月 31 日,改扩建工程完工时。

借:投资性房地产——办公楼　　　　　　　　　　　　　　68 000 000

　　　贷:投资性房地产——办公楼(在建)　　　　　　　　　　68 000 000

②费用化后续支出。

与投资性房地产有关的后续支出,不满足投资性房地产确认条件的,如企业对投资性房地产进行日常维护等所发生的支出,应当在发生时计入当期损益,借记"其他业务成本"等账户,贷记"银行存款"等账户。

(4)投资性房地产的转换

投资性房地产的转换是指因房地产用途发生改变而对房地产进行的重新分类。企业必须有确凿证据表明企业的房地产用途发生了改变,才能将投资性房地产转为非投资性房地产或者将非投资性房地产转为投资性房地产,例如将自用的办公楼改为对外出租等。

①非房地产企业。

a.投资性房地产转换为自用房地产。企业将原本用于出租或赚取资本增值的房地产改用于生产商品、经营管理等,投资性房地产相应地转换为固定资产或无形资产。

企业将采用成本模式计量的投资性房地产转换为自用房地产时,应当按该项投资性房地产在转换日的账面余额、累计折旧或摊销、减值准备等,分别转入"固定资产""累计折旧""固定资产减值准备"等账户。按其账面余额,借记"固定资产"或"无形资产"账户,贷记"投资性房地产"账户,按已计提的折旧或摊销,借记"投资性房地产累计折旧(摊销)"账户,贷记"累计折旧"或"累计摊销"账户,原已计提减值准备的,借记"投资性房地产减值准备"账户,贷记"固定资产减值准备"或"无形资产减值准备"账户。

【例 4.55】 2018 年 7 月 3 日,白云公司将出租给芳林公司的厂房收回用于公司生产产品使用。该项房地产账面价值为 752 万元,其中,原值为 850 万元,累计已提折旧 98 万元。

白云公司采用成本模式计量该项房地产。转换日,白云公司账务处理如下。

借:固定资产——厂房 8 500 000

投资性房地产累计折旧 980 000

贷:投资性房地产——厂房 8 500 000

累计折旧 980 000

b.自用房地产转换为投资性房地产。自用土地使用权或建筑物转换为采用成本模式计量的投资性房地产时,应当在转换日,按该项建筑物或土地使用权的原价、累计折旧、减值准备等,分别转入"投资性房地产""投资性房地产累计折旧(摊销)""投资性房地产减值准备"账户,按已计提的折旧或摊销,借记"累计折旧"或"累计摊销"账户,贷记"投资性房地产累计折旧(摊销)"账户,原已计提减值准备的,借记"固定资产减值准备"或"无形资产减值准备"账户,贷记"投资性房地产减值准备"账户。

【例4.56】 白云公司拥有一栋自用的办公楼。2018年6月30日,白云公司与乐美公司签订租赁协议,将这栋办公楼整体出租给乐美公司使用,租期10年,6月30日这栋办公楼账面余额为5 600万元,已计提折旧800万元。白云公司采用成本计量模式。转换日,白云公司账务处理如下。

借:投资性房地产——办公楼 56 000 000

累计折旧 8 000 000

贷:固定资产——办公楼 56 000 000

投资性房地产累计折旧 8 000 000

②房地产企业。

a.投资性房地产转换为存货。房地产开发企业将原本用于出租或赚取资本增值的房地产改用于对外销售的,投资性房地产相应转为存货。

企业将采用成本模式计量的投资性房地产转换为存货时,应当按照该项房地产在转换日的账面价值,借记"开发产品"账户,按照已计提的折旧或摊销,借记"投资性房地产累计折旧(摊销)"账户,原已计提减值准备的,借记"投资性房地产减值准备"账户,按其账面余额,贷记"投资性房地产"账户。

【例4.57】 依凡公司是一家从事房地产经营的企业,将其开发的一栋写字楼租赁给白云公司使用。2018年9月7日,因租赁期满,依凡公司将出租的写字楼收回,并作出书面协议,将该写字楼重新开发用于对外销售,即由投资性房地产转为存货。2018年9月7日该写字楼的账面价值为4 800万元,其中原值5 600万元,累计已计提折旧800万元,未计提减值准备。依凡公司采用成本计量模式。转换日,依凡公司账务处理如下。

借:开发产品 48 000 000

投资性房地产累计折旧 8 000 000

贷:投资性房地产——写字楼 56 000 000

b.作为存货的房地产转换为投资性房地产。房地产开发企业将其持有的开发产品以经营租赁形式出租,存货相应地转换为投资性房地产。

企业将作为存货的房地产转换为采用成本模式计量的投资性房地产时,应当按该项存货在转换日的账面价值,借记"投资性房地产"账户,原已计提跌价准备的,借记"存货跌价准备"账户,按其账面余额,贷记"开发产品"等账户。

【例4.58】 依凡公司是一家从事房地产经营的企业,2018年7月15日与艾米公司签订租赁协议,将其开发的一栋写字楼租赁给艾米公司使用,租赁开始日为2018年8月15日。2018年8月15日该写字楼的账面价值为3 200万元,未计提跌价准备。依凡公司采用成本计量模式。转换日,依凡公司账务处理如下。

借:投资性房地产——写字楼　　　　　　　　　　　　　　　　　32 000 000
　　贷:开发产品　　　　　　　　　　　　　　　　　　　　　　　　　32 000 000

(5)投资性房地产的处置

当投资性房地产被处置,或者永久退出使用且预计不能从其处置中取得经济利益时,应当终止确认该投资性房地产。企业出售、转让、报废投资性房地产或者发生投资性房地产毁损,应当将处置收入扣除其账面价值和相关税费后的金额计入当期损益。

出售、转让按成本模式进行后续计量的投资性房地产时,应当按实际收到的处置收入金额,借记"银行存款"等账户,贷记"其他业务收入"账户;按该项投资性房地产的账面价值,借记"其他业务成本"账户,按其账面余额,贷记"投资性房地产"账户,按照已计提的折旧或摊销,借记"投资性房地产累计折旧(摊销)"账户;原已计提减值准备的,借记"投资性房地产减值准备"账户。

【例4.59】 白云公司将其出租的一栋写字楼确认为投资性房地产,采用成本模式计量。租赁期满后,白云公司将该栋写字楼出售给南阳公司,合同价款为6 500万元,白云公司已收到款项。出售时,该栋写字楼的成本为4 000万元,已计提折旧800万元,假设不考虑相关税费等因素。白云公司账务处理如下。

①收到处置收入时。

借:银行存款　　　　　　　　　　　　　　　　　　　　　　　　65 000 000
　　贷:其他业务收入　　　　　　　　　　　　　　　　　　　　　　65 000 000

②结转处置成本。

借:其他业务成本　　　　　　　　　　　　　　　　　　　　　　32 000 000
　　投资性房地产累计折旧　　　　　　　　　　　　　　　　　　8 000 000
　　贷:投资性房地产——写字楼　　　　　　　　　　　　　　　40 000 000

2)采用公允价值模式计量的投资性房地产

企业要采用公允价值模式计量投资性房地产,应当同时满足两个条件:投资性房地产所在地有活跃的房地产交易市场,其中所在地通常指投资性房地产所在的城市;企业能够从活跃的房地产交易市场上取得同类或类似房地产的市场价格及其他相关信息,从而对投资性房地产的公允价值做出合理的估计。

企业只有存在确凿证据表明其投资性房地产的公允价值能够持续可靠取得时,才允许对投资性房地产采用公允价值模式计量。企业一旦选择公允价值模式,就应当对其所有投资性房地产均采用公允价值模式进行后续计量。

采用公允价值模式计量下,企业应在"投资性房地产"账户下设置"成本"和"公允价值变动"两个明细账户,进行明细核算,期末借方余额反映企业持有的投资性房地产公允价值。同时还应设置"公允价值变动损益"等账户进行相应核算。

(1)取得投资性房地产

企业取得投资性房地产,采用公允价值模式计量的,应当按取得时的成本进行初始计量,取得时的成本与采用成本模式计量的投资性房地产一致。应当按照取得时的实际成本,借记"投资性房地产——成本"账户,贷记"银行存款""在建工程""开发产品"等账户。

【例 4.60】　白云公司计划购入一栋写字楼用于对外出租,2018 年 5 月 1 日,白云公司与南林公司签订了经营租赁合同,约定自购买日起就将写字楼出租给南林公司,期限为 5 年。5 月 28 日,白云公司实际购入写字楼,支付买价 5 000 万元。假设白云公司拥有的投资性房地产符合公允价值计量模式的条件,采用公允价值模式进行后续计量,白云公司账务处理如下。

借:投资性房地产——写字楼——成本　　　　　　　　　　50 000 000
　　贷:银行存款　　　　　　　　　　　　　　　　　　　　　50 000 000

(2)投资性房地产的后续计量

投资性房地产采用公允价值模式进行后续计量的,不计提折旧或摊销,也不需要计提减值准备。企业应当以资产负债表日的公允价值为基础,调整其账面价值。资产负债表日,投资性房地产的公允价值高于其账面价值的差额,借记"投资性房地产——公允价值变动"账户,贷记"公允价值变动损益"账户,公允价值低于其账面价值的,作相反的账务处理。取得的租金收入,借记"银行存款"等账户,贷记"其他业务收入"等账户。

【例 4.61】　2017 年 2 月 20 日,白云公司与晨曦公司签订租赁协议,约定将白云公司自行建造的一栋精装修的写字楼于完工的同时开始租赁给晨曦公司使用,租赁期为 15 年。2017 年 7 月 1 日,该写字楼完工并开始起租,写字楼的造价为 2 500 万元,公允价值也为相同金额。该写字楼所在区域有活跃的房地产交易市场,而且能够从房地产交易市场上取得同类房地产的市场报价,白云公司采用公允价值模式对该项出租的房地产进行后续计量。2017 年 12 月 31 日,该写字楼的公允价值为 2 700 万元。白云公司账务处理如下。

①2017 年 7 月 1 日,白云公司开发完成写字楼并开始出租时。

借:投资性房地产——写字楼——成本　　　　　　　　　　25 000 000
　　贷:在建工程　　　　　　　　　　　　　　　　　　　　　25 000 000

②2017 年 12 月 31 日,按照公允价值调整其账面价值时。

借:投资性房地产——写字楼——公允价值变动　　　　　　2 000 000
　　贷:公允价值变动损益——投资性房地产　　　　　　　　　2 000 000

（3）投资性房地产的后续支出

①资本化后续支出。

与投资性房地产有关的后续支出，满足投资性房地产确认条件的，应当计入投资性房地产成本。采用公允价值模式计量的，投资性房地产进入改扩建或装修阶段，借记"投资性房地产——在建"账户，贷记"投资性房地产——成本""投资性房地产——公允价值变动"等账户。改扩建或装修完成后，借记"投资性房地产——成本"账户，贷记"投资性房地产——在建"账户。

【例4.62】　白云公司与晨曦公司的一项办公楼经营租赁合同即将到期，为了提高办公楼的租金收入，白云公司决定在租赁期满后对该办公楼进行大型装修，并与南阳公司签订了经营租赁合同，约定自装修完工时将该办公楼出租给南阳公司。2017年6月30日，与晨曦公司的租赁合同到期，该办公楼随即进入改扩建工程。2017年6月30日，该办公楼账面余额为3 000万元，其中成本2 500万元，累计公允价值变动500万元。2018年4月25日，该办公楼装修工程完工，共发生支出600万元，装修款已支付，即日按照租赁合同出租给南阳公司。假定白云公司采用公允价值计量模式。白云公司账务处理如下。

①2017年6月30日，投资性房地产转入改扩建工程时。

借：投资性房地产——办公楼——在建　　　　　　　　　　30 000 000
　　贷：投资性房地产——办公楼——成本　　　　　　　　　　25 000 000
　　　　　　　　　——办公楼——公允价值变动　　　　　　　5 000 000

②发生改建支出时。

借：投资性房地产——办公楼——在建　　　　　　　　　　6 000 000
　　贷：银行存款　　　　　　　　　　　　　　　　　　　　6 000 000

③2018年4月25日，改扩建工程完工时。

借：投资性房地产——办公楼——成本　　　　　　　　　　36 000 000
　　贷：投资性房地产——办公楼——在建　　　　　　　　　36 000 000

②费用化后续支出。

与投资性房地产有关的后续支出，不满足投资性房地产确认条件的，应当在发生时计入当期损益（其他业务成本）。

（4）投资性房地产的转换

①非房地产企业。

a.投资性房地产转换为自用房地产。企业将采用公允价值模式计量的投资性房地产转换为自用房地产时，应当以其转换当日的公允价值作为自用房地产的账面价值，公允价值与原账面价值的差额计入当期损益。

转换日，按该项投资性房地产的公允价值，借记"固定资产"或"无形资产"账户，按该项投资性房地产的成本，贷记"投资性房地产——成本"账户，按该项投资性房地产的累计公允价值变动，贷记或借记"投资性房地产——公允价值变动"账户，按其差额，贷记或借记"公允价值变动损益"账户。

【例 4.63】 2013 年 2 月 1 日,白云公司收回租赁期满的一栋写字楼用于办公自用,当日的公允价值为 6 200 万元,该项房地产在转换前采用公允价值模式计量,原账面价值为 6 000 万元,其中,成本为 5 600 万元,公允价值变动 400 万元。白云公司账务处理如下。

借:固定资产——写字楼	62 000 000
贷:投资性房地产——写字楼——成本	56 000 000
——写字楼——公允价值变动	4 000 000
公允价值变动损益——投资性房地产	2 000 000

b. 自用房地产转换为投资性房地产。企业将自用土地使用权或建筑物转换为采用公允价值模式计量的投资性房地产时,应当按其转换日的公允价值,借记"投资性房地产——成本"账户,按已计提的累计摊销或累计折旧,借记"累计摊销"或"累计折旧"账户,原已计提减值准备的,借记"固定资产减值准备""无形资产减值准备"账户,按其账面余额,贷记"固定资产"或"无形资产"账户;同时,转换日的公允价值小于账面价值的,按其差额,借记"公允价值变动损益"账户,转换日的公允价值大于账面价值的,按其差额,贷记"其他综合收益"账户。

【例 4.64】 白云公司与南阳公司签订了租赁协议,将一栋办公楼整体出租给南阳公司,租赁开始日为 2012 年 7 月 1 日,租赁期为 6 年,当日该办公楼公允价值为 5 200 万元,原账面价值为 6 000 万元,已计提折旧 1 000 万元,白云公司采用公允价值模式对房地产进行后续计量。白云公司账务处理如下。

借:投资性房地产——办公楼——成本	52 000 000
累计折旧	10 000 000
贷:固定资产——办公楼	60 000 000
其他综合收益	2 000 000

②房地产企业。

a. 投资性房地产转换为存货。房地产企业将采用公允价值模式计量的投资性房地产转换为存货时,应当以其转换当日的公允价值作为存货的账面价值,公允价值与原账面价值的差额计入当期损益。

转换日,按该项投资性房地产的公允价值,借记"开发产品"等账户,按该项投资性房地产的成本,贷记"投资性房地产——成本"账户;按该项投资性房地产的累计公允价值变动,借记或贷记"投资性房地产——公允价值变动"账户;按其差额,贷记或借记"公允价值变动损益"账户。

b. 作为存货的房地产转换为投资性房地产。房地产企业将作为存货的房地产转换为采用公允价值模式计量的投资性房地产时,应当按该项房地产在转换日的公允价值,借记"投资性房地产——成本"账户,原已计提跌价准备的,借记"存货跌价准备"账户,按其账面余额,贷记"开发产品"等账户;同时,转换日的公允价值小于账面价值的,按其差额,借记"公允价值变动损益"账户,转换日的公允价值大于账面价值的,按其差额,贷记"其他综合收益"账户。

(5)投资性房地产的处置

处置采用公允价值模式计量的投资性房地产,应当按实际收到的金额,借记"银行存款"等账户,贷记"其他业务收入"账户;按该项投资性房地产的账面余额,借记"其他业务成本"账户,按其成本,贷记"投资性房地产——成本"账户,按其累计公允价值变动,贷记或借记"投资性房地产——公允价值变动"账户。同时,结转投资性房地产累计公允价值变动。若存在原转换日计入资本公积的金额,也一并结转。

【例4.65】 承[例4.64],租赁期届满后,白云公司将该栋写字楼出售给南阳公司,合同价款为6 500万元,款项已用银行存款支付。出售时,该栋写字楼的成本为4 600万元,公允价值变动为借方1 000万元,假设不考虑税费等因素。白云公司账务处理如下。

①收到处置收入时。

借:银行存款 65 000 000
　　贷:其他业务收入 65 000 000

②结转处置成本时。

借:其他业务成本 56 000 000
　　贷:投资性房地产——写字楼——成本 46 000 000
　　　　　　　　　　——写字楼——公允价值变动 10 000 000
借:公允价值变动损益 10 000 000
　　其他综合收益 2 000 000
　　贷:其他业务成本 12 000 000

【任务实施】

根据本项目"任务导入"里的任务资料和任务目标,具体任务实施过程如下。

(1)该写字楼每层均能够单独计量和出售。白云公司将一层对外出租,其余楼层作为本企业的办公场所,应根据不同用途,分别将该写字楼1层确认为投资性房地产,2—20层确认为固定资产。

(2)企业购入房地产,自用一段时间之后再改为出租或用于资本增值的,应当先将外购的房地产确认为固定资产或无形资产,自租赁期开始日或用于资本增值之日起,再从固定资产或无形资产转换为投资性房地产。所以,该写字楼虽然购入的时间是2017年9月20日,但由于在购入当日写字楼一楼并未对外出租。因而2017年9月20日应先将整栋写字楼全部确认为固定资产,2018年10月1日对外出租时,再将写字楼一层从固定资产转换为投资性房地产。

（3）假设采用成本计量模式，2018 年 10 月 1 日白云公司的账务处理如下。

借：投资性房地产　　　　　　　　　　　　　　　　　　54 000 000

　　累计折旧　　　　　　　　　　　　　　　　　　　　　2 700 000

　　贷：固定资产　　　　　　　　　　　　　　　　　　　　　54 000 000

　　　　投资性房地产累计折旧　　　　　　　　　　　　　　　2 700 000

假设采用公允价值计量模式，2018 年 10 月 1 日白云公司的账务处理如下。

借：投资性房地产——成本　　　　　　　　　　　　　　53 000 000

　　累计折旧　　　　　　　　　　　　　　　　　　　　　2 700 000

　　贷：固定资产　　　　　　　　　　　　　　　　　　　　　54 000 000

　　　　其他综合收益　　　　　　　　　　　　　　　　　　　1 700 000

项目5 财务成果岗位会计

【项目指引】 认知财务成果岗位会计

一、财务成果岗位会计职责

财务成果是企业一定生产期间经营活动的最终成果,是企业一定会计期间所实现的各项收入(收益)与相关费用(支出等)的差额,是企业在一定时期内从事全部生产、经营活动所取得的利润或发生的亏损。它综合反映企业生产、经营活动情况,是考核企业经营管理水平的一个综合指标。

财务成果岗位的会计职责主要包括以下六个方面。

①负责编制收入、利润计划。

②办理销售款项结算业务。

③审核各项费用、支出,按国家和公司成本、费用开支范围和标准的要求进行会计核算。

④计算企业的各项成本与费用,并编制相关的成本、费用报表。

⑤负责收入、利润和利润分配的明细核算。

⑥编制收入和利润报表。

二、财务成果岗位会计核算内容

财务成果岗位会计核算的内容主要包括:正确计算销售收入、提供劳务收入和其他收入,完成收入、成本、费用的相关账务处理;结转收入、成本与费用,严格审查营业外收入、营业外支出,正确核算利润;按规定计算利润和利润分配,计算应缴所得税,并完成相关业务的账务处理。

三、财务成果岗位内部控制

通常,财务成果岗位的内部控制主要包括以下五个方面。

（一）适当的职责分离

适当的职责分离是内部控制的基础。如企业应将办理销售、发货和收款三项业务的部门（岗位）分别设立；企业在合同订立前，应指定专人对销售价格、信用政策、发货及收款方式等具体事项与客户谈判，谈判人员至少两人以上，并与订立合同的人员相分离；销售货物的人员与收款的人员相分离；企业应收票据的取得和贴现必须经由保管票据以外的主管人员的书面审批等。这样做的目的是确保销售业务的不相容职务相互分离、相互制约和相互监督。

（二）恰当的授权审批

恰当的授权审批主要关注以下四个方面：一是在销售发生之前，赊销已经恰当审批；二是非经正当审批不得发货；三是销售价格、运费、折扣等必须经过审批；四是审批人应当根据销售授权批准制度的规定，在授权范围内进行审批，不得超越审批权限。对于超过企业既定销售政策与信用政策规定范围的特殊销售交易，应当进行集体决策。

（三）凭证和记录的控制

充分的凭证和记录是实现内部控制目标的基础，只有在具备充分的记录的前提下，才能实现一系列的控制目标。其主要包括两方面：一是设置充分的凭证和记录，经济业务的具体处理都是通过有关凭证和记录实现的，如销售订单、销售发票、出库单等；二是要对所设置的凭证预先编号，防止重复记账或漏记账目等。

（四）按月寄出对账单

由不涉及现金、销售及应收账款记账的人员按月向客户寄发对账单，能促使客户在发现应付账款余额不正确后及时反馈有关信息。为了使该项控制有效，最好将账户余额中出现的所有核对不符的账项，指定一位既不掌管货币资金也不记录收入和应收账款的主管部门人员处理，然后由独立人员按月编制对账情况交管理层审阅。

（五）内部检查程序

在上述一系列内部控制的基础上，企业还应设置内部审计人员或其他独立人员来核查销售业务的处理和记录，这也是一项不可缺少的控制措施。

任务 1　收入核算

【学习目标】

知识目标：了解收入的内容，掌握商品销售收入、提供劳务收入、让渡资产使用权的使用费收入的确认及核算，掌握费用、利润的确认及核算。

技能目标:能正确填制与收入业务相关的各种原始凭证,并据以编制记账凭证;能准确判断企业收入性质和类别,会按照规范流程和方法、根据业务资料完成收入的核算。

【任务导入】

任务原始资料:白云有限责任公司 2019 年 9 月发生与收入相关的业务如下。

1 日,根据合同向同林公司销售 A 产品 200 件,单位售价 80 元;销售 B 产品 150 件,单位售价 200 元,增值税税率为 13%;同时以现金代垫运费 300 元,当日开出委托收款凭证,委托银行收款。

5 日,根据合同销售给长江公司 A 产品 300 件,单位售价 80 元;B 产品 500 件,单位售价 200 元,增值税税率为 13%;公司收到转账支票一张,款项已存入银行。

8 日,根据合同销售给富达公司 B 产品 350 件,单位售价 200 元,增值税税率为 13%;公司收到商业承兑汇票一张。

16 日,销售给正和公司 A 产品一批,数量 800 件,单位售价 80 元,增值税税率 13%。公司为了及时回笼资金,提供的现金折扣条件为"2/10,1/20,n/30"。按照购销双方的协议,假定计算现金折扣时不考虑增值税。

24 日,向江南公司出租一台机器设备。协议规定出租期为 2 年,每年年末收取租金 100 000 元。收到押金 50 000 元,存入银行。

25 日,公司委托富林公司代销一批 A 产品,数量是 1 000 件,单位售价 100 元。代销商品的协议规定,公司按代销商品款的 10% 支付代销手续费。该批代销商品已发出,商品的生产成本为 60 000 元。

任务目标:

(1)根据原始凭证,分析判断是否确认收入。

(2)编制白云有限责任公司 2017 年 9 月有关销售收入业务的记账凭证。

【知识链接】

5.1.1　收入的概念及分类

1)收入的概念及特征

收入是指企业在日常活动中形成的会导致所有者权益增加的、与所有者投入资本无关的经济利益的总流入。收入具有以下特点:

①收入是企业在日常活动中形成的经济利益的总流入。日常活动,是指企业为完成其经营目标所从事的经常性活动以及与之相关的活动。非日常活动所形成的经济利益的流入不能确认为收入,应计入利得。

②收入最终会导致企业所有者权益的增加。收入为企业带来的经济利益的形式多种多

样,可能是企业资产的增加,也可能是企业负债的减少,还可能是两者的结合,根据会计等式,收入最后一定能增加企业的所有者权益。但并不是所有者权益的增加都是由收入形成的。

③收入与所有者投入资本无关。由投资者投入资本而形成的经济利益的流入不构成收入。投资者投入资本主要是为谋求享有企业资产的剩余权益,应确认为企业所有者权益的组成部分。

2)收入的分类

(1)按照收入的来源不同分类

①销售商品收入。销售商品收入是指企业通过销售商品实现的收入。这里的商品包括企业为销售而生产的产品和为转售而购进的商品。企业销售的其他存货如原材料、包装物等也视同商品。

②提供劳务收入。提供劳务收入是指企业通过提供劳务实现的收入。比如,企业通过提供旅游、运输、咨询、代理、培训、产品安装等劳务所实现的收入。

③让渡资产使用权收入。让渡资产使用权收入是指企业通过让渡资产使用权实现的收入。让渡资产使用权收入包括利息收入和使用费收入。

(2)按照企业经营业务的主次不同分类

①主营业务收入。主营业务收入是指企业为完成其经营目标所从事的经常性活动实现的收入。主营业务收入属于企业日常活动中主要交易实现的收入,一般占企业总收入的比重较大,对企业的经济效益产生较大影响。

②其他业务收入。其他业务收入是指企业为完成其经营目标所从事的与经常性活动相关的活动实现的收入。其他业务收入属于企业日常活动中次要交易实现的收入,一般占企业总收入的比重较小。

5.1.2　收入业务工作流程与岗位

收入岗位的会计人员负责审核销售发票、出库单等有关凭证,确认收入,正确计算收入和税金,根据审核后的原始凭证编制记账凭证,登记明细账。业务流程如图 5-1 所示。

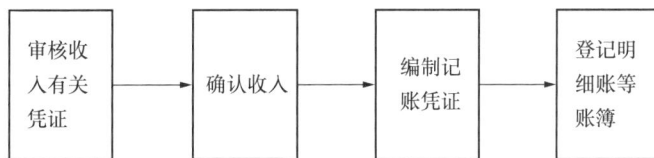

图 5-1　收入业务工作流程图

5.1.3 收入的核算

1）销售商品收入的核算

（1）销售商品收入的确认

在实际的经济生活中，企业销售商品可能存在不同销售条件、多种销售形式，这就需要会计人员首先确认商品销售是否实现，然后才进行相应的账务处理。销售商品收入必须同时满足下列条件，才能予以确认。

①企业已将商品所有权上的主要风险和报酬转移给购货方。

企业已将商品所有权上的主要风险和报酬转移给购货方，是指与商品所有权有关的主要风险和报酬同时转移。与商品所有权有关的风险，是指商品可能发生减值或损毁等形成的损失；与商品所有权有关的报酬，是指商品价值增值或通过使用商品等形成的经济利益。判断企业是否已将商品所有权上的主要风险和报酬转移给购货方，应当关注交易的实质而不是形式，并结合所有权凭证的转移或实物的交付进行判断。

通常情况下，转移商品所有权凭证并交付实物后，商品所有权上的所有风险和报酬也随之转移，比如大多数商品的零售。

某些情况下，虽然转移了商品所有权凭证但未交付实物，则商品所有权上的主要风险和报酬随之转移，而企业只保留商品所有权上的次要风险和报酬，比如交款提货方式销售商品。

某些情况下，虽然已交付实物或已转移商品所有权凭证，但商品所有权上的主要风险和报酬并未随之转移，比如采用支付手续费方式委托代销商品。

需要注意的是，发票已开、实物已交付并不能意味着主要风险和报酬已经转移。

②企业既没有保留通常与所有权相联系的继续管理权，也没有对已售出的商品实施有效控制。

通常情况下，企业售出商品后不再保留与商品所有权相联系的继续管理权，也不再对售出商品实施有效控制，则商品所有权上的主要报酬和风险已转移给购买方，销售企业应确认收入。如果企业在商品销售后仍保留与所有权相联系的继续管理权，或仍能够继续对其实施有效控制，说明此项商品所有权上的报酬和风险并未转移给购买方，则不能确认收入。比如售后回购业务。

但企业对售出商品保留与商品的所有权无关的管理权，不受此条件的限制。如某房地产企业售出楼房后，保留了房产的物业权，而物业权与房产所有权无关，则房地产企业售出楼房后应确认收入。

③相关的经济利益很可能流入企业。

经济利益很可能流入企业是指销售商品价款收回的可能性大于不能收回的可能性，即销售商品价款收回的可能性超过50%。企业在确定销售商品价款收回的可能性时，应当结合以前和买方业务往来直接经验、政府有关政策、其他方面取得信息等因素进行综合判断。

如果企业在销售商品时,估计价款收回的可能性不大,即使其他条件都满足也不能确认为收入。

④收入的金额能够可靠地计量。

收入的金额能够可靠地计量,是指收入的金额能够合理地估计。企业在销售商品时,商品销售价格和数量通常已经确定,金额也就能够可靠计量。但是,由于销售商品过程中某些不确定因素的影响,商品销售价格也有可能发生变动。在这种情况下,新的销售价格未确定前通常不应确认销售商品收入。比如附有销售退回条件的商品销售,如果企业不能合理地估计退货的可能性,就不可能合理估计收入的金额,就不能确认为收入。

⑤相关的已发生或将发生的成本能够可靠地计量。

相关的已发生或将发生的成本能够可靠地计量,是指与销售商品有关的已发生或将发生的成本能够合理地估计。通常情况下,与销售商品相关的已经发生或将要发生的成本一般都能够合理地估计,如库存商品的成本、商品运输费用等。但有时,销售商品相关的已发生或将发生的成本不能够合理地估计,此时企业不应确认收入,若企业已收到部分或全部价款,应将已收到的价款确认为负债。

(2)账户设置

为了核算销售商品收入,企业应设置"主营业务收入"账户。该账户属损益类,贷方登记收入的增加,借方登记收入的减少或结转的收入,期末无余额。该账户可按主营业务的项目设置明细账户进行明细核算。

企业在日常活动中还可能发生对外销售原材料、随同产品对外销售单独计价的包装物等业务,企业应设置"其他业务收入"账户。该账户属损益类,贷方登记其他业务收入的增加,借方登记其他业务收入的减少或结转的其他业务收入,期末无余额。该账户可按其他业务项目设置明细账户进行明细核算。

(3)典型业务核算

①一般商品销售业务的核算。

一般商品销售是企业自己直接销售,且销售时没有折扣、折让及销售退回等条件的销售。企业在进行销售商品的会计处理时,首先考虑是否符合收入确认的条件,在符合以上5个条件的前提下,应及时确认收入并结转销售成本。

通常情况下,销售时采用交款提货方式结算的,销货方将发票、提货单交给购货方时确认收入。采用委托收款和托收承付结算方式,在托收手续办妥时确认收入。

【例5.1】 融通公司向本地一家批发公司销售产品一批,增值税专用发票上注明商品价款为200 000元,增值税税额为26 000元,收到该批发公司交来转账支票一张,当日向银行办妥进账手续。该批产品生产成本为160 000元,该业务符合销售收入确认条件,根据有关原始凭证,编制如下会计分录。

借:银行存款   226 000

  贷:主营业务收入   200 000

    应交税费——应交增值税(销项税额)   26 000

借:主营业务成本   160 000

  贷:库存商品   160 000

【例5.2】 融通公司采用托收承付方式向A企业销售乙产品一批,成本为90 000元,增值税专用发票上注明售价为150 000元,增值税款为19 500元,该批产品已经发出,并向银行办妥托收手续。根据有关原始凭证,编制如下会计分录。

借:应收账款——A企业   169 500

  贷:主营业务收入   150 000

    应交税费——应交增值税(销项税额)   19 500

借:主营业务成本   90 000

  贷:库存商品   90 000

②预收款销售商品的核算。

预收款销售商品,是指购买方在商品尚未收到前按合同或协议约定分期付款,销售方在收到最后一笔款项时才交货的销售方式。在预收到货款时,商品尚未转移给购买方,商品所有权上的主要风险和报酬也未转移,因此,企业不能确认收入,只能将预收的款项确认为负债。企业通常在发出商品时确认收入。

【例5.3】 融通公司与乙公司签订协议,采用预收款方式向乙公司销售一批商品。该批商品实际成本为80 000元。协议约定,该批商品销售价格为100 000元,增值税税额为13 000元;乙公司应在协议签订时预付60%的货款(按销售价格计算),剩余货款于3个月后支付。融通公司会计处理如下。

收到60%货款时。

借:银行存款   60 000

  贷:预收账款——乙公司   60 000

发出商品时。

借:预收账款——乙公司   113 000

  贷:主营业务收入   100 000

    应交税费——应交增值税(销项税额)   13 000

借:主营业务成本   80 000

  贷:库存商品   80 000

收到剩余货款时。

借:银行存款   53 000

  贷:预收账款——乙公司   53 000

③已经发出但不符合销售商品收入确认条件的商品的核算。

如果企业售出商品不符合销售商品收入确认的五项条件中的任何一项,均不应确认收入。为了单独反映已经发出但尚未确认销售收入的商品成本,企业应增设"发出商品"等账户。"发出商品"账户核算一般销售方式下,已经发出但尚未确认销售收入的商品成本。待售出商品符合销售商品收入确认的全部条件后,再确认收入。

这里应注意,尽管发出的商品不符合收入确认条件,但如果销售该商品的纳税义务已经发生,比如已经开出增值税专用发票,则应确认应交的增值税销项税额。借记"应收账款"等账户,贷记"应交税费——应交增值税(销项税额)"账户。如果纳税义务没有发生,则不需进行上述处理。

【例 5.4】　融通公司采用委托收款结算方式向 B 公司销售一批商品,开出的增值税专用发票上注明售价为 90 000 元,增值税税额为 11 700 元;该批商品成本为 60 000 元。甲公司在销售该批商品时已得知 B 公司资金流转发生暂时困难,但为了减少存货积压,同时也为了维持与 B 公司长期以来建立的商业关系,甲公司仍将商品发出,并办妥手续。假定融通公司销售该批商品的纳税义务已经发生。由于 B 公司现金流转存在暂时困难,融通公司不是很可能收回销售货款。融通公司会计分录如下。

发出商品时。

借:发出商品　　　　　　　　　　　　　　　　　　　　　　　　60 000
　　贷:库存商品　　　　　　　　　　　　　　　　　　　　　　　　60 000

同时,因融通公司销售该批商品的纳税义务已经发生,应确认应交的增值税销项税额。

借:应收账款——B 公司　　　　　　　　　　　　　　　　　　　11 700
　　贷:应交税费——应交增值税(销项税额)　　　　　　　　　　　11 700

注:如果销售该批商品的纳税义务尚未发生,则不作此分录,待纳税义务发生时再作应交增值税的分录。

假定 6 个月后,融通公司得知 B 公司经营情况逐渐好转,承诺近期付款,融通公司应在 B 公司承诺付款时确认收入,会计分录如下。

借:应收账款——B 公司　　　　　　　　　　　　　　　　　　　90 000
　　贷:主营业务收入　　　　　　　　　　　　　　　　　　　　　90 000

同时结转成本。

借:主营业务成本　　　　　　　　　　　　　　　　　　　　　　60 000
　　贷:发出商品　　　　　　　　　　　　　　　　　　　　　　　60 000

收到 B 公司支付的货款,应作如下会计分录。

借:银行存款　　　　　　　　　　　　　　　　　　　　　　　101 700
　　贷:应收账款——B 公司　　　　　　　　　　　　　　　　　101 700

④销售商品时存在商业折扣、现金折扣和销售折让的核算。

在确定销售商品收入的金额时,应注意区分商业折扣、现金折扣及销售折让的不同情况,进行相应处理。

a. 商业折扣。商业折扣是指企业为促进商品销售而直接在商品标价上给予的价格扣除。商业折扣在销售时即已确定,不会对应收账款和营业收入产生任何影响,应当按照扣除商业折扣后的金额确定销售商品收入的金额。

b. 现金折扣。现金折扣是指债权人为鼓励债务人在规定的期限内付款而向债务人提供的债务扣除。现金折扣发生在企业销售商品之后,企业销售商品后现金折扣是否发生以及发生多少要视买方的付款情况而定。我国会计采用总价法核算现金折扣。

c.销售折让。销售折让是指企业因售出商品的质量不合格或其他原因,经与购货单位协商后在售价上给予的减让。已确认销售收入的售出商品发生销售折让,且不属于资产负债表日后事项的,应在发生时冲减当期销售商品收入,如按规定允许扣减增值税额的,还应冲减已确认的应交增值税销项税额。

【例5.5】 融通公司销售一批商品给乙公司,开出的增值税专用发票上注明的售价为70 000元,增值税税额为9 100元。该批商品的成本为50 000元。货到后乙公司发现商品质量不合格,要求在价格上给予4%的折让。乙公司提出的销售折让要求符合原合同的约定,融通公司同意并办妥了相关手续,且开具增值税专用发票(红字发票)。假定此前融通公司已确认该批商品的销售收入,销售款项尚未收到,发生的销售折让允许扣减当期增值税销项税额。融通公司会计处理如下。

①销售实现时。

借:应收账款——乙公司	79 100
贷:主营业务收入	70 000
应交税费——应交增值税(销项税额)	9 100
借:主营业务成本	50 000
贷:库存商品	50 000

②发生销售折让时。

借:主营业务收入	2 800
应交税费——应交增值税(销项税额)	364
贷:应收账款——乙公司	3 164

③实际收到款项时。

借:银行存款	75 936
贷:应收账款——乙公司	75 936

⑤销货退回的核算。

销货退回是企业销售出去的商品由于质量、品种不符合要求等原因而发生的退货。企业应分不同情况对销货退回进行会计处理。

a.退回已售商品如没有确认销售收入,只需冲减"发出商品"账户,同时增加"库存商品"账户。

b.对于已确认销售收入的售出商品的销售退回,不属于资产负债表日后事项的,则应当在发生时,冲减当期销售收入和销售成本。如该项销货退回已经发生现金折扣,则应同时调整财务费用,如按规定允许扣减增值税的应同时扣减已确认的增值税销项税额。

c.已确认收入的售出商品发生销售退回属于期后事项的,应当按照有关资产负债表日后事项的相关规定进行会计处理。

【例5.6】 融通公司在5月18日向乙公司销售一批商品,开出的增值税专用发票上注明的售价为50 000元,增值税税额为6 500元。该批商品成本为30 000元。为及早收回货款,融通公司和乙公司约定的现金折扣条件为:1/10,*n*/30。乙公司在5月27日支付货款。当年10月5日,该批商品因质量问题被乙公司退回,融通公司当日支付有关退货款。假定计算现金折扣时不考虑增值税。甲公司会计处理如下。

销售实现时。

借:应收账款——乙公司	56 500	
贷:主营业务收入		50 000
应交税费——应交增值税(销项税额)		6 500
借:主营业务成本	30 000	
贷:库存商品		30 000

收到货款时,发生现金折扣500(50 000×1%)元,实际收款56 000(56 500−500)元。

借:银行存款	56 000	
财务费用	500	
贷:应收账款——乙公司		56 500

发生销售退回时。

借:主营业务收入	50 000	
应交税费——应交增值税(销项税额)	6 500	
贷:银行存款		56 000
财务费用		500
借:库存商品	30 000	
贷:主营业务成本		30 000

⑥委托代销商品的核算。

一般来说,委托代销商品的代销方式有两种:一是视同买断方式;二是支付手续费方式。无论采用哪种代销方式,在会计核算时只有满足收入确认的条件时,才能确认收入。为了核算企业的委托代销业务,受托方应设置"受托代销商品""受托代销商品款"等账户进行委托代销商品的核算。

a.视同买断方式。视同买断是指由委托方和受托方签订协议,委托方按协议收取所代销的货款,实际售价可由受托方自行确定,实际售价和协议价之间的差额归受托方所有。

若在协议中规定,受托方在取得代销商品后,以什么价格出售、能否售出均与委托方无关,则双方之间的委托代销商品交易,与委托方直接将商品销售给受托方没有差异,委托方应在发出商品时确认收入。

若双方在协议中明确表明,将来受托方可以将未售出的商品退回给委托方,或受托方因代销商品出现亏损可以要求补偿,此时商品所有权上的风险和报酬并未转移给受托方,因此委托单位发出商品时不确认收入。只有在受托方将商品销售后,并向委托方开具代销清单,委托方收到代销清单时,才确认收入。

【例5.7】 融通公司委托A公司销售商品一批,数量1 000件,协议价格为每件240元,该商品的实际单位成本120元,增值税税率13%,商品已发出。协议约定,A公司取得代销商品后,可以将没有代销出去的商品退回融通公司。融通公司在收到 A 公司交来的代销清单时开具增值税专用发票,发票上注明:售价 120 000 元,增值税税额为 20 400 元。

委托方融通公司会计处理如下。

发出商品时。

借:发出商品	120 000
贷:库存商品	120 000

收到代销清单时。

借:应收账款——A 公司	135 600
贷:主营业务收入	120 000
应交税费——应交增值税(销项税额)	15 600
借:主营业务成本	60 000
贷:发出商品	60 000

收到 A 公司汇来的货款时。

借:银行存款	135 600
贷:应收账款——A 公司	135 600

受托方 A 公司的会计处理如下。

收到委托代销商品时。

借:受托代销商品	240 000
贷:受托代销商品款——融通公司	240 000

假定 A 公司按每件 300 元的价格对外售出 500 件商品时。

借:银行存款	169 500
贷:主营业务收入	150 000
应交税费——应交增值税(销项税额)	19 500
借:主营业务成本	120 000
贷:受托代销商品	120 000

收到委托方开具的增值税专用发票时。

借:受托代销商品款——融通公司	120 000
应交税费——应交增值税(进项税额)	15 600
贷:应付账款——融通公司	135 600

支付货款时。

借:应付账款——融通公司	135 600
贷:银行存款	135 600

b. 支付手续费方式。采用支付手续费代销方式,是指委托方和受托方签订合同或协议,委托方根据合同或协议约定向受托方支付代销手续费,受托方按照合同或协议约定的价格销售代销商品的方式。在这种方式下,委托方在发出商品时,商品所有权上的主要风险和报酬并未转移给受托方,委托方在发出商品时通常不应确认销售商品收入,而应在收到受托方

开出的代销清单时确认销售商品收入,同时将应支付的代销手续费计入销售费用;受托方应在代销商品销售后,按合同或协议约定的方法计算确定代销手续费,确认劳务收入。

【例5.8】 融通公司委托B公司销售商品800件,商品已经发出,每件成本为150元。合同约定B公司应按每件300元对外销售,融通公司按售价的10%向B公司支付手续费。B公司对外实际销售500件,开出的增值税专用发票上注明的销售价格为150 000元,增值税税额为19 500元,款项已经收到。融通公司收到B公司开具的代销清单时,向B公司开具一张相同金额的增值税专用发票。

委托方融通公司的会计处理如下。

发出商品时。

借:发出商品	120 000
贷:库存商品	120 000

收到代销清单时。

借:应收账款——B公司	169 500
贷:主营业务收入	150 000
应交税费——应交增值税(销项税额)	19 500
借:主营业务成本	75 000
贷:发出商品	75 000
借:销售费用	15 000
贷:应收账款——B公司	15 000

收到B公司支付的货款时。

借:银行存款	154 500
贷:应收账款——B公司	154 500

受托代销方B公司的会计处理如下。

收到商品时。

借:受托代销商品	120 000
贷:受托代销商品款——融通公司	120 000

对外销售时。

借:银行存款	169 500
贷:应付账款——融通公司	150 000
应交税费——应交增值税(销项税额)	19 500

收到增值税专用发票时。

借:应交税费——应交增值税(进项税额)	19 500
贷:应付账款——融通公司	19 500
借:受托代销商品款——融通公司	75 000
贷:受托代销商品	75 000

支付货款并计算代销手续费时。

借：应付账款——融通公司 175 500
　贷：银行存款 160 500
　　其他业务收入 15 000

⑦销售材料等存货的核算。

企业在日常活动中还可能发生对外销售原材料、包装物等业务。企业销售原材料、包装物等存货也视同商品销售，其收入确认和计量原则比照商品销售。企业销售原材料、包装物等存货实现的收入作为其他业务收入处理，结转的相关成本作为其他业务成本处理。

【例5.9】　融通公司销售一批原材料，开出的增值税专用发票上注明的售价为200 000元，增值税税额为26 000元，款项已由银行收妥。该批原材料的实际成本为180 000元。融通公司会计处理如下。

借：银行存款 226 000
　贷：其他业务收入 200 000
　　应交税费——应交增值税（销项税额） 26 000
借：其他业务成本 180 000
　贷：原材料 180 000

2）劳务收入的核算

企业提供劳务的种类很多，如运输、饮食、广告、咨询、培训、产品安装等。有的劳务一次就能完成，且一般为现金交易，如饮食、理发、照相等；有的劳务需要花费一段较长的时间才能完成，如安装、培训、远洋运输等。不同的劳务完成时间长短不同，在会计上收入的确认时间和方法也就不相同。

（1）在同一会计期间内开始并完成的劳务

对于一次就能完成的劳务，或在同一会计期间内开始并完成的劳务，企业应在劳务交易完成时确认收入和与收入相关的成本，确认的金额通常为从接受劳务方已收或应收的合同或协议价款，确认原则可参照销售商品收入的确认原则。

企业对外提供劳务过程中发生的支出，一般先通过"劳务成本"账户予以归集，待确认为费用时，再由"劳务成本"账户转入"主营业务成本"或"其他业务成本"账户。

【例5.10】　融通公司于5月10日接受一项设备安装任务，该安装任务可一次完成，公司于5月18日完成安装任务，开具的增值税专用发票上注明的价款为10 000元，增值税为900元，款项已存入银行。在安装中发生安装费6 000元。假定安装业务属于融通公司的主营业务。融通公司应在安装完成时作如下会计分录。

借：银行存款 10 900
　贷：主营业务收入 10 000
　　应交税费——应交增值税（销项税额） 900
借：主营业务成本 6 000
　贷：银行存款（应付职工薪酬等） 6 000

若上述安装任务需花费一段时间(不超过本会计期间)才能完成,假设分两次安装,每次支付 3 000 元,则应在每次提供劳务发生有关支出时。

借:劳务成本　　　　　　　　　　　　　　　　　　　　　　　　3 000
　　贷:银行存款(应付职工薪酬等)　　　　　　　　　　　　　　　　　　3 000

待安装完成确认所提供劳务的收入并结转该项劳务总成本时:

借:应收账款(或银行存款)　　　　　　　　　　　　　　　　　　10 900
　　贷:主营业务收入　　　　　　　　　　　　　　　　　　　　　　　10 000
　　　　应交税费——应交增值税(销项税额)　　　　　　　　　　　　　900
借:主营业务成本　　　　　　　　　　　　　　　　　　　　　　　6 000
　　贷:劳务成本　　　　　　　　　　　　　　　　　　　　　　　　　6 000

(2)劳务的开始和完成分属不同的会计期间

某些劳务从开始到完成分属于不同的会计期间,应分两种情况确认劳务收入。

①在资产负债表日,提供劳务交易结果能够可靠估计。

如劳务的开始和完成分属不同的会计期间,且在资产负债表日企业能对提供劳务交易的结果做出可靠估计的,应采用完工百分比法确认提供劳务收入。

同时满足以下条件的,就认为提供劳务交易的结果能够可靠估计。

a. 劳务收入的金额能够可靠地计量。

b. 与交易相关的经济利益很可能流入企业。

c. 交易的完工进度能够可靠地确定。

d. 交易中已发生和将发生的成本能够可靠地计量。

通常可以选用以下方法确定交易的完工进度:按已完工作或工程的测量、按已提供劳务占应提供劳务总量的比例、按已发生的成本占总成本比例。

本期应确认的劳务收入及费用的计算公式如下。

本期确认的收入=劳务收入总额×本期末止劳务的完工进度-以前期间累计已确认的收入

本期确认的成本=劳务预计总成本×本期末止劳务的完工进度-以前期间累计已确认的成本

【例5.11】　融通公司与乙公司签订合同,合同约定融通公司于 2017 年 10 月 1 日为乙公司开发一项软件,合同规定的开发期为 6 个月,合同总收入为 600 000 元,至 2017 年 12 月 31 日已发生成本 200 000 元,融通公司于 10 月 6 日收到预收款 318 000 元存入银行,开具增值税专用发票,发票上注明的价款为 300 000 元,增值税为 18 000 元。预计开发完成该项软件的总成本为 400 000 元。2017 年 12 月 31 日,经专业测量师测量,软件的完工进度为40%。假定合同总收入很可能收回,研制开发软件属于融通公司的主营业务。

收到预收款项时。

借:银行存款　　　　　　　　　　　　　　　　　　　　　　　　318 000
　　贷:预收账款　　　　　　　　　　　　　　　　　　　　　　　　300 000

应交税费——应交增值税(销项税额)	18 000

发生劳务支出时。

借:劳务成本   200 000

    贷:银行存款   200 000

2017 年 12 月 31 日确认该项劳务的本期收入和费用。

确认提供的劳务收入 600 000 元×40% = 240 000 元

结转提供的劳务成本 400 000 元×40% = 160 000 元

借:预收账款   240 000

    贷:主营业务收入   240 000

借:主营业务成本   160 000

    贷:劳务成本   160 000

②在资产负债表日,提供劳务交易结果不能可靠估计。

如劳务的开始和完成分属不同的会计期间,且企业在资产负债表日提供劳务交易结果不能可靠估计的,即不能同时满足上述 4 个条件的,不能采用完工百分比法确认提供劳务收入。企业在资产负债表日提供劳务交易结果不能可靠估计时,应当正确预计已经发生的劳务成本能否得到补偿,分别按下列情况处理。

a. 已经发生的劳务成本预计全部能够得到补偿的,应按已收或预计能够收回的金额确认提供劳务收入,并按相同金额结转劳务成本。

b. 已经发生的劳务成本预计得到部分补偿的,应按能得到补偿的劳务成本金额确认劳务收入,并按已经发生的劳务成本结转劳务成本。

c. 已经发生的劳务成本预计全部不能得到补偿的,应将已经发生的劳务成本计入当期损益(主营业务成本或其他业务成本),不能确认劳务收入。

【例5.12】 融通公司于2017年12月1日接受乙公司委托,为其提供咨询服务,有效期为5个月,从2017年12月1日至2018年4月30日。协议约定,乙公司向融通公司支付不含增值税的咨询费50 000元。第一次在2017年12月1日预付25 000元,第二次在咨询期结束时支付。2017年12月1日,乙公司预付第一次咨询费,融通公司开具的增值税发票上注明的培训费为25 000元,增值税为1 500元。至2017年12月31日,融通公司发生咨询成本6 000元(假定均为人员薪酬)。2018年1—4月各发生咨询成本6 000元。2018年2月20日融通公司得知乙公司经营发生困难,之后的咨询费能否收回难以确定。

融通公司会计处理如下。

2017 年 12 月 1 日收到乙公司预付的咨询费。

借:银行存款   26 500

    贷:预收账款   25 000

        应交税费——应交增值税(销项税额)   1 500

实际发生咨询成本 6 000 元。

借:劳务成本   6 000

贷:应付职工薪酬		6 000

2017 年 12 月 31 日确认提供劳务收入并结转劳务成本。

借:预收账款　　　　　　　　　　　　　　　　　　　　　　　　10 000

　　贷:主营业务收入　　　　　　　　　　　　　　　　　　　　　　10 000

借:主营业务成本　　　　　　　　　　　　　　　　　　　　　　　6 000

　　贷:劳务成本　　　　　　　　　　　　　　　　　　　　　　　　6 000

2018 年 1 月实际发生培训成本。

借:劳务成本　　　　　　　　　　　　　　　　　　　　　　　　　6 000

　　贷:应付职工薪酬　　　　　　　　　　　　　　　　　　　　　　6 000

2018 年 1 月 31 日。

借:预收账款　　　　　　　　　　　　　　　　　　　　　　　　10 000

　　贷:主营业务收入　　　　　　　　　　　　　　　　　　　　　　10 000

借:主营业务成本　　　　　　　　　　　　　　　　　　　　　　　6 000

　　贷:劳务成本　　　　　　　　　　　　　　　　　　　　　　　　6 000

2018 年 2 月发生劳务支出。

借:劳务成本　　　　　　　　　　　　　　　　　　　　　　　　　6 000

　　贷:应付职工薪酬　　　　　　　　　　　　　　　　　　　　　　6 000

2018 年 2 月 28 日。

借:预收账款　　　　　　　　　　　　　　　　　　　　　　　　5 000

　　贷:主营业务收入　　　　　　　　　　　　　　　　　　　　　　5 000

借:主营业务成本　　　　　　　　　　　　　　　　　　　　　　　6 000

　　贷:劳务成本　　　　　　　　　　　　　　　　　　　　　　　　6 000

3)让渡资产使用权收入的核算

让渡资产使用权收入是指出租、出借资产给他人使用而形成的经济利益的流入,主要包括利息收入和使用费收入。其中,利息收入主要是指金融企业对外贷款形成的利息收入,以及同业之间发生往来形成的利息收入等;使用费收入主要指让渡无形资产等资产使用权的使用费收入。出租固定资产取得的租金、进行债权投资收取的利息、进行股权投资取得的现金股利等,也构成让渡资产使用权收入,有关的会计处理参照相关的章节内容。

（1）让渡资产使用权收入的确认和计量

让渡资产使用权收入同时满足下列条件的,才能予以确认。

a. 相关的经济利益很可能流入企业。如果企业估计使用费收入金额收回的可能性不大,就不应确认收入。

b. 收入的金额能够可靠地计量。当让渡资产使用权的使用费收入金额能够可靠估计时,企业才能确认收入。

让渡资产使用权的使用费收入金额,应按照有关合同或协议约定的收费时间和方法计算确定。如果合同或协议规定一次性收取使用费,且不提供后续服务的,应当视同销售该项资产一次性确认收入;提供后续服务的,应在合同或协议规定的有效期内分期确认收入。如果合同或协议规定分期收取使用费的,应按合同或协议规定的收款时间和金额或规定的收费方法计算确定的金额分期确认收入。

（2）让渡资产使用权收入的会计处理

企业让渡资产使用权的使用费收入,一般通过"其他业务收入"账户核算;让渡资产所计提的摊销额等,一般通过"其他业务成本"账户核算。

【例5.13】 融通公司于2017年1月1日向丙公司转让某项专利权的使用权,转让合同约定转让期为10年,每年年末收取不含增值税的使用费400 000元。2017年该专利权计提的摊销额为240 000元,每月计提金额为20 000元。转让专利权的使用权适用的增值税税率为6%。融通公司会计处理如下。

2017年末收到款并开出增值税专用发票。

借:银行存款		424 000
贷:其他业务收入		400 000
应交税费——应交增值税（销项税额）		24 000

2017年每月计提专利权摊销额。

借:其他业务成本		20 000
贷:累计摊销		20 000

【任务实施】

根据本项目"任务导入"里的任务资料和任务目标,具体任务实施过程如下。

第一步,根据经济业务的原始凭证,分析判断是否确认收入。

第二步,由会计根据原始凭证编制记账凭证（以会计分录简化列示如下）。

第三步,根据会计凭证登记明细账等账簿。

9月1日,编制记账凭证。

借:应收账款——同林公司		52 280
贷:主营业务收入——A产品		16 000
——B产品		30 000
应交税费——应交增值税（销项税额）		5 980
库存现金		300

9月5日,编制记账凭证。

借:银行存款		140 120
贷:主营业务收入——A产品		24 000
——B产品		100 000
应交税费——应交增值税（销项税额）		16 120

9月8日,编制记账凭证。

借:应收票据——富达公司 79 100
　　贷:主营业务收入——B 产品 70 000
　　　应交税费——应交增值税(销项税额) 9 100

9 月 16 日,编制记账凭证。

借:应收账款——正和公司 72 320
　　贷:主营业务收入——A 产品 64 000
　　　应交税费——应交增值税(销项税额) 8 320

9 月 24 日,编制记账凭证。

借:银行存款 50 000
　　贷:其他应付款——江南公司 50 000

9 月 25 日,编制记账凭证。

借:发出商品——A 产品 60 000
　　贷:库存商品——A 产品 60 000

任务 2　费用核算

【学习目标】

知识目标:了解费用的构成,掌握费用的概念和核算的内容,掌握生产成本、期间费用的核算。

技能目标:能进行费用会计核算岗位的各项工作,能准确判断企业费用的性质,会按照规范流程和方法根据业务资料完成费用的账务处理。

【任务导入】

任务原始资料:白云有限责任公司,2019 年 9 月发生成本、费用的相关业务如下。

1 日,购买办公用品 1 000 元,以现金支付。

8 日,以现金支付咨询费 800 元。

15 日,以银行存款支付产品广告费 20 000 元。

19 日,以银行存款支付生产车间固定资产维修费 5 000 元。

26 日,将企业的产成品捐赠给福利院,该批产品的生产成本 15 000 元,产品公允价为 32 000 元,增值税税率 13%。

28 日,李玉出差归来报销差旅费,以现金支付差旅费 2 540 元。

29 日,支付本月短期借款利息费用 2 000 元。

30 日,计提本月折旧,其中,管理部门折旧 1 200 元,生产车间折旧 8 650 元,销售部门折旧 800 元。

30 日,计提无形资产摊销 2 600 元。

任务目标:

(1)编制白云有限责任公司 2019 年 9 月有关费用业务的记账凭证。

(2)建立并登记有关费用明细账等账簿。

【知识链接】

5.2.1　费用的概念和内容

1)费用的概念

费用是指企业在日常活动中发生的、会导致所有者权益减少的、与向所有者分配利润无关的经济利益的总流出。费用具有以下特点。

(1)费用是企业在日常活动中发生的经济利益的总流出

企业发生费用的目的主要是生产产品或提供劳务,即是在日常活动中发生的。工业企业制造并销售产品、商业企业购买并销售商品、咨询公司提供咨询服务、软件开发企业为客户开发软件等活动中发生的经济利益的总流出构成费用。

企业从事或发生的某些活动或事项也能导致经济利益流出企业,但不属于企业的日常活动。例如,企业因违约支付罚款、对外捐赠、因自然灾害等非正常原因造成财产毁损等,这些活动或事项形成的经济利益的流出属于企业的损失而不是费用。

(2)费用最终会导致企业所有者权益的减少

企业发生费用既可能表现为资产的减少,如减少银行存款、库存商品等;也可能表现为负债的增加,如增加应付职工薪酬、应交税费(应交增值税、消费税等)等。根据"资产-负债=所有者权益"的会计等式,费用的发生一定会导致企业所有者权益的减少。

(3)费用与向所有者分配利润无关

向所有者分配利润或股利虽然从表面上看也是企业资产的减少,但它们在会计核算上属于企业利润分配的内容,不构成企业的费用。

2)费用的主要内容

企业的费用按不同的标准,可分为不同的种类,但主要内容包括营业成本(主营业务成本和其他业务成本)、税金及附加和期间费用(销售费用、财务费用和管理费用)。

(1)营业成本

营业成本是指企业为生产产品、提供劳务等发生的可归属于产品成本、劳务成本等的费用,应当在确认销售收入、提供劳务收入时,将已销售商品、已提供劳务的成本计入当期损益。营业成本包括:

①主营业务成本。主营业务成本是指企业销售商品、提供劳务等经常性活动所发生的成本。从核算内容上看,制造业的主营业务成本为所销售产品完工时的制造成本,一般包括直接材料、直接人工和制造费用。

②其他业务成本。其他业务成本是指企业除主营业务活动以外的其他经营活动所发生的成本。其他业务成本包括销售材料的成本、出租固定资产折旧额、出租无形资产的摊销额、出租包装物的成本等。

（2）税金及附加

税金及附加是指企业经营活动应负担的相关税费,包括消费税、城市维护建设税、教育费附加和资源税、土地使用税、房产税、印花税等。

（3）期间费用

期间费用是指企业日常活动发生的、不能直接或间接计入特定成本核算对象,而应直接计入损益的各项费用。期间费用与特定的成本核算对象没有直接关系,因此不能计入成本,而是直接计入当期损益。期间费用包括管理费用、财务费用和销售费用。

①管理费用。管理费用是指企业为组织和管理企业生产经营所发生的各项费用,包括企业在筹建期间发生的开办费、董事会和行政管理部门在企业经营管理中发生的或应由企业统一负担的公司经费、工会经费、聘请中介机构费、咨询费、诉讼费、排污费、技术转让费、业务招待费、行政管理部门的折旧、企业生产车间和行政管理部门发生的固定资产修理费用等。

②财务费用。财务费用是指企业为筹集生产经营所需资金而发生的筹资费用,包括利息支出(减利息收入)、汇兑损益以及相关的手续费、企业发生的现金折扣或收到的现金折扣等。

③销售费用。销售费用是指企业在销售商品和材料、提供劳务过程中所发生的各项费用,包括企业在销售商品过程中发生的保险费、包装费、展览费和广告费、商品维修费、预计产品质量保证损失、运输费、装卸费以及为销售商品而专设销售机构的各项经费。

5.2.2 费用业务工作流程与岗位

会计人员审核发票、费用报销单、出库单等有关凭证,确认其应计入成本还是计入当期损益,根据业务交易单据编制记账凭证,登记明细账,业务流程如图5-2所示。

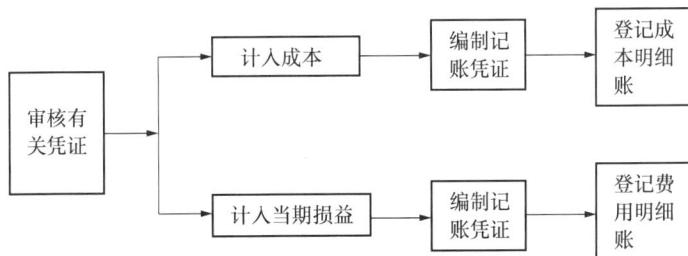

图5-2 费用业务工作流程图

5.2.3 费用的核算

1)账户设置

为了核算营业成本,企业应设置"主营业务成本""其他业务成本"账户,这两个账户均属于成本类,借方登记成本的增加额,贷方登记成本的减少额及期末结转的成本,期末结转成本后无余额。这两个账户可按业务的种类及项目设置明细账进行明细核算。

企业应设置"税金及附加"账户,该账户属于损益类,借方登记增加的各种税费,贷方登记税费的减少额及期末结转的费用,期末结转后无余额。该账户可按税收项目设置明细账进行明细核算。

为了核算期间费用,企业应设置"管理费用""财务费用""销售费用"等账户,它们属于损益类,借方登记费用的增加额,贷方登记费用的减少额及期末结转的费用,期末结转后无余额。可按发生的期间费用的具体项目设置明细账进行明细核算。

2)典型业务核算

(1)主营业务成本的核算

企业一般在确认主营业务收入时,或在月末将已销售商品、已提供劳务的成本结转到主营业务成本中。

【例5.14】 融通公司向万达公司销售电脑10台,每台不含税单价8 000元,每台成本6 000元,货款已收到。融通公司账务处理如下。

借:主营业务成本　　　　　　　　　　　　　　　　　　60 000
　贷:库存商品　　　　　　　　　　　　　　　　　　　　　　60 000

(2)其他业务成本的核算

企业发生其他业务成本,借记"其他业务成本"账户,贷记"原材料""周转材料""累计折旧"等账户。

【例5.15】 融通公司销售原材料一批,售价为30 000元,增值税为3 900元,款项已收到。该批材料的成本为26 000元。融通公司账务处理如下。

借:银行存款　　　　　　　　　　　　　　　　　　　　33 900
　贷:其他业务收入　　　　　　　　　　　　　　　　　　　　30 000
　　应交税费——应交增值税(销项税额)　　　　　　　　　　3 900
借:其他业务成本　　　　　　　　　　　　　　　　　　26 000
　贷:原材料　　　　　　　　　　　　　　　　　　　　　　26 000

(3)税金及附加的核算

企业按规定计算确定的与经营活动相关的税费,借记"税金及附加"账户,贷记"应交税费"账户。

【例5.16】 融通公司确认本月应交城市维护建设税700元,教育附加300元。融通公司账务处理如下。

借:税金及附加　　　　　　　　　　　　　　　　　1 000
　贷:应交税费——应交城市维护建设税　　　　　　　　700
　　　　　　——应交教育附加　　　　　　　　　　　300

（4）销售费用的核算

企业所发生的各项销售费用,借记"销售费用"账户,贷记"银行存款"等账户。

【例5.17】　融通公司销售部8月共发生费用100 000元,其中,销售人员薪酬80 000元,销售部专用办公设备折旧费20 000元。融通公司会计分录如下。

借:销售费用　　　　　　　　　　　　　　　　　100 000
　贷:应付职工薪酬　　　　　　　　　　　　　　　80 000
　　累计折旧　　　　　　　　　　　　　　　　　20 000

（5）管理费用的核算

企业发生的各项管理费用,借记"管理费用"账户,贷记"库存现金""银行存款"等账户。

【例5.18】　融通公司行政管理部门发生设备日常修理费用1 000元,以现金支付。融通公司会计分录如下。

借:管理费用　　　　　　　　　　　　　　　　　1 000
　贷:库存现金　　　　　　　　　　　　　　　　　1 000

（6）财务费用的核算

企业发生的各项财务费用,借记"财务费用"账户,贷记"银行存款"等账户。

【例5.19】　融通公司于2019年1月1日向银行借入生产经营用短期借款360 000元,期限6个月,年利率10%,该借款本金到期后一次归还,利息分月预提,按季支付。假定所有利息均不符合利息资本化条件。有关利息支出的会计处理如下。

2019年1月末预提当月应计利息。

借:财务费用　　　　　　　　　　　　　　　　　3 000
　贷:应付利息　　　　　　　　　　　　　　　　　3 000

2019年2月末预提当月应计利息会计处理与1月相同。

2019年3月末,支付第一季度银行借款利息。

借:财务费用　　　　　　　　　　　　　　　　　3 000
　应付利息　　　　　　　　　　　　　　　　　6 000
　贷:银行存款　　　　　　　　　　　　　　　　　9 000

【任务实施】

根据本项目"任务导入"里的任务资料和任务目标,具体任务实施过程如下。

根据经济业务的原始凭证,由会计编制记账凭证(以会计分录简化列示如下)。

1日,编制记账凭证。

借:管理费用——办公用品费　　　　　　　　　　　1 000

贷:库存现金		1 000

8 日,编制记账凭证。

借:管理费用——咨询费		800
贷:库存现金		800

15 日,编制记账凭证。

借:销售费用——广告费		20 000
贷:银行存款		20 000

19 日,编制记账凭证。

借:管理费用——修理费		5 000
贷:银行存款		5 000

26 日,编制记账凭证。

借:营业外支出——捐赠支出		19 160
贷:库存商品		15 000
应交税费——应交增值税(销项税额)		4 160

28 日,编制记账凭证。

借:管理费用——差旅费		2 540
贷:库存现金		2 540

29 日,编制记账凭证。

借:财务费用——利息费用		2 000
贷:银行存款		2 000

30 日,编制记账凭证。

借:制造费用——折旧费		8 650
管理费用——折旧费		1 200
销售费用——折旧费		800
贷:累计折旧		10 650

30 日,编制记账凭证。

借:管理费用——摊销费		2 600
贷:累计摊销		2 600

任务3　所得税费用核算

【学习目标】

　　知识目标:了解国家关于企业所得税的最新政策与法规,熟悉所得税的计算,掌握所得

224

税费用的会计核算。

技能目标：能正确计算所得税,能填制所得税纳税申报表,并据以编制记账凭证;能登记明细账。

【任务导入】

任务原始资料：白云有限责任公司 2019 年度利润总额为 20 000 000 元,公司适用的所得税税率为 25%,公司每月按会计利润计算应交所得税,并确定所得税费用,年底根据所得税汇算清缴再进行调整。公司预计会持续盈利,以后年度能够获得足够的应纳税所得额。公司 2019 年初递延所得税资产借方余额为 500 000 元,递延所得税负债贷方余额 120 000 元。与所得税核算相关的情况如下。

①2018 年 12 月增加一项固定资产,于 2019 年 1 月开始计提折旧,固定资产成本为 15 000 000 元,使用年限为 10 年,净残值为 0。会计按双倍余额递减法计提折旧,税收按直线法计提折旧。税法规定的使用年限及净残值与会计规定相同。

②2019 年取得国债利息收入 500 000 元。

③当期取得作为交易性金融资产核算的股票投资成本为 7 000 000 元,2019 年 12 月 31 日的公允价值为 5 000 000 元。

④当期取得作为可供出售金融资产核算的股票投资成本为 1 800 000 元,2019 年 12 月 31 日可供出售金融资产公允价值为 2 500 000 元。

⑤违反环保规定应支付罚款 1 000 000 元。

⑥本年实际支付商品售后服务费 200 000 元,冲减前期确认的相关预计负债,预计负债期初余额为 300 000 元;本年末又确认商品售后服务费 500 000 元,增加预计负债。

⑦期末对应收账款计提了 700 000 元的坏账准备。

任务目标：

(1)计算白云有限责任公司 2019 年的所得税。

(2)完成白云有限责任公司 2019 年的所得税费用的账务处理。

【知识链接】

5.3.1 所得税会计概述

我国所得税会计采用资产负债表债务法。资产负债表债务法,要求从资产负债表出发,通过比较资产负债表所列示的资产、负债,按照会计准则规定确定的账面价值与按照税法规定确定的计税基础,对于两者之间的差异,分别按应纳税暂时性差异与可抵扣暂时性差异确定资产负债表日递延所得税负债和递延所得税资产的应有金额,并与期初递延所得税资产和递延所得税负债相比,确定当期应予以进一步确认的递延所得税资产和递延所得税负债金额或应予转销的金额,并在此基础上确定每一会计期间利润表中的所得税费用。

所得税是企业的一项资产流出,属于企业的一项费用。在资产负债表债务法下,利润表中的所得税费用包括当期所得税费用和递延所得税费用两个部分。

5.3.2　计税基础

1)资产的计税基础

资产的计税基础是指企业收回资产账面价值的过程中,计算应纳税所得额时按照税法规定可以从应税经济利益中抵扣的金额,即该项资产在未来期间计税时,按税法规定允许作为成本或费用在税前扣除的金额。

通常情况下,资产在初始确认时,其计税基础一般等于取得成本,等于其账面价值,即企业为取得某项资产支付的成本在未来期间准予税前扣除。在资产持有过程中,其计税基础是指资产的取得成本减去以前期间按照税法规定已经税前扣除的金额后的余额。在资产持续持有期间进行后续计量过程中,因企业会计准则规定与税法规定不同,可能造成账面价值与计税基础的差异。如固定资产在某一资产负债表日的计税基础,是其取得成本扣除按照税法规定已在以前税前扣除的累计折旧额后的余额。

企业的固定资产、无形资产、交易性金融资产、应收账款、存货、投资性房地产等在持有期间,都可能因会计准则规定与税法规定不同,造成其账面价值与计税基础之间存在差异。

【例5.20】　融通公司于2018年12月20日取得固定资产,原价为800万元,使用年限10年,会计上采用双倍余额递减法计提折旧,净残值为零。税法规定该类固定资产采用年限平均法计提折旧,净残值为零。

2018年12月31日,账面价值=计税基础=800万元

企业进行会计处理时的折旧方法与税法的规定不同,在固定资产持有期间会产生账面价值与计税基础之间的差异。

2019年12月31日,

该固定资产账面价值=实际成本-会计累计折旧-固定资产减值准备

=800万元-160万元=640万元

该固定资产计税基础=实际成本-税法累计折旧

=800万元-80万元=720万元

2019年该项固定资产的账面价值与其计税基础之间产生暂时性差异80万元,此差异将在未来期间减少企业应纳税所得额。

【例5.21】　融通公司于2019年10月18日购入一项交易性金融资产,取得成本为120万元。2019年12月31日,该项交易性金融资产的公允价值为150万元。

2019年10月31日,账面价值=计税基础=120万元

税法规定以公允价值计量的金融资产在持有期间公允价值的变动不计入应纳税所得额,待处置时一并计入应纳税所得额的金额。

2019年12月31日,

　　该项交易性金融资产账面价值=150万元

　　该项交易性金融资产计税基础=120万元

　　2019年该项交易性金融资产的账面价值与其计税基础之间产生暂时性差异30万元,此差异将在未来期间增加企业的应纳税所得额。

2) 负债的计税基础

　　负债的计税基础是指负债的账面价值减去未来期间计算应纳税所得额时按照税法规定可予以抵扣的金额,可以表示为:

　　负债的计税基础=负债的账面价值-未来期间按照税法规定可予税前扣除的金额

　　通常情况下,负债的确认和偿还不会影响企业的损益,也不会影响其应纳税所得额,因此未来期间计算应纳税所得额时按税法规定可予以抵扣的金额为0,其计税基础等于账面价值,例如,短期借款、应付账款、应付票据等。但在某些情况下,负债的确认可能会影响损益,并影响不同期间的应纳税所得额,使其计税基础与账面价值之间产生差额。比如,企业因或有事项确认的预计负债、某些情况下的预收账款等。

　　【例5.22】　融通公司于2019年因销售商品承诺提供3年的保修服务,按企业会计准则的规定,企业对于提供售后服务将发生的支出在满足有关确认条件时,销售当期即应确认为费用,计入当期损益。融通公司于2019年确认的销售收入为1 000万元,同时确认了100万元的预计负债,当年度未发生任何保修支出,在2019年的利润表中确认了100万元的销售费用。按税法规定,与产品售后服务相关的费用在实际发生时准予税前扣除。

　　2019年12月31日,

　　该负债账面价值=100万元

　　该负债计税基础=账面价值-未来期间按照税法规定可予税前扣除的金额

$$=100万元-100万元=0万元$$

　　该负债的账面价值与其计税基础之间产生暂时性差异100万元,此差异将在未来期间减少企业的应纳税所得额。

　　【例5.23】　融通公司于2019年11月收到一笔预收账款,金额为80万元。公司将其作为预收账款处理,在资产负债表中确认为负债,不确认收入。税法中对于收入的确认原则一般来说与会计规定相同,即会计上未确认收入时,计税时一般也不计入应纳税所得额。

　　2019年12月31日,

　　该负债账面价值=80万元

　　该负债计税基础=80万元-0万元=80万元

　　当期的预收账款对未来期间计税不产生影响,该项负债的账面价值与其计税基础相同,不形成暂时性差异。

　　在某些情况下,预收账款因不符合会计准则规定的收入确认条件,会计未确认收入,但按税法的规定应计入当期应纳税所得额时,

　　该负债账面价值=80万元

该负债计税基础＝80万元–80万元＝0万元

该负债的账面价值与其计税基础之间产生暂时性差异80万元，此差异将在未来期间不再计入应纳税所得额，从而会减少企业未来期间的应纳税所得额。

【例5.24】 融通公司2019年12月计入成本费用的职工工资总额为1 000万元，至2019年12月31日尚未支付，按企业会计准则的规定作为应付职工薪酬核算，体现为资产负债表中的负债项目。按税法规定，对于合理的职工薪酬基本允许税前扣除，但税法中规定了税前扣除标准的，按会计准则规定计入成本费用支出的金额超过规定标准部分，应进行纳税调整，超过部分在发生当期不允许税前扣除，在以后期间也不允许税前扣除。

2019年12月31日，

该应付职工薪酬负债账面价值＝1 000万元

该应付职工薪酬负债计税基础＝1 000万元–0万元＝1 000万元

本期的应付职工薪酬对未来期间计税不产生影响，该项负债的账面价值与其计税基础相同，不形成暂时性差异。

【例5.25】 融通公司因未按税法规定缴纳税金，按规定需要在2019年缴纳滞纳金50万元，至2019年12月31日，该款项尚未支付，形成其他应付款50万元。税法规定，企业因违反国家法律、法规规定缴纳罚款、滞纳金不允许税前扣除。

2019年12月31日，

该负债账面价值＝50万元

该负债计税基础＝50万元–0万元＝50万元

关于罚款、滞纳金支出，会计与税收规定存在差异，但该项差异仅影响发生当期，对未来期间计税不产生影响，该项负债的账面价值与其计税基础相同，不形成暂时性差异。

5.3.3 暂时性差异

暂时性差异是指资产、负债的账面价值与其计税基础不同产生的差额，即：暂时性差异＝账面价值–计税基础。根据暂时性差异对未来期间应纳税所得额的影响，分为应纳税暂时性差异和可抵扣暂时性差异。

1）应纳税暂时性差异

应纳税暂时性差异，是指在确定未来收回资产或清偿负债期间的应纳税所得额时，将产生应税金额的暂时性差异。即在未来期间不考虑该事项影响的应纳税所得额的基础上，由于该差异的转回，会进一步增加转回期间的应纳税所得额和应交所得税金额，在其产生的当期应确认为相关递延所得税负债。通常以下两种情况会产生应纳税暂时性差异。

（1）资产的账面价值大于其计税基础

资产的账面价值代表的是企业在持续使用及最终出售该资产时将取得的经济利益的总额，而计税基础代表的是资产在未来期间可予税前扣除的总金额。资产账面价值大于计税基础表明该项资产未来期间产生的经济利益不能全部税前抵扣，其差额部分需要交税，产生应纳税暂时性差异。

（2）负债的账面价值小于其计税基础

负债的账面价值是企业预计未来期间清偿债务时的经济利益的流出，而其计税基础代表的是账面价值在扣除税法规定未来期间允许税前扣除的金额后的差额。两者之间产生的暂时性差异，实质上是税法规定该项负债在未来期间可以税前扣除的金额（即与该负债相关的费用支出在未来期间可以税前扣除的金额）。负债的账面价值小于其计税基础，意味着该项负债在未来期间可以税前抵扣的金额为负数，即在未来期间计算应纳税所得额时，会增加未来期间的应纳税所得额和应交所得税金额。

在［例5.21］中，该项交易性金融资产的取得成本为120万元，期末公允价值为150万元，期末账面价值为150万元，因为税法规定资产持有期间公允价值的变化不计入应纳税所得额，因此该金融资产的计税基础是120万元，其差额＝150万元－120万元＝30万元，在未来企业预期以150万元价格出售该金融资产时，出售价格与取得成本之差30万元将会增加未来的应纳税所得额。

2）可抵扣暂时性差异

可抵扣暂时性差异是指在确定未来收回资产或清偿负债期间的应纳税所得额时，将导致产生可抵扣金额的暂时性差异。即在未来期间计算应纳税所得额时，由于该差异的转回，会减少转回期间的应纳税所得额和应交所得税金额。通常以下两种情况会产生可抵扣暂时性差异。

（1）资产的账面价值小于其计税基础

资产的账面价值小于其计税基础，意味着资产在未来期间产生的经济利益少，按照税法规定允许税前扣除的金额多，两者之间的差额可以减少企业在未来期间的应纳税所得额并减少应交所得税，产生可抵扣暂时性差异。

（2）负债的账面价值大于其计税基础

负债的账面价值大于其计税基础，意味着未来期间按照税法规定与负债相关的全部或部分支出可以从未来应税经济利益中扣除，减少未来期间的应纳税所得额和应交所得税。

在［例5.22］中，融通公司因销售商品提供3年的保修承诺而在当期（2017年）确认了100万元的预计负债，计入了当期损益。按税法的规定，与该负债相关的费用，在实际发生时才准予税前扣除，其账面价值与计税基础之间的差异＝100万元－0万元＝100万元，在未来期间公司履行产品保修义务实际上发生100万元的支出时，税法规定允许税前扣除，即减少了未来期间的应纳税所得额和应交所得税。

3）特殊项目产生的暂时性差异

特殊项目产生的暂时性差异，具体有以下两种情况。

（1）未作为资产、负债确认的项目产生的暂时性差异

某些交易或事项发生以后，因不符合资产、负债的确认条件而未体现为资产负债表中的

资产或负债,但按税法规定能够确定其计税基础的,其账面价值与计税基础之间的差异也构成暂时性差异。

例如,企业发生的符合条件的广告费和业务宣传费支出,除另有规定之外,不超过当年销售额收入15%的部分准予扣除,超过部分准予在以后纳税年度中结转扣除。按照会计准则规定,该项支出在发生时按实际发生额计入当期损益,不形成资产,其资产的账面价值为0。但按税法规定可以确定其计税基础,因此两者之间产生可抵扣暂时性差异,在未来期间可减少企业的应纳税所得额。

(2)可抵扣亏损及税款抵减产生的暂时性差异

按税法规定,允许用以后年度的所得弥补的可抵扣亏损及可结转以后年度的税款抵减,虽不是因资产、负债的账面价值与计税基础不同产生的,但与可抵扣暂时性差异具有同样的作用,均能减少未来期间的应纳税所得额,进而减少未来期间的应交所得税,会计上可视同可抵扣暂时性差异。

5.3.4 递延所得税资产和递延所得税负债的确认和计量

企业在计算确定了应纳税暂时性差异与可抵扣暂时性差异后,应当按照会计准则的规定确认相关的递延所得税负债及递延所得税资产,最终确定所得税费用。

1)递延所得税负债的确认与计量

应纳税暂时性差异在未来转回期间将会增加未来期间的应纳税所得额和应交所得税,导致企业经济利益流出,从其发生当期看,构成应支付税金的义务,应作为负债确认。在资产负债表日,除会计准则明确规定可以不确认递延所得税负债的情况外,企业对所有的应纳税暂时性差异均应确认。除直接计入所有者权益的交易或事项及合并外,在确认或转回递延所得税负债的同时,应相应增加利润表中的所得税费用。

递延所得税负债应以相关应纳税暂时性差异转回期间适用的所得税税率计量。在我国,除享受优惠政策的情况外,企业适用的所得税税率在不同年度之间一般不会发生变化,企业在确认递延所得税负债时,以现行适用税率为基础计算确定,递延所得税负债的确认不要求折现。

递延所得税负债=应纳税暂时性差异×适用所得税税率

2)递延所得税资产的确认和计量

递延所得税资产产生于可抵扣暂时性差异。在资产负债表日,对于可抵扣暂时性差异,应确认为递延所得税资产。在确认递延所得税资产时,需要注意,应以未来期间可能取得的应纳税所得额为限。在可抵扣差异转回的未来期间,企业无法产生足够的应纳税所得额用以抵减可抵扣暂时性差异的影响,使得与递延所得税资产相关的经济利益无法实现,该部分递延所得税资产不应确认。

与递延所得税负债的计量原则一致,确认递延所得税资产时,应以相关可抵扣暂时性差异转回期间适用的所得税税率计量,同样递延所得税资产均不予折现。

递延所得税资产 = 可抵扣暂时性差异×适用所得税税率

资产负债表日,企业应当对递延所得税资产的账面价值进行复核。如果未来期间很可能无法取得足够的应纳税所得额用以利用递延所得税资产的利益,应当减记递延所得税资产的账面价值。对于预期无法实现的部分,一般应当确认为所得税费用,同时减少递延所得税资产账面价值,对于原确认时计入所有者权益的递延所得税资产,其减记金额也应计入所有者权益。

5.3.5 所得税业务核算流程

所得税费用核算一般程序,如图 5-3 所示。

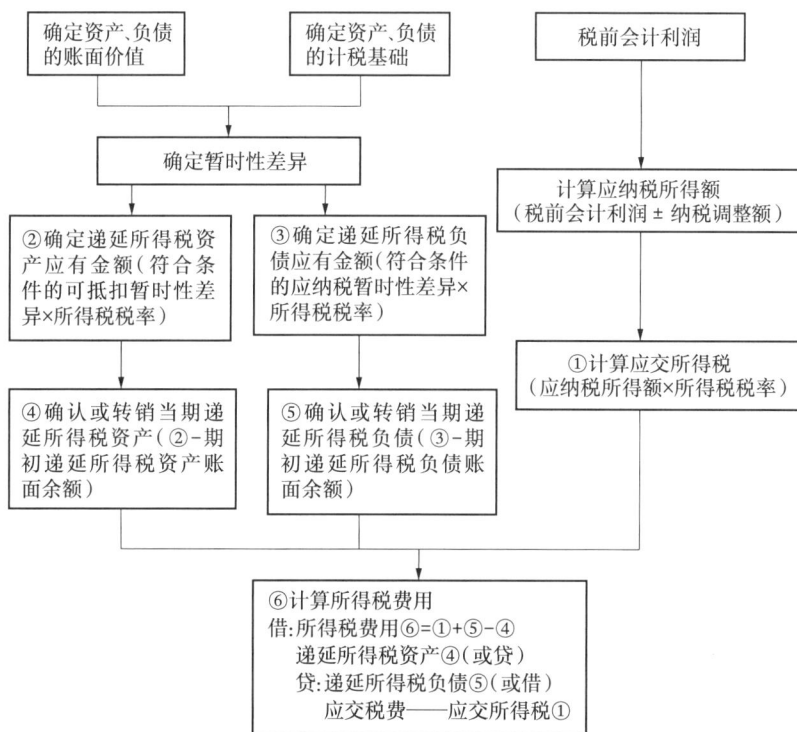

图 5-3 所得税费用核算程序

5.3.6 所得税费用的核算

1)账户设置

为了核算和监督企业所得税的上交和结转等业务,企业一般需要设置"所得税费用""递延所得税资产""递延所得税负债"等账户。

（1）"所得税费用"账户

该账户属于损益类,核算企业按规定从当期利润中扣除的所得税费用。借方登记从当期损益中扣除的所得税费用,贷方登记期末转入本年利润的所得税费用;期末结转后,该账户无余额。可按"当期所得税费用""递延所得税费用"进行明细核算。

（2）"递延所得税资产"账户

该账户属资产类,用于核算企业确认的可抵扣暂时性差异产生的递延所得税资产。借方登记在资产负债表日企业确认的递延所得税资产及递延所得税资产应有余额大于其账面余额的差额;贷方登记在资产负债表日递延所得税资产的应有余额小于其账面余额的差额。余额在借方,反映企业已确认的递延所得税资产的余额。本账户按可抵扣暂时性差异的具体项目进行明细核算。

（3）"递延所得税负债"账户

该账户属负债类,用于核算企业确认的应纳税暂时性差异产生的所得税负债。贷方登记在资产负债表日企业确认的递延所得税负债及递延所得税负债的应有余额大于其账面余额的差额;借方登记在资产负债表日确认的递延所得税负债的应有余额小于其账面余额的差额。余额在贷方反映企业已确认的递延所得税负债。本账户按应纳税暂时性差异具体项目进行明细核算。

2）典型业务的核算

所得税会计的主要目的之一是确定当期应交所得税和利润表中的所得税费用。在按照资产负债表债务法核算所得税的情况下,利润表中的所得税费用包括当期所得税和递延所得税两个部分。

（1）当期所得税费用

当期所得税费用是指企业按照税法规定计算确定的针对当期发生的交易和事项,应交纳给税务部门的所得税金额,即当期应交所得税。企业在确定当期应交所得税时,对于当期发生的交易或事项,会计处理与税法处理不同的,应在企业税前会计利润（即利润总额）的基础上,按照适用的税法规定要求进行调整,计算出当期应纳税所得额,即:

应纳税所得额=税前会计利润+纳税调整增加额−纳税调整减少额−境外应税所得弥补境内亏损−弥补以前年度亏损

当期应交所得税=应纳税所得额×适用的所得税税率−减免、抵免税额

（2）递延所得税费用（或收益）

递延所得税费用（或收益）是指按照企业会计准则规定应予确认的递延所得税资产和递延所得税负债在期末应有的金额相对于原已确认金额之间的差异,即递延所得税资产和递延所得税负债的当期发生额,但不包括计入所有者权益的交易或事项的所得税影响。其计算公式为:

递延所得税费用（或收益）= 当期递延所得税负债的增加+当期递延所得税资产的减少−当期递延所得税负债的减少−当期递延所得税资产的增加

（3）所得税费用

企业在计算确定当期所得税以及递延所得税的基础上,应将两者之和确认为利润表中的所得税费用,即:

所得税费用=当期所得税费用+递延所得税费用(或-递延所得税收益)

【例5.26】　融通公司于2014年12月28日购入一台价值1 000 000元不需安装的设备。该设备预计使用4年,会计上用年数总和法计提折旧,无残值。假定税法规定应采用直线法计提折旧,无残值。融通公司每年利润总额为1 500 000元,无其他纳税调整事项,所得税税率为25%。融通公司账务处理如下。

①2015年末。

借:所得税费用　　　　　　　　　　　　　　　　　　　　　375 000
　　递延所得税资产　　　　　　　　　　　　　　　　　　　　37 500
　　　贷:应交税费——应交所得税　　　　　　　　　　　　　　　412 500

2015年末该设备账面价值=(1 000 000-400 000)元=600 000元

2015年末该设备计税基础=(1 000 000-250 000)元=750 000元

2015年末递延所得税资产的余额=(750 000-600 000)元×25%=37 500元

应确认的递延所得税资产=37 500元-0元=37 500元

2015年应交所得税=[1 500 000+(400 000-250 000)]元×25%=412 500元

2015年所得税费用=(412 500-37 500)元=375 000元

②2016年末。

借:所得税费用　　　　　　　　　　　　　　　　　　　　　375 000
　　递延所得税资产　　　　　　　　　　　　　　　　　　　　12 500
　　　贷:应交税费——应交所得税　　　　　　　　　　　　　　　387 500

2016年末该设备账面价值=(600 000-300 000)元=300 000元

2016年末该设备计税基础=(750 000-250 000)元=500 000元

2016年末递延所得税资产的余额=(500 000-300 000)元×25%=50 000元

应确认的递延所得税资产=(50 000-37 500)元=12 500元

2016年应交所得税=[1 500 000+(300 000-250 000)]元×25%=387 500元

2016年所得税费用=(387 500-12 500)元=375 000元

③2017年末。

借:所得税费用　　　　　　　　　　　　　　　　　　　　　375 000
　　　贷:应交税费——应交所得税　　　　　　　　　　　　　　　362 500
　　　　　递延所得税资产　　　　　　　　　　　　　　　　　　12 500

2017年末该设备账面价值=(300 000-200 000)元=100 000元

2017年末该设备计税基础=(500 000-250 000)元=250 000元

2017年末递延所得税资产的余额=(250 000-100 000)元×25%=37 500元

应确认的递延所得税资产=(37 500-50 000)元=-12 500元

2017 年应交所得税=[1 500 000+(200 000-250 000)]元×25%=362 500 元

2017 年所得税费用=(362 500+12 500)元=375 000 元

④2018 年末。

借:所得税费用   375 000

　　贷:应交税费——应交所得税   337 500

　　　　递延所得税资产   37 500

2018 年末该设备账面价值=(100 000-100 000)元=0 元

2018 年末该设备计税基础=(250 000-250 000)元=0 元

2018 年末递延所得税资产的余额=0 元×25%=0 元

应确认的递延所得税资产=(0-37 500)元=-37 500 元

2018 年应交所得税=[1 500 000+(100 000-250 000)]元×25%=337 500 元

2018 年所得税费用=(337 500+37 500)元=375 000 元

【例 5.27】 融通公司 2019 年度计算的税前会计利润为 20 000 000 元,所得税税率为 25%。会计处理与税收处理存在的差别有:①融通公司当年营业外支出中有 100 000 元为税款滞纳罚金;②本期交易性金融资产公允价值变动为 400 000 元;③期末对固定资产计提了 300 000 元的减值准备;④本期因销售产品提供售后服务,确认预计负债 400 000 元。2019 融通公司递延所得税负债年初为 0 元,递延所得税资产年初为 180 000 元,假定融通公司全年无其他纳税调整因素。融通公司当期所得税的计算如下:

纳税调整增加数=(100 000+300 000+400 000)元=800 000 元

纳税调整减少数=400 000 元

应纳税所得额=(20 000 000+800 000-400 000)元=20 400 000 元

当期应交所得税=当期所得税费用=20 400 000 元×25%=5 100 000 元

融通公司 2019 年 12 月 31 日,资产负债表中有关项目的账面价值及其计税基础见表 5-1。

表 5-1 有关项目账面价值及计税基础

单位:元

项目	账面价值	计税基础	暂时性差异	
			应纳税暂时性差异	可抵扣暂时性差异
固定资产	30 000 000	30 300 000		300 000
交易性金融资产	2 000 000	1 600 000	400 000	
预计负债	400 000	0		400 000
合计			400 000	700 000

期末递延所得税负债=400 000 元×25%=100 000 元

期末递延所得税资产=700 000 元×25%=175 000 元

递延所得税费用 = (100 000-0) 元 - (175 000-180 000) 元

$\qquad$ = 100 000 元 - (-5 000) 元

$\qquad$ = 105 000 元

借:所得税费用　　　　　　　　　　　　　　　　　5 205 000

　贷:应交税费——应交所得税　　　　　　　　　　　5 100 000

　　　递延所得税资产　　　　　　　　　　　　　　　　5 000

　　　递延所得税负债　　　　　　　　　　　　　　　100 000

2019 年所得税费用 = (510 000+105 000) 元 = 5 205 000 元

【任务实施】

根据本项目"任务导入"里的任务资料和任务目标,具体任务实施过程如下:

第一步,调整 2019 年应纳税所得额及应交所得税,见表 5-2。

表 5-2　应交所得税计算表

2019 年 12 月 31 日　　　　　　　　　　　　　　　　　　　单位:元

项　　目		金　　额
1—12 月利润总额		20 000 000
1—12 月预提所得税		4 000 000
纳税调整项目	调增项目:	
	会计比税法规定多提折旧	1 500 000
	支付罚款	1 000 000
	交易性金融资产公允价值减少	2 000 000
	因售后服务预计销售费用	500 000
	提取应收账款坏账准备	700 000
	调减项目:	
	国债利息收入	500 000
	实际支付的商品售后服务	200 000
全年应纳税所得额		25 000 000
全年应交所得税		6 250 000
应补提或冲回的所得税		2 250 000

全年应交所得税 = 25 000 000 元×25% = 6 250 000 元

应补交的所得税 = (6 250 000-4 000 000) 元 = 2 250 000 元

第二步,计算 2019 年递延所得税,见表 5-3 和表 5-4。

表 5-3　暂时性差异计算表

2019 年 12 月 31 日　　　　　　　　　　　　　　　　　　　　　　　　单位:元

项　　目	账面价值	计税基础	递延所得税	
			应纳税暂时性差异	可抵扣暂时性差异
应收账款	10 000 000	10 700 000		700 000
固定资产				
固定资产原价	15 000 000	15 000 000		
减:累计折旧	3 000 000	1 500 000		
减:固定资产减值准备				
固定资产账面价值	12 000 000	13 500 000		1 500 000
交易性金融资产	5 000 000	7 000 000		2 000 000
可供出售金融资产	2 500 000	1 800 000	700 000	
预计负债	600 000	0		600 000
总计			700 000	4 800 000

表 5-4　递延所得税计算表

2019 年 12 月 31 日　　　　　　　　　　　　　　　　　　　　　　　　单位:元

项　　目	期初账面余额	借方发生额	贷方发生额	应有金额(期末余额) 暂时性差异×25%
递延所得税资产	500 000	700 000		1 200 000(4 800 000×25%)
递延所得税负债	120 000		55 000	175 000(700 000×25%)

递延所得税费用 = (175 000 - 120 000 - 700 000×25%)元 - (1 200 000 - 500 000)元 = -820 000 元

第三步,计算所得税费用。

应调整的所得税费用 = (6 250 000 - 4 000 000 - 820 000)元 = 1 430 000 元

第四步,进行账务处理。

借:所得税费用　　　　　　　　　　　　　　　　　　　　　　　1 430 000

　　递延所得税资产　　　　　　　　　　　　　　　　　　　　　700 000

　　其他综合收益　　　　　　　　　　　　　　　　　　　　　　175 000

　　贷:应交税费——应交所得税　　　　　　　　　　　　　　　　　2 250 000

　　　　递延所得税负债　　　　　　　　　　　　　　　　　　　　　55 000

任务 4　利润和利润分配核算

【学习目标】

　　知识目标:掌握本年利润的核算,掌握利润分配的顺序和核算。

　　技能目标:能进行利润及利润分配会计核算岗位的各项工作,会按照规范流程和方法根据资料完成利润及利润分配的账务处理。

【任务导入】

　　任务原始资料:白云有限责任公司 2019 年有关损益类账户结转前的余额见表 5-5。

表 5-5　损益类账户结转前余额

单位:元

账户名称	金　额	账户名称	金　额
主营业务收入	30 000 000	其他业务成本	800 000
其他业务收入	1 000 000	税金及附加	100 000
公允价值变动损益	200 000	销售费用	500 000
投资收益	500 000	管理费用	300 000
营业外收入	100 000	财务费用	200 000
主营业务成本	20 000 000	营业外支出	80 000
所得税费用	3 300 000	资产减值损失	120 000

　　任务目标:

　　(1)结转各损益类账户。

　　(2)确认并结转所得税。

　　(3)结转本年利润。

　　(4)按净利润的 10% 提取盈余公积。

　　(5)公司将本年产生的净利润的 10% 分配给股东。

【知识链接】

5.4.1 利润及利润分配核算内容

1）利润的构成

利润是指企业在一定会计期间的最终经营成果。利润包括收入减去费用后的净额、直接计入当期利润的利得和损失等。其中,收入减去费用后的净额是指营业利润,反映企业日常活动的业绩;直接计入当期利润的利得和损失,是指应当计入当期损益、会导致所有者权益发生增减变动的、与所有者投入资本或者向所有者分配利润无关的利得和损失。

（1）营业利润

营业利润是企业通过生产经营取得的利润,是利润的主要组成部分。计算公式如下:

营业利润＝营业收入－营业成本－税金及附加－销售费用－管理费用－财务费用－资产减值损失±公允价值变动净收益（或损失）±投资净收益（或损失）±资产处置收益±其他收益

其中,营业收入＝主营业务收入＋其他业务收入

营业成本＝主营业务成本＋其他业务成本

（2）利润总额

利润总额＝营业利润＋营业外收入－营业外支出

①营业外收入。营业外收入是指企业发生的与其日常活动无直接关系的各项利得。营业外收入并不是企业经营生产耗费所产生的,不需要企业付出代价,实际上是经济利益的净流入,不可能也不需要与有关的费用进行配比。营业外收入主要包括:非流动资产处置利得（包括固定资产处置利得和无形资产出售利得）、债务重组利得、盘盈利得、罚没利得、捐赠利得、确实无法支付而按规定程序经批准后转作营业外收入的应付款项等。

②营业外支出。营业外支出是指企业发生的与其日常活动无直接关系的各项损失,主要包括:非流动资产处置损失（包括对固定资产处置损失和无形资产出售损失）、债务重组损失、盘亏损失（财产清查中盘亏的资产,查明原因并报经批准计入营业外支出的损失）、罚款支出、公益性捐赠支出、非常损失等。

（3）净利润

净利润＝利润总额－所得税费用

其中,所得税费用是指企业确认的应从当期利润总额中扣除的所得税费用,是企业在计算确认当期所得税费用以及递延所得税费用（或收益）的基础上,确认并在利润表中反映的所得税费用,即:

所得税费用＝当期所得税费用＋递延所得税费用（或－递延所得税收益）

2）本年利润

会计期末,企业应结转利润。会计期（月）末,结转利润时,企业应将各损益类账户的金

额转入本年利润,结平各损益类账户。年度终了,应将本年实现的净利润,结转入"利润分配"账户,借记"本年利润"账户,贷记"利润分配——未分配利润"账户;如为净亏损则做相反的会计分录。结转后"本年利润"账户应无余额。

3)利润分配

利润分配是指企业根据国家有关规定和企业章程、投资者协议等,对企业当年可供分配的利润所进行的分配。企业当年实现的净利润,应按国家规定的顺序进行分配。

可供分配的利润＝当年实现的净利润+年初未分配利润(或年初未弥补亏损)+其他转入

根据《中华人民共和国公司法》等有关法规规定,利润分配的顺序依次是:①弥补以前年度的亏损;②提取法定盈余公积金;③提取任意盈余公积金;④向投资者分配利润或股利。

5.4.2 利润和利润分配的工作流程与岗位

企业于每月月末将损益类账户结转至"本年利润"账户,计算本月的利润,结转后损益类账户余额为零;年末将"本年利润"结转至"利润分配——未分配利润"账户,计算出本年的总利润;计算并结转所得税计算出净利润;进行利润分配,提取盈余公积等,流程如图 5-4 所示。

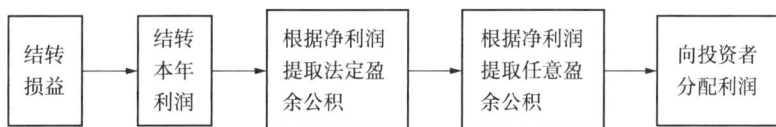

图 5-4 利润及利润分配流程图

5.4.3 利润及利润分配的核算

1)账户设置

(1)营业外收入

企业应设置"营业外收入"账户,核算营业外收入的取得及结转的情况,该账户是损益类,贷方登记企业确认的各项营业外收入,借方登记结转入"本年利润"的营业外收入,结转后该账户应无余额。可按营业外收入项目设置明细账进行明细核算。

(2)营业外支出

企业应设置"营业外支出"账户,核算营业外支出的发生及结转情况,该账户是损益类,借方登记企业发生的各项营业外支出,贷方登记期末结转入"本年利润"的营业外支出,结转后该账户无余额。可按营业外支出项目设置明细账进行明细核算。

(3)本年利润

企业应设置"本年利润"账户,核算企业在一定时期内实现的净利润(或发生的净亏损)。该账户属于所有者权益类。期末企业应将各损益类账户的金额转入"本年利润",结

239

平各损益类账户;将各收入类账户的金额转入"本年利润"账户的贷方,将各费用支出类账户的金额转入"本年利润"账户的借方。结转后"本年利润"贷方余额为当期实现的净利润,借方余额为当期发生的净亏损。

(4)利润分配

企业应设置"利润分配"账户核算企业利润的分配和历年分配后的未分配利润。该账户应分别设置"提取法定盈余公积""提取任意盈余公积""应付现金股利或利润""盈余公积补亏""未分配利润"等明细账户进行明细核算。企业的未分配利润,通过"利润分配——未分配利润"明细账户进行核算。

2)典型业务核算

(1)营业外收入的账务处理

确认盘盈利得、捐赠利得等营业外收入项目时,借记"银行存款""待处理财产损溢"等账户,贷记"营业外收入"账户。期末,应将"营业外收入"账户转入"本年利润"账户,借记"营业外收入"账户,贷记"本年利润"账户。结转后,"营业外收入"账户无余额。

【例5.28】 融通公司有一笔应付给供应商的货款58 500元,现因对方单位撤销无法支付,转作营业外收入。融通公司账务处理如下。

借:应付账款   58 500
　　贷:营业外收入   58 500

(2)营业外支出的账务处理

确认处置非流动资产损失、捐赠支出、罚款、盘亏等时,借记"营业外支出"账户,贷记"固定资产清理""无形资产""银行存款"等账户。期末,应将"营业外支出"账户转入"本年利润"账户,借记"本年利润"账户,贷记"营业外支出"账户。结转后,"营业外支出"账户无余额。

【例5.29】 融通公司用银行存款支付税款滞纳金50 000元。融通公司账务处理如下。

借:营业外支出   50 000
　　贷:银行存款   50 000

(3)本年利润的账务处理

期末,企业应将损益类账户的余额转入"本年利润":将收入类账户的余额转入"本年利润"的贷方,将费用支出类账户的余额转入"本年利润"的借方。结转后,"本年利润"贷方余额为当期实现的利润,借方余额为当期发生的亏损。

【例5.30】 融通公司2019年12月各有关损益类账户结转前的余额见表5-6。

表5-6　损益类账户余额

单位:元

账户名称	金　额	账户名称	金　额
主营业务收入	1 000 000	销售费用	20 000

续表

账户名称	金　额	账户名称	金　额
营业外收入	10 000	管理费用	25 000
主营业务成本	600 000	财务费用	43 000
税金及附加	10 000	所得税费用	168 000

结转各项收入、利得类账户。

借:主营业务收入　　　　　　　　　　　　　　　　　　　　　　　　　1 000 000

　　营业外收入　　　　　　　　　　　　　　　　　　　　　　　　　　　 10 000

　　贷:本年利润　　　　　　　　　　　　　　　　　　　　　　　　　1 010 000

结转各项费用、损失类账户。

借:本年利润　　　　　　　　　　　　　　　　　　　　　　　　　　　 866 000

　　贷:主营业务成本　　　　　　　　　　　　　　　　　　　　　　　　 600 000

　　　税金及附加　　　　　　　　　　　　　　　　　　　　　　　　　　 10 000

　　　销售费用　　　　　　　　　　　　　　　　　　　　　　　　　　　 20 000

　　　管理费用　　　　　　　　　　　　　　　　　　　　　　　　　　　 25 000

　　　财务费用　　　　　　　　　　　　　　　　　　　　　　　　　　　 43 000

　　　所得税费用　　　　　　　　　　　　　　　　　　　　　　　　　　168 000

年度终了,应将本年实现的利润,转入"利润分配"账户,结转后,"本年利润"账户应无余额。

借:本年利润　　　　　　　　　　　　　　　　　　　　　　　　　　　 144 000

　　贷:利润分配——未分配利润　　　　　　　　　　　　　　　　　　　 144 000

(4)利润分配的账务处理

年度终了,企业应将全年实现的净利润或发生的净亏损,自"本年利润"账户转入"利润分配——未分配利润"账户,并将"利润分配"账户所属其他明细账户的余额,转入"未分配利润"明细账户。结转后,"利润分配——未分配利润"账户如为贷方余额,表示累积未分配的利润数额;如为借方余额,则表示累积未弥补的亏损数额。"利润分配"账户所属其他明细账户应无余额。

【例 5.31】　承[例 5.30],融通公司 2019 年末按净利润的 10% 提取法定盈余公积金。假定不考虑其他因素,融通公司账务处理如下。

借:利润分配——提取法定盈余公积　　　　　　　　　　　　　　　　　 14 400

　　贷:盈余公积——法定盈余公积　　　　　　　　　　　　　　　　　　 14 400

【任务实施】

根据本项目"任务导入"里的任务资料和任务目标,具体任务实施过程如下。

第一步,将各损益类账户年末余额结转入"本年利润"账户。

(1)结转各项收入、利得类账户

借:主营业务收入	30 000 000
其他业务收入	1 000 000
公允价值变动损益	200 000
投资收益	500 000
营业外收入	100 000
贷:本年利润	31 800 000

(2)结转各项费用、损失类账户

借:本年利润	22 100 000
贷:主营业务成本	20 000 000
其他业务成本	800 000
税金及附加	100 000
销售费用	500 000
管理费用	300 000
财务费用	200 000
资产减值损失	120 000
营业外支出	80 000

第二步,计算并确认所得税。经过上述结转后,"本年利润"账户的贷方发生额合计 31 800 000 元减去借方发生额合计 22 100 000 元,即为税前会计利润 9 700 000 元。假设将该税前会计利润进行纳税调整后,应纳税所得额为 10 000 000 元,则应交所得税额 = 10 000 000 元×25% = 2 500 000 元。

借:所得税费用	2 500 000
贷:应交税费——应交所得税	2 500 000

第三步,结转所得税。

借:本年利润	2 500 000
贷:所得税费用	2 500 000

第四步,年度终了结转本年利润。

借:本年利润	7 200 000
贷:利润分配——未分配利润	7 200 000

第五步,提取盈余公积金。

借:利润分配——提取盈余公积	720 000
贷:盈余公积	720 000

第六步,给股东分配利润。

借:利润分配——应付现金股利	720 000
贷:应付股利	720 000

第七步,结转利润分配。

借:利润分配——未分配利润　　　　　　　　　　　　　　　　　　1 440 000
　　贷:利润分配——提取盈余公积　　　　　　　　　　　　　　　　　720 000
　　　　　　　　　——应付现金股利　　　　　　　　　　　　　　　　720 000

项目6
财务报告岗位会计

【项目指引】 认知财务报告岗位会计

一、财务报告岗位会计职责

财务报告是指企业对外提供的反映企业某一特定日期的财务状况和某一会计期间的经营成果、现金流量等会计信息的文件,是会计核算的最终成果,也是企业对外提供财务信息的主要形式。财务报告包括财务报表和其他应当在财务报告中披露的相关信息和资料。其中,财务报表是企业财务报告的核心内容,是对企业财务状况、经营成果和现金流量的结构性表述。

财务报告岗位的会计职责主要包括以下五方面。

①严格按照企业会计准则的要求编制财务会计报告。

②紧密结合企业的行业特点选择适用的财务报表。

③全面、如实反映企业财务状况、经营成果和现金流量。

④向财务报告使用者提供决策有用的信息。

⑤对财务报告进行分析形成意见或建议。

二、财务报告岗位会计核算内容

财务报告岗位会计核算的内容主要是负责编制企业资产负债表、利润表、现金流量表、所有者权益变动表及附注。财务报告岗位会计核算应当如实反映企业所拥有或控制的经济资源、对经济资源的要求权以及经济资源要求权的变化情况;如实反映企业的各项收入、费用、利得和损失的金额及其变化情况;如实反映企业各项经营活动、投资活动和筹资活动等所形成的现金流入和现金流出情况等。根据编制的报表形成财务分析报告,向财务报告使用者提供决策有用的信息,有助于财务报告使用者做出正确的决策。

三、财务报告岗位内部控制

(一)规范企业财务报告控制流程,明晰岗位职责

企业应当制定明确的财务报告编制、报送及分析利用等相关流程,职责分工、权限范围和审批程序应当明确规范,机构设置和人员配备应当科学合理,并确保全过程中财务报告的编制、披露和审核等不相容岗位相互分离。企业总会计师或分管会计工作的负责人负责组织领导财务报告编制和分析利用工作,企业负责人对财务报告的真实性和完整性承担责任,企业财会部门负责财务报告编制和分析报告编写工作,企业内部参与财务报告编制的各部门应当及时向财会部门提供编制财务报告所需的信息,参与财务分析会议的部门应当积极提出意见和建议以促进财务报告的有效利用,企业法律事务部门或外聘律师应当对财务报告对外提供的合法合规性进行审核。

(二)健全财务报告各环节授权批准制度

企业应当健全财务报告编制、对外提供和分析利用各环节的授权批准制度,具体包括:编制方案的审批、会计政策与会计估计的审批、重大交易和事项会计处理的审批,对财务报告内容的审核审批等。为此,企业应做好以下几项工作:第一,根据经济业务性质、组织机构设置和管理层级安排,建立分级管理制度;第二,规范审核审批的手续和流程,确保报送和进行审核审批的级别符合所授的管理权限、申报材料翔实完整,签字盖章齐全、用印用章符合要求,切实履行检查审核义务而非流于形式等;第三,建立相关政策,限制对现有财务报告流程进行越权操作。任何越权操作行为,必须另行授权审批后方能进行,且授权审批文件应妥善归档。

(三)建立日常信息核对制度

企业应当从会计记录的源头做起,建立起日常信息定期核对制度,以保证财务报告的真实、完整,防范出于主观故意的编造虚假交易,虚构收入、费用的风险,以及由于会计人员业务能力不足导致的会计记录与实际业务发生的金额、内容不符的风险。企业在日常会计处理中应及时进行对账,将会计账簿记录与实物资产、会计凭证、往来单位或者个人等进行相互核对,发现差异及时查明原因予以解决,并记录在适当的会计期间,以保证账证相符、账账相符、账实相符,确保会计记录的数字真实、内容完整、计算准确、依据充分、期间适当。

(四)充分利用会计信息技术

企业应当充分利用信息技术,提高工作效率和工作质量,减少或避免编制差错和人为调整因素。同时,企业也应当注意防范信息技术所带来的特有风险,做好以下几项工作:第一,定期更新和维护会计信息系统,确保取数、计算公式以及数据之间的勾稽关系准确无误;第二,建立访问安全制度,操作权限、信息使用、信息管理应当有明确规定,确保财务报告数据安全保密,防止对数据的非法修改和删除;第三,对正在使用的会计核算软件进行修改、对通用会计软件进行升级和对计算机硬件设备进行更换时,企业应有规范的审批流程,并采取替

代性措施确保财务报告数据的连续性;第四,做好数据源的管理,保证原始数据从录入环节的真实、准确、完整,满足财务分析的需要;第五,制定业务操作规范,保证系统各项技术和业务配置维护符合会计准则要求和内部管理规定,月结和年结流程规范、及时等;第六,指定专人负责信息化会计档案的管理,定期备份,做好防消磁、防火、防潮和防尘等工作;对于存储介质保存的会计档案,应当定期检查,防止由于介质损坏而使会计档案丢失。

任务 1 编制资产负债表

【学习目标】

知识目标:了解资产负债表的概念和作用,熟悉资产负债表的结构及所包含的项目,掌握资产负债表的编制原理及表中各项目的填列方法。

技能目标:能根据各个会计账户余额数据正确编制资产负债表。

【任务导入】

任务原始资料:新兴股份有限公司为增值税一般纳税人,适用的增值税税率为 13%,适用的所得税税率为 25%,2019 年 12 月 31 日,根据有关会计账簿数据编制的账户余额表,见表 6-1。

表 6-1 账户余额表

2019 年 12 月 31 日   单位:元

账户名称	借方余额	账户名称	贷方余额
库存现金	95 000	应付账款	6 400 000
银行存款	8 600 000	预收账款	2 400 000
其他货币资金	105 000	应付职工薪酬	1 815 000
交易性金融资产	1 200 000	应交税费	2 400 000
应收票据	1 600 000	应付利息	480 000
应收账款	7 735 000	应付股利	160 000
坏账准备	−535 000	其他应付款	4 000 000
预付账款	3 200 000	长期借款	14 000 000
应收股利	640 000	股本	10 100 000
其他应收款	2 400 000	资本公积	90 900 000
材料采购	200 000	盈余公积	8 000 000

续表

账户名称	借方余额	账户名称	贷方余额
原材料	2 200 000	未分配利润	24 000 000
库存商品	9 200 000		
生产成本	1 200 000		
材料成本差异	15 000		
长期股权投资	1 500 000		
固定资产	106 000 000		
累计折旧	−2 100 000		
固定资产减值准备	−1 400 000		
在建工程	4 500 000		
工程物资	1 500 000		
无形资产	8 080 000		
累计摊销	−80 000		
长期待摊费用	8 800 000		
合计	164 655 000	合计	164 655 000

任务目标：根据新兴股份有限公司 2019 年 12 月 31 日的账户余额表，编制该公司本年度的资产负债（注："坏账准备"中，据查明细得知"应收账款"计提的坏账准备余额为335 000 元，"其他应收款"计提的坏账准备余额为200 000 元。"长期借款"中有6 000 000 元的借款自资产负债表日起将于一年内到期）。

【知识链接】

6.1.1　认知资产负债表

1）资产负债表的概念和作用

（1）资产负债表的概念

资产负债表是反映企业某一特定日期（年末、季末、月末）财务状况的会计报表，是企业经营活动的静态体现。它根据"资产＝负债＋所有者权益"这一会计恒等式，将某一特定日期的资产、负债、所有者权益的具体项目，依照一定的分类标准和顺序编制而成。

（2）资产负债表的作用

资产负债表在财务报表体系中占核心地位，是据以分析企业财务状况和经营规模的重要报表。资产负债表可以反映企业总体的资产状况及其构成,为计算相关财务指标提供数据支持,据以分析企业的发展趋势。其作用表现在以下四方面。

①资产负债表从整体上反映企业所拥有的资产及其分布和构成的情况。资产代表企业的经济资源,是企业的经营基础,资产总量在一定程度上可以说明企业的经营规模和盈利基础的大小。资产负债表还可以反映企业所拥有或控制的资源结构是否合理,为优化资源结构提供重要的依据。

②资产负债表可以反映企业的资本结构,即负债总额和所有者权益总额及其构成。一般而言,负债和所有者权益比例的大小会影响债权人与投资人各自承担风险的大小,资本结构是否合理直接关系到企业财务状况的好坏。投资者和债权人可以据此分析企业所面临的财务风险,以监督企业合理使用资金。

③资产负债表可以提供财务分析的基本数据资料。通过偿债能力、周转能力及盈利能力等财务指标的计算分析,使投资者和债权人以及其他相关人员据此做出正确的投资和贷款决策。

④资产负债表可为预测财务状况的未来发展变化趋势提供比较数据。通过对连续两期期末资产负债表项目数据的比较分析,反映企业财务状况的变动情况,据以预测企业未来发展变化趋势,从而帮助投资者和债权人做出相应决策。

2)资产负债表的内容和结构

(1)资产负债表的内容
①资产类项目。

资产类项目依据资产的流动性不同,分别以流动资产和非流动资产列示,各类明细资产要在流动资产和非流动资产类别下进一步按性质分项列示。

流动资产是指企业可以在一年或者一个营业周期内变现或者运用的资产。资产负债表中列示的流动资产项目通常包括:货币资金、以公允价值变动计量且其变动计入当期损益的金融资产、应收票据及应收账款、预付款项、其他应收款、存货、持有待售资产、一年内到期的非流动资产、其他流动资产等。

非流动资产指除流动资产外,企业不能在一年或者一个营业周期内变现的资产。资产负债表中列示的非流动资产项目通常包括:可供出售金融资产、持有至到期投资、长期应收款、长期股权投资、投资性房地产、固定资产、在建工程、无形资产、开发支出、商誉、长期待摊费用、其他非流动资产等。

②负债类项目。

负债类项目依据负债的流动性不同,分别以流动负债和非流动负债列示,各类明细负债要在流动负债和非流动负债类别下进一步按性质分项列示。

流动负债是指在一年或者一个营业周期内需要偿还的债务。资产负债表中列示的流动负债项目通常包括:短期借款、以公允价值计量且其变动计入当期损益的金融负债、应付票据及应付账款、预收款项、应付职工薪酬、应交税费、其他应付款、持有待售负债、一年内到期的非流动负债、其他流动负债等。

非流动负债又称为长期负债,是指偿还期在一年或者一个营业周期以上的债务。资产负债表中列示的非流动负债项目通常包括:长期借款、应付债券、长期应付款、预计负债、其他流动负债等。

③所有者权益类项目。

所有者权益项目是企业资产扣除负债后的剩余权益,反映企业在某一特定日期投资者(或股东)拥有的净资产的总额。所有者权益项目按实收资本(股本)、资本公积、其他综合收益、盈余公积、未分配利润等分项列示。

(2)资产负债表的结构

资产负债表从整体上看由表头、表体和表尾组成。表头是报表的标志,包括报表的名称、编制单位、报表日期和金额单位。表体是报表的主体,是主要的构成内容,资产负债表的表体包含了资产、负债和所有者权益的各个项目以及每个项目年初和年末的金额。表尾主要是对表体内容的补充说明,根据需要列示该企业的法人、主管会计工作负责人和会计机构负责人等。

资产负债表的结构目前主要有账户式和报告式两种结构。根据我国《企业会计制度》的规定,企业的资产负债表一般采用账户式结构,而报告式的资产负债表一般出现于上市公司对外披露的年度报告中。

①账户式资产负债表。

账户式资产负债表是左右结构,左方按照流动性大小排列资产各项目,左上部为流动资产,左下部为非流动资产;右方列示负债和所有者权益各项目。其中,负债项目列示在报表右上半部,按偿还时间由短到长依次排列;所有者权益项目列示在报表右下部,它是按形成来源分类后,按其留在企业的永久程度排列的。根据"资产=负债+所有者权益"会计等式,左方资产各项目合计数必须等于右方负债和所有者权益各项目的合计数。从形式上看,这种排列方式与会计上常用的 T 形账户相似,故称为账户式资产负债表。

根据财政部 2019 年 4 月 30 日发布的《关于修订印发 2019 年度一般企业财务报表格式的通知》(财会〔2019〕6 号)文件,账户式资产负债表的格式,见表6-2。

表6-2　资产负债表(账户式)

会企01 表

编制单位:　　　　　　　　　_____年___月___日　　　　　　　　单位:元

资　产	期末余额	年初余额	负债和所有者权益	期末余额	年初余额
流动资产:			流动负债:		
货币资金			短期借款		
以公允价值计量且其变动计入当期损益的金融资产			以公允价值计量且其变动计入当期损益的负债		

续表

资　产	期末余额	年初余额	负债和所有者权益	期末余额	年初余额
衍生金融资产			衍生金融负债		
应收票据			应付票据		
应收账款			应付账款		
预付款项			预收款项		
其他应收款			应付职工薪酬		
存货			应交税费		
持有待售资产			其他应付款		
一年内到期的非流动资产			持有待售负债		
其他流动资产			一年内到期的非流动负债		
流动资产合计			其他流动负债		
非流动资产：			流动负债合计		
可供出售金融资产			非流动负债：		
持有至到期投资			长期借款		
长期应收款			应付债券		
长期股权投资			其中:优先股		
投资性房地产			永续债		
固定资产			长期应付款		
在建工程			预计负债		
生产性生物资产			递延收益		
油气资产			递延所得税负债		
无形资产			其他非流动负债		
开发支出			非流动负债合计		
商誉			负债合计		
长期待摊费用			所有者权益(或股东权益)：		
递延所得税资产			实收资本(或股本)		
其他非流动资产			其他权益工具		
非流动资产合计			其中:优先股		
			永续债		
			资本公积		

续表

资　产	期末余额	年初余额	负债和所有者权益	期末余额	年初余额
			减：库存股		
			其他综合收益		
			专项储备		
			盈余公积		
			未分配利润		
			所有者权益（或股东权益）合计		
资产总计			负债和所有者权益（或股东权益）总计		

②报告式资产负债表。

报告式资产负债表是上下结构，上半部列示资产，下半部列示负债和所有者权益，是按"资产−负债＝所有者权益"的原理排列的。从形式上看，报告式资产负债表是依据书面报告的常规，采用上下呼应的形式，故称其为报告式资产负债表。报告式资产负债表的格式，见表 6-3。

表 6-3　资产负债表（报告式）

会企 01 表

编制单位：蓝天股份有限公司　　　　　　2019 年 12 月 31 日　　　　　　单位：元

项　　目	期末余额	年初余额
流动资产：		
货币资金		
以公允价值计量且其变动计入当期损益的金融资产		
衍生金融资产		
应收票据		
应收账款		
预付款项		
其他应收款		
存货		
持有待售资产		
一年内到期的非流动资产		
其他流动资产		

续表

项　目	期末余额	年初余额
流动资产合计		
非流动资产：		
可供出售金融资产		
持有至到期投资		
长期应收款		
长期股权投资		
投资性房地产		
固定资产		
在建工程		
生产性生物资产		
油气资产		
无形资产		
开发支出		
商誉		
长期待摊费用		
递延所得税资产		
其他非流动资产		
非流动资产合计		
资产总计		
流动负债：		
短期借款		
以公允价值计量且其变动计入当期损益的金融负债		
衍生金融负债		
应付票据		
应付账款		
预收款项		
应付职工薪酬		
应交税费		
其他应付款		

续表

项　　目	期末余额	年初余额
持有待售负债		
一年内到期的非流动负债		
其他流动负债		
流动负债合计		
非流动负债:		
长期借款		
应付债券		
其中:优先股		
永续债		
长期应付款		
预计负债		
递延收益		
递延所得税负债		
其他非流动负债		
非流动负债合计		
负债合计		
所有者权益:		
实收资本(或股本)		
其他权益工具		
其中:优先股		
永续债		
资本公积		
减:库存股		
其他综合收益		
专项储备		
盈余公积		
未分配利润		
所有者权益(或股东权益)合计		
负债和所有者权益(或股东权益)合计		

6.1.2　资产负债表的编制

1）资产负债表的编制原理

资产负债表是依据会计恒等式"资产＝负债＋所有者权益"编制的,它既是一张平衡报表,反映资产总计(左方)与负债及所有者权益总计(右方)相等;又是一张静态报表,是根据各账户期末的余额填列的,反映企业在某一时点的财务状况。资产负债表的各项目通过"年初余额"和"期末余额"两栏分别填列,反映连续两期企业财务状况的数据。

(1)年初余额的编制

资产负债表中各项目"年初余额"可根据上年末资产负债表"期末余额"栏内所列数字填列。若本年末资产负债表各项目名称和内容同上年末报表不一致,应对上年末资产负债表相关项目的名称和数字按照本年度的规定进行调整后填列。

(2)期末余额的编制

资产负债表中各项目的"期末余额"是根据资产、负债和所有者权益各账户的余额填列的。各项目的填列方法大致分为以下6种。

①根据总账账户余额直接填列。例如"递延所得税资产""短期借款""应付职工薪酬""应交税费""持有待售负债""预计负债""实收资本(或股本)""资本公积""盈余公积"等项目,直接根据账户对应的总账余额填列。

②根据总账账户余额计算填列。例如"货币资金"项目需根据"库存现金""银行存款""其他货币资金"3个账户的总账期末余额相加之后的合计数填列;"其他应付款"项目需根据"应付利息""应付股利""其他应付款"3个账户的总账期末数相加填列。

③根据明细账账户余额计算填列。例如"开发支出"项目需要根据"研发支出"账户中所属的"资本化支出"明细账户的余额分析计算填列。

④根据总账账户和明细账户余额分析计算填列。例如"应付票据及应付账款"项目,应根据"应付票据"总账账户的期末余额,以及"应付账款"和"预付账款"账户所属的相关明细账户的期末贷方余额合计数填列;"长期借款"项目需要根据"长期借款"总账账户余额扣除"长期借款"所属明细账户中自资产负债表日起将于一年内到期且企业不能自主展期的长期借款后的金额填列。

⑤根据有关账户余额扣减其备抵账户余额后的净额填列。例如"固定资产"项目,应根据"固定资产"账户的期末余额,减去"累计折旧"和"固定资产减值准备"账户的期末余额后的金额以及"固定资产清理"账户的期末余额填列;"持有待售资产"项目,应根据"持有待售资产"账户的期末余额,减去"持有待售资产减值准备"账户的期末余额后的金额填列。

⑥综合运用上述方法分析填列。例如"应收票据及应收账款"项目,应根据"应收票据"总账账户的期末余额,以及"应收账款"和"预收账款"账户所属的相关明细账户的期末借方

余额合计数减去"坏账准备"账户中相关坏账准备期末余额后的金额填列;"存货"项目,需要根据"原材料""库存商品""周转材料""委托加工物资""材料采购""在途物资""发出商品""材料成本差异"等总账账户期末余额的分析汇总数,再减去"存货跌价准备"账户余额后的净额填列。

2)资产负债表各项目的内容和填列方法

资产负债表各项目的具体内容和填列方法如下。

(1)资产类项目的内容和填列方法

①"货币资金"项目。该项目反映企业库存现金、银行结算户存款、外埠存款、银行汇票存款、银行本票存款、信用卡存款、信用保证金存款等合计数。本项目应根据"库存现金""银行存款""其他货币资金"3个账户的期末余额合计填列。

②"以公允价值变动计量且其变动计入当期损益的金融资产"项目。该项目反映资产负债表日企业分类为以公允价值计量且其变动计入当期损益的金融资产,以及企业持有的直接指定为以公允价值计量且其变动计入当期损益的金融资产的期末账面价值。本项目应根据"交易性金融资产"账户的相关明细账户期末余额分析填列。

③"衍生金融资产"项目。略。

④"应收票据"项目。该项目反映资产负债表日以摊余成本计量的、企业因销售商品、提供服务等收到的商业汇票,包括银行承兑汇票和商业承兑汇票。本项目应根据"应收票据"账户的借方期末余额,减去"坏账准备"账户中相关坏账准备期末余额后的金额填列。

⑤"应收账款"项目。该项目反映资产负债表日以摊余成本计量的、企业因销售商品、提供服务等经营活动应收取的款项。本项目应根据"应收账款"和"预收账款"账户所属的相关明细账户的期末借方期末余额合计数,减去"坏账准备"账户中相关坏账准备期末余额后的金额填列。

⑥"预付款项"项目。该项目反映企业预付给供应单位的款项。本项目应根据"预付账款"和"应付账款"账户所属各明细账户期末借方余额合计填列。如"预付账款"账户所属有关明细账户期末有贷方余额的,应在资产负债表"应付票据及应付账款"项目内填列。

⑦"其他应收款"项目。该项目反映企业应收取的利息、股利以及经营活动以外的其他单位和个人的应收及暂付的款项,减去已计提的坏账准备后的净额。本项目应根据"应收利息""应收股利"和"其他应收款"账户的期末余额合计数,减去"坏账准备"账户中相关坏账准备期末余额后的金额填列。

⑧"存货"项目。该项目反映企业期末在库、在途、使用和加工中的各项存货的可变现净值,包括各种材料、商品、在产品、半成品、包装物、低值易耗品等。本项目应根据"材料采购""原材料""生产成本""库存商品""发出商品""周转材料""委托加工物资"等账户的期末余额合计,减去"存货跌价准备"账户的期末余额后的净额填列。原材料、库存商品采用计划成本核算的企业,"存货"项目还应按照加上或减去"材料成本差异""商品进销差价"后的金额填列。

⑨"持有待售资产"项目。该项目反映资产负债表日划分为持有待售类别的非流动资产及划分为持有待售类别的处置组中的流动资产和非流动资产的期末账面价值。该项目应根据"持有待售资产"账户的期末余额,减去"持有待售资产减值准备"账户的期末余额后的金额填列。

⑩"一年内到期的非流动资产"项目。该项目反映企业非流动资产中将于一年内到期的部分。本项目可根据"持有至到期投资""可供出售金融资产"等账户所属明细账户的余额分析填列。

⑪"其他流动资产"项目。该项目反映企业除以上流动资产以外的其他流动资产。本项目应根据与其有关的账户的期末余额填列。如其他流动资产价值较大的,应在财务报表附注中披露其内容和金额。

⑫"可供出售金融资产"项目。该项目反映企业持有的以公允价值计量的可供出售的股票投资、债券投资等金融资产。本项目应根据"可供出售金融资产"账户的期末余额,减去"可供出售金融资产减值准备"账户期末余额后的金额填列。

⑬"持有至到期投资"项目。该项目反映企业准备持有至到期的债券投资。本项目应根据"持有至到期投资"账户的期末余额扣除"持有至到期投资减值准备"账户期末余额后的净额填列。

⑭"长期应收款"项目。该项目反映企业融资租赁产生的应收款项、采用递延方式具有融资性质的销售商品和提供劳务等产生的长期应收款等。本项目应根据"长期应收款"账户的期末余额,减去相应的"未实现融资收益"账户和"坏账准备"账户所属相关明细账户期末余额后的余额填列。

⑮"长期股权投资"项目。该项目反映企业期末持有的采用成本法和权益法核算的长期股权投资的实际价值。本项目应根据"长期股权投资"账户的期末余额,扣减"长期股权投资减值准备"账户余额后的净额填列。

⑯"投资性房地产"项目。该项目反映企业持有的为赚取租金或资本增值,或者两者兼有的房地产。采用成本模式计量投资性房地产的,本项目应根据"投资性房地产"账户的期末余额扣减"投资性房地产累计折旧"或"投资性房地产累计摊销"以及"投资性房地产减值准备"账户期末余额后的净额填列;采用公允价值模式计量投资性房地产的,本项目应根据"投资性房地产"账户的期末余额直接填列。

⑰"固定资产"项目。该项目反映资产负债表日企业固定资产的期末账面价值和企业尚未清理完毕的固定资产清理净损益。本项目应根据"固定资产"账户的期末余额,减去"累计折旧"和"固定资产减值准备"账户的期末余额后的金额,以及"固定资产清理"账户的期末余额填列。

⑱"在建工程"项目。该项目反映资产负债表日企业尚未达到预定可使用状态的在建工程的期末账面价值,和企业为在建工程准备的各种物资的期末账面价值。本项目应根据"在建工程"账户的期末余额,减去"在建工程减值准备"账户的期末余额后的金额,以及"工程物资"账户的期末余额,减去"工程物资减值准备"账户的期末余额后的金额

填列。

⑲"生产性生物资产"项目。该项目反映企业所拥有的、具有生命的动物或者植物等生产性生物资产在资产负债表日的账面价值。本项目应根据"生产性生物资产"账户余额减去已计提的"生产性生物资产减值准备"后的金额填列。

⑳"油气资产"项目。略。

㉑"无形资产"项目。该项目反映企业各项无形资产的期末实际价值。本项目应根据"无形资产"账户的期末余额,减去"累计摊销"账户期末余额以及"无形资产减值准备"账户期末余额后的净额填列。

㉒"开发支出"项目。该项目反映企业进行研究与开发无形资产过程中发生的各项可予资本化的支出。本项目应根据"研发支出"账户所属明细账户"资本化支出"的余额填列。

㉓"商誉"项目。该项目反映企业合并中形成的商誉的价值。本项目应根据"商誉"账户的期末余额,减去相应的减值准备后的金额填列。

㉔"长期待摊费用"项目。该项目反映企业已发生、尚未摊销的,摊销期限在一年以上(不含一年)的各种待摊费用,如经营性租赁方式租入固定资产的改良支出以及摊销期在一年以上(不含一年)的其他待摊费用。本项目应根据"长期待摊费用"账户的期末余额,减去将于一年内摊销的部分后的金额填列。其中,将于一年内摊销的部分应计入"一年内到期的非流动资产"项目。

㉕"递延所得税资产"项目。该项目反映企业确认的可抵扣暂时性差异产生的递延所得税资产的账面价值。本项目应根据"递延所得税资产"账户的期末余额填列。

㉖"其他非流动资产"项目。该项目反映企业除以上资产以外的其他非流动资产。本项目应根据与其有关账户的期末余额填列。如其他非流动资产价值较大的,应在财务报表附注中披露其内容和金额。

(2)负债类项目的内容和填列方法

①"短期借款"项目。该项目反映企业借入尚未归还的期限在一年以内(含一年)的借款。本项目应根据"短期借款"账户的期末余额填列。

②"以公允价值计量且其变动计入当期损益的金融负债"项目。该项目反映资产负债表日企业承担的交易性金融负债,以及企业持有的直接指定为以公允价值计量且其变动计入当期损益的金融负债的期末账面价值。本项目应根据"交易性金融负债"账户的相关明细账户期末余额填列。

③"衍生金融负债"项目。略。

④"应付票据"项目。该项目反映资产负债表日以摊余成本计量的、企业因购买材料、商品和接受服务等开出、承兑的商业汇票,包括银行承兑汇票和商业承兑汇票。本项目应根据"应付票据"账户的期末贷方余额填列。

⑤"应付账款"项目。该项目反映资产负债表日以摊余成本计量的、企业因购买材料、商品和接受服务等经营活动应支付的款项。本项目应根据"应付账款"和"预付账款"账户所属的相关明细账户的期末贷方余额合计数填列。

⑥"预收款项"项目。该项目反映企业预收购买单位的账款。本项目应根据"预收账款"账户所属各有关明细账户的期末贷方余额和"应收账款"账户所属各有关明细账户的期末贷方余额合计填列。如"预收账款"账户所属有关明细账户有借方余额,应在资产负债表"应收款项"项目内填列。

⑦"应付职工薪酬"项目。该项目反映企业应付而未付给职工的各种薪酬。外商投资企业按规定从净利润中提取的职工奖励及福利基金,也包括在本项目中。本项目应根据"应付职工薪酬"账户的期末贷方余额填列。如"应付职工薪酬"账户期末为借方余额,则以"-"号表示。

⑧"应交税费"项目。该项目反映企业按照税法等规定计算应交纳的各种税费,包括增值税、消费税、所得税、资源税、土地使用税、土地增值税、城市维护建设税、房产税、车船税、教育费附加等。企业代扣代交的个人所得税等,也通过本账户核算。企业所交纳的税金不需要预计应交数的,如印花税、耕地占用税等,不在本项目列示。本项目应根据"应交税费"账户的期末贷方余额填列。如"应交税费"账户期末为借方余额,以"-"号填列。

⑨"其他应付款"项目。该项目反映企业应支付的利息、股利以及所有应付和暂收其他单位和个人的款项。本项目应根据"应付利息""应付股利"和"其他应付款"账户的期末余额合计数填列。

⑩"持有待售负债"项目。该项目反映资产负债表日处置组中与划分为持有待售类别的资产直接相关的负债的期末账面价值。本项目应根据"持有待售负债"账户的期末余额填列。

⑪"一年内到期的非流动负债"项目。该项目反映企业非流动负债中将于一年内到期的部分。本项目应根据"长期借款""应付债券""长期应付款"等项目所属明细账户的期末余额分析填列。

⑫"其他流动负债"项目。该项目反映企业除以上流动负债以外的其他流动负债。本项目应根据有关账户的期末余额填列。如其他流动负债价值比较大的,应在财务报表附注中披露其内容和金额。

⑬"长期借款"项目。该项目反映企业借入尚未归还的期限在一年以上(不含一年)的借款本息。本项目应根据"长期借款"账户的期末余额填列,其中将于一年内到期的长期借款应在资产负债表"一年内到期的非流动负债"项目填列。

⑭"应付债券"项目。该项目反映企业发行的尚未偿还的债券的本金和利息。本项目应根据"应付债券"账户的期末余额填列,其中将于一年内到期的部分应在资产负债表"一年内到期的非流动负债"项目填列。

⑮"长期应付款"项目。该项目反映资产负债表日企业除长期借款和应付债券以外的其他各种长期应付款项的期末账面价值。本项目应根据"长期应付款"账户的期末余额,减去相关的"未确认融资费用"账户的期末余额后的金额,以及"专项应付款"账户的期末余额填列。

⑯"预计负债"项目。该项目反映企业确认的对外提供担保、未决诉讼、产品质量保证

等预计负债的期末余额。本项目应根据"预计负债"账户的期末余额填列。

⑰"递延收益"项目。该项目反映企业根据政府补助准则确认的应在以后期间计入当期损益的政府补助金额的期末余额。本项目应根据"递延收益"账户的期末余额填列。

⑱"递延所得税负债"项目。该项目反映企业确认的应纳税暂时性差异产生的递延所得税负债的账面价值。本项目应根据"递延所得税负债"账户的期末余额填列。

⑲"其他非流动负债"项目。该项目反映企业除以上非流动负债项目以外的其他非流动负债。本项目应根据与其他非流动负债有关账户的期末余额填列。如其他非流动负债价值比较大的,应在财务报表附注中披露其内容和金额。

(3)所有者权益类项目的内容和填列方法

①"实收资本(或股本)"项目。该项目反映企业各投资者实际投入的资本(或股本)总额。本项目应根据"实收资本(或股本)"账户的期末余额填列。

②"其他权益工具"项目。该项目反映企业发行的除普通股以外分类为权益工具的金融工具的账面价值,"其他权益工具"项目下增设"优先股"和"永续债"两个项目,分别反映企业发行的分类为权益工具的优先股和永续债的账面价值。本项目应根据"优先股"和"永续债"两个账户的期末余额加总之后填列。

③"资本公积"项目。该项目反映企业资本公积的期末余额。本项目应根据"资本公积"账户的期末余额填列。

④"库存股"项目。该项目反映企业收购、转让或注销的本公司股份。本项目应根据"库存股"账户的期末余额填列。

⑤"其他综合收益"项目。该项目反映企业根据《企业会计准则》规定未在损益中确认的各项利得和损失扣除所得税影响后的净额。本项目应根据"其他综合收益"账户的期末余额分析填列。

⑥"专项储备"项目。该项目反映高危行业企业按国家规定提取的安全生产费的期末账面价值。本项目应根据"专项储备"账户的期末余额填列。

⑦"盈余公积"项目。该项目反映企业盈余公积的期末余额。本项目应根据"盈余公积"账户的期末余额填列。

⑧"未分配利润"项目。该项目反映企业尚未分配的利润。本项目在年度中间应根据"本年利润"和"利润分配"账户的余额计算填列;年度终了,应根据"利润分配——未分配利润"明细账户的贷方余额填列。如为借方余额,即未弥补的亏损,在本项目内以"-"号填列。

【任务实施】

根据本项目"任务导入"里的任务资料和任务目标,具体任务实施过程如下。

第一步,根据账户余额表计算出资产负债表中每一项目的填列金额。

(1)资产类项目金额计算

①"货币资金"项目填列的金额＝"库存现金"账户余额+"银行存款"账户余额+"其他货

币资金"账户余额 =(95 000+8 600 000+105 000)元 = 8 800 000 元。

②"以公允价值计量且其变动计入当期损益的金融资产"项目填列的金额 ="交易性金融资产"账户余额 = 1 200 000 元。

③"衍生金融资产"项目不涉及。

④"应收票据"项目填列的金额 ="应收票据"账户借方余额-应收票据的"坏账准备"账户余额 =(1 600 000-0)元 = 1 600 000 元。

⑤"应收账款"项目填列的金额 ="应收账款"账户借方余额+"预收账款"账户借方余额-应收账款的"坏账准备"账户余额 =(7 735 000+0-335 000)元 = 7 400 000 元。

⑥"预付款项"项目填列的金额 ="预付账款"账户借方余额+"应付账款"账户借方余额 =(3 200 000+0)元 = 3 200 000 元。

⑦"其他应收款"项目填列的金额 ="应收利息"账户余额+"应收股利"账户余额+"其他应收款"账户余额-计提的其他应收款的"坏账准备"账户余额 =(0+640 000+2 400 000-200 000)元 = 2 840 000 元。

⑧"存货"项目填列的金额 ="材料采购"账户余额+"原材料"账户余额+"库存商品"账户余额+"生产成本"账户余额+"材料成本差异"账户余额 =(200 000+2 200 000+9 200 000+1 200 000+15 000)元 = 12 815 000 元。

⑨"持有待售资产"项目不涉及。

⑩"一年内到期的非流动资产"项目不涉及。

⑪"其他流动资产"项目不涉及。

⑫"流动资产合计"项目金额 = 37 855 000 元。

⑬"可供出售金融资产"项目不涉及。

⑭"持有至到期投资"项目不涉及。

⑮"长期应收款"项目不涉及。

⑯"长期股权投资"项目填列的金额 ="长期股权投资"账户余额-"长期股权投资减值准备"账户余额 =(1 500 000-0)元 = 1 500 000 元。

⑰"投资性房地产"项目不涉及。

⑱"固定资产"项目填列的金额 ="固定资产"账户余额-"累计折旧"账户余额-"固定资产减值准备"账户余额 =(106 000 000-2 100 000-1 400 000)元 = 102 500 000 元。

⑲"在建工程"项目填列的金额 ="在建工程"账户余额-"在建工程减值准备"账户余额+"工程物资"账户余额-"工程物资减值准备"账户余额 =(4 500 000-0+1 500 000-0)元 = 6 000 000 元。

⑳"生产性生物资产"项目不涉及。

㉑"油气资产"项目不涉及。

㉒"无形资产"项目填列的金额 ="无形资产"账户余额-"累计摊销"账户余额-"无形资产减值准备"账户余额 =(8 080 000-80 000-0)元 = 8 000 000 元。

㉓"开发支出"项目不涉及。

㉔ "商誉"项目不涉及。

㉕ "长期待摊费用"项目填列的金额 = "长期待摊费用"账户余额 = 8 800 000 元。

㉖ "递延所得税资产"项目不涉及。

㉗ "其他非流动资产"项目不涉及。

㉘ "非流动资产合计"项目金额 = 126 800 000 元。

㉙ "资产总计"项目金额 = 164 655 000 元。

（2）负债类项目金额计算

① "短期借款"项目不涉及。

② "以公允价值计量且其变动计入当期损益的金融负债"项目不涉及。

③ "衍生金融负债"项目不涉及。

④ "应付票据"项目填列的金额 = "应付票据"账户贷方余额 = 0 元。

⑤ "应付账款"项目填列的金额 = "应付账款"账户贷方余额 + "预付账款"账户贷方余额 = （6 400 000+0）元 = 6 400 000 元。

⑥ "预收款项"项目填列的金额 = "预收账款"账户贷方余额 + "应收账款"账户贷方余额 = （2 400 000+0）元 = 2 400 000 元。

⑦ "应付职工薪酬"项目填列的金额 = "应付职工薪酬"账户余额 = 1 815 000 元。

⑧ "应交税费"项目填列的金额 = "应交税费"账户余额 = 2 400 000 元。

⑨ "其他应付款"项目填列的金额 = "应付利息"账户余额 + "应付股利"账户余额 + "其他应付款"账户余额 = （480 000+160 000+4 000 000）元 = 4 640 000 元。

⑩ "持有待售负债"项目不涉及。

⑪ "一年内到期的非流动负债"项目填列的金额 = 一年内到期的"长期借款"账户明细余额 = 6 000 000 元。

⑫ "其他流动负债"项目不涉及。

⑬ "流动负债合计"填列金额 = 23 655 000 元。

⑭ "长期借款"项目填列的金额 = "长期借款"账户余额 − "一年内到期的长期借款"项目余额 = （14 000 000−6 000 000）元 = 8 000 000 元。

⑮ "应付债券"项目不涉及。

⑯ "长期应付款"项目不涉及。

⑰ "预计负债"项目不涉及。

⑱ "递延收益"项目不涉及。

⑲ "递延所得税负债"项目不涉及。

⑳ "其他非流动负债"项目不涉及。

㉑ "非流动负债合计"填列金额 = 8 000 000 元。

㉒ "负债合计"填列金额 = 31 655 000 元。

（3）所有者权益项目金额计算

① "实收资本（或股本）"项目填列的金额 = "实收资本"或"股本"账户余额 =

財务
会计

10 100 000 元。

②"其他权益工具"项目不涉及。

③"资本公积"项目填列的金额="资本公积"账户余额=90 900 000 元。

④"库存股"项目不涉及。

⑤"其他综合收益"项目不涉及。

⑥"专项储备"项目不涉及。

⑦"盈余公积"项目填列的金额="盈余公积"账户余额=8 000 000 元。

⑧"未分配利润"项目填列的金额="利润分配——未分配利润"明细账户余额=24 000 000 元。

⑨"所有者权益(或股东权益)合计"填列金额=133 000 000 元。

⑩"负债和所有者权益(或股东权益)总计"填列金额=164 655 000 元。

第二步,将计算出的各个项目的金额填列到资产负债表的金额栏中,见表6-4。

表 6-4　资产负债表

会企 01 表

编制单位:新兴股份有限公司　　　　2019 年 12 月 31 日　　　　单位:元

资　产	期末余额	年初余额	负债和所有者权益	期末余额	年初余额
流动资产:		略	流动负债:		略
货币资金	8 800 000		短期借款	0	
以公允价值计量且其变动计入当期损益的金融资产	1 200 000		以公允价值计量且其变动计入当期损益的金融负债	0	
衍生金融资产	0		衍生金融负债	0	
应收票据	1 600 000		应付票据	0	
应收账款	7 400 000		应付账款	6 400 000	
预付款项	3 200 000		预收款项	2 400 000	
其他应收款	2 840 000		应付职工薪酬	1 815 000	
存货	12 815 000		应交税费	2 400 000	
持有待售资产	0		其他应付款	4 640 000	
一年内到期的非流动资产	0		持有待售负债	0	
其他流动资产	0		一年内到期的非流动负债	6 000 000	
流动资产合计	37 855 000		其他流动负债	0	

262

续表

资　产	期末余额	年初余额	负债和所有者权益	期末余额	年初余额
非流动资产：			流动负债合计	23 655 000	
可供出售金融资产	0		非流动负债：		
持有至到期投资	0		长期借款	8 000 000	
长期应收款	0		应付债券	0	
长期股权投资	1 500 000		其中:优先股		
投资性房地产	0		永续债		
固定资产	102 500 000		长期应付款	0	
在建工程	6 000 000		预计负债	0	
生产性生物资产	0		递延收益	0	
油气资产	0		递延所得税负债	0	
无形资产	8 000 000		其他非流动负债	0	
开发支出	0		非流动负债合计	8 000 000	
商誉	0		负债合计	31 655 000	
长期待摊费用	8 800 000		所有者权益：		
递延所得税资产	0		实收资本(或股本)	10 100 000	
其他非流动资产	0		其他权益工具	0	
非流动资产合计	126 800 000		其中:优先股		
			永续债		
			资本公积	90 900 000	
			减:库存股	0	
			其他综合收益	0	
			专项储备	0	
			盈余公积	8 000 000	
			未分配利润	24 000 000	
			所有者权益(或股东权益)合计	133 000 000	
资产总计	164 655 000		负债和所有者权益(或股东权益)总计	164 655 000	

任务 2　编制利润表

【学习目标】

知识目标:熟悉利润表的概念,深刻理解利润表的结构和内容,掌握利润表的编制步骤和编制方法。

技能目标:能根据企业相关会计资料正确编制利润表。

【任务导入】

任务原始资料:白云股份有限公司 2019 年度有关损益类账户本年累计发生额,见表6-5。

表 6-5　2019 年度损益类账户累计发生额

单位:元

账户名称	借方发生额	贷方发生额
主营业务收入		25 000 000
主营业务成本	21 000 000	
税金及附加	450 000	
销售费用	2 200 000	
管理费用	1 000 000	
财务费用——利息费用	200 000	
投资收益		100 000
营业外收入		300 000
营业外支出	100 000	
所得税费用	115 500	

任务目标:根据表中信息编制利润表。

【知识链接】

6.2.1 认知利润表

1）利润表的概念和作用

利润表是指反映企业在一定会计期间的经营成果的会计报表。

通过利润表,可以反映企业在一定会计期间收入、费用、利得、损失、利润(或亏损)的数额及构成情况,帮助财务报表使用者全面了解企业的经营成果,分析企业的获利能力及盈利增长趋势,从而为其做出经济决策提供依据。

2）利润表的格式及内容

在我国,企业的利润表一般采用多步式格式,见表6-6。

表6-6 利润表

会企02表

编制单位:蓝天股份有限公司　　　　　　　2019 年　　　　　　　单位:元

项　　目	本期金额	上期金额
一、营业收入		
减:营业成本		
税金及附加		
销售费用		
管理费用		
研发费用		
财务费用		
其中:利息费用		
利息收入		
加:其他收益		
投资收益(损失以"-"号填列)		
其中:对联营企业和合营企业的投资收益以摊余成本计量的金融资产终止确认收益(损失以"-"号填列)		
净敞口套期收益(损失以"-"号填列)		
公允价值变动收益(损失以"-"号填列)		
资产减值损失		

续表

项　　目	本期金额	上期金额
信用减值损失		
资产处置收益(损失以"-"号填列)		
二、营业利润(亏损以"-"号填列)		
加:营业外收入		
减:营业外支出		
三、利润总额(亏损总额以"-"号填列)		
减:所得税费用		
四、净利润(净亏损以"-"号填列)		
(一)持续经营净利润(净亏损以"-"号填列)		
(二)终止经营净利润(净亏损以"-"号填列)		
五、其他综合收益的税后净额		
(一)不能重分类进损益的其他综合收益		
1.重新计量设定受益计划变动额		
2.权益法下不能转损益的其他综合收益		
3.其他权益工具投资公允价值变动		
4.企业自身信用风险公允价值变动		
……		
(二)将重分类进损益的其他综合收益		
1.权益法下可转损益的其他综合收益		
2.其他债权投资公允价值变动		
3.金融资产重分类计入其他综合收益的金额		
4.其他债权投资信用减值准备		
5.现金流量套期储备		
6.外币财务报表折算差额		
……		
六、综合收益总额		
七、每股收益		
(一)基本每股收益		
(二)稀释每股收益		

6.2.2 利润表的编制

1）利润表的编制步骤

企业的利润表可以分解为以下 5 个步骤进行编制。

第一步,以营业收入为基础,减去营业成本、税金及附加、销售费用、管理费用、财务费用、资产减值损失,加上其他收益、公允价值变动收益(或减去公允价值变动损失)、投资收益(或减去投资损失)和资产处置收益(或减去资产处置损失),计算出营业利润。

第二步,以营业利润为基础,加上营业外收入,减去营业外支出,计算出利润总额。

第三步,以利润总额为基础,减去所得税费用,计算出净利润(或净亏损)。

第四步,以净利润(或净亏损)和其他综合收益为基础,计算综合收益总额。

第五步,以净利润(或净亏损)为基础,计算每股收益。普通股或潜在普通股已公开交易的企业,以及正处于公开发行普通股或潜在普通股过程中的企业,还应当在利润表中列示每股收益信息。

2）利润表项目的填列方法

利润表各项目均需填列"本期金额"和"上期金额"两栏。其中"上期金额"栏内各项数字,应根据上年该期利润表的"本期金额"栏内所列数字填列。"本期金额"栏内各项数字,除"基本每股收益"和"稀释每股收益"以及"其他综合收益"和"综合收益总额"项目外,按以下方法填列。

①根据损益类账户的发生额分析填列。如"营业收入"项目,根据"主营业务收入""其他业务收入"账户的发生额分析计算填列;"营业成本"项目,根据"主营业务成本""其他业务成本"账户的发生额分析计算填列。

②根据本表中相关项目数字计算填列。如"营业利润""利润总额""净利润"项目,应根据本表中有关项目数字计算填列。

3）利润表项目的填列说明

①"营业收入"项目,反映企业在从事销售商品、提供劳务和让渡资产使用权等日常业务过程中所形成的经济利益的总流入,应根据"主营业务收入"和"其他业务收入"账户的发生额分析填列。金融企业的利息收入、已赚保费和手续费及佣金收入等在此项目中反映。

②"营业成本"项目,反映企业经营主要业务和其他业务所发生的成本总额。本项目应根据"主营业务成本"和"其他业务成本"账户的发生额分析填列。

③"税金及附加"项目,反映企业经营活动发生的消费税、城市维护建设税、资源税、教育费附加及房产税、土地使用税、车船使用税、印花税等相关税费。

④"销售费用"项目,反映企业在销售商品过程中发生的包装费、广告费等费用和为销售本企业商品而专设的销售机构的职工薪酬、业务费等经营费用。本项目应根据"销售费

用"账户的发生额分析填列。

⑤"管理费用"项目,反映企业为组织和管理生产经营发生的管理费用,本项目应根据"管理费用"账户的发生额分析填列。

⑥"研发费用"项目,反映企业进行研究与开发过程中发生的费用化支出。该项目应根据"管理费用"账户下的"研发费用"明细账户的发生额分析填列。

⑦"财务费用"项目,反映企业筹集生产经营所需资金等而发生的筹资费用。本项目应根据"财务费用"账户的发生额分析填列。

a. 其中的"利息费用"项目,反映企业为筹集生产经营所需资金等而发生的应予费用化的利息支出。该项目应根据"财务费用"账户的相关明细账户的发生额分析填列。

b. 其中的"利息收入"项目,反映企业确认的利息收入。该项目应根据"财务费用"账户的相关明细账户的发生额分析填列。

⑧"资产减值损失"项目,反映企业各项资产发生的减值损失,本项目应根据"资产减值损失"账户的发生额分析填列。

⑨"信用减值损失"项目,反映企业按照《企业会计准则第 22 号——金融工具确认和计量》(2017 年修订)的要求计提的各项金融工具减值准备所形成的预期信用损失。该项目应根据"信用减值损失"科目的发生额分析填列。

⑩"其他收益"项目,反映计入其他收益的政府补助等。该项目应根据"其他收益"账户的发生额分析填列。

⑪"投资收益"项目,反映企业以各种方式对外投资所取得的收益。本项目应根据"投资收益"账户的发生额分析填列。如为投资损失,本项目以"-"号填列。

⑫"净敞口套期收益"项目,反映净敞口套期下被套期项目累计公允价值变动转入当期损益的金额或现金流量套期储备转入当期损益的金额。该项目应根据"净敞口套期损益"科目的发生额分析填列;如为套期损失,以"-"号填列。

⑬"公允价值变动收益"项目,反映企业应当计入当期损益的资产或负债公允价值变动收益。本项目应根据"公允价值变动损益"账户的发生额分析填列,如为净损失,本项目以"-"号填列。

⑭"资产处置收益"项目,反映企业出售划分为持有待售的非流动资产(金融工具、长期股权投资和投资性房地产除外)或处置组(子公司和业务除外)时确认的处置利得或损失,以及处置未划分为持有待售的固定资产、在建工程、生产性生物资产及无形资产而产生的处置利得或损失。债务重组中因处置非流动资产产生的利得或损失和非货币性资产交换中换出非流动资产产生的利得或损失也包括在本项目内。该项目应根据"资产处置损益"账户的发生额分析填列,如为处置损失,以"-"号填列。

注:处置组是指作为整体出售或其他方式一并处置的一组资产。

⑮"营业利润"项目,反映企业实现的营业利润。如为亏损,本项目以"-"号填列。

⑯"营业外收入"项目,反映企业发生的除营业利润以外的收益,主要包括债务重组利得、与企业日常活动无关的政府补助(根据《企业会计准则第 16 号——政府补助(修订)》第

十一条,与企业日常活动相关的政府补助,应当按照经济业务实质,计入其他收益或冲减相关成本费用。与企业日常活动无关的政府补助,应当计入营业外收入)、盘盈利得、捐赠利得(企业接受股东或股东的子公司直接或间接的捐赠,经济实质属于股东对企业的资本性投入的除外)等。该项目应根据"营业外收入"账户的发生额分析填列。

⑰"营业外支出"项目,反映企业发生的除营业利润以外的支出,主要包括债务重组损失、公益性捐赠支出、非常损失、盘亏损失、非流动资产毁损报废损失等。该项目应根据"营业外支出"账户的发生额分析填列。

⑱"利润总额"项目,反映企业实现的利润。如为亏损,本项目以"-"号填列。

⑲"所得税费用"项目,反映企业应从当期利润总额中扣除的所得税费用。本项目应根据"所得税费用"账户的发生额分析填列。

⑳"净利润"项目,反映企业实现的净利润。如为亏损,本项目以"-"号填列。"(一)持续经营净利润"和"(二)终止经营净利润"项目,分别反映净利润中与持续经营相关的净利润和与终止经营相关的净利润;如为净亏损,以"-"号填列。这两个项目应按照《企业会计准则第42号——持有待售的非流动资产、处置组和终止经营》的相关规定分别列报。

㉑"其他综合收益的税后净额"项目。该项目反映企业根据企业会计准则规定未在当期损益中确认的各项利得和损失扣除所得税影响后的净额。

㉒"其他权益工具投资公允价值变动"项目。该项目反映企业指定为以公允价值计量且其变动计入其他综合收益的非交易性权益工具投资发生的公允价值变动。该项目应根据"其他综合收益"科目的相关明细科目的发生额分析填列。

㉓"企业自身信用风险公允价值变动"项目。该项目反映企业指定为以公允价值计量且其变动计入当期损益的金融负债,由企业自身信用风险变动引起的公允价值变动而计入其他综合收益的金额。该项目应根据"其他综合收益"科目的相关明细科目的发生额分析填列。

㉔"其他债权投资公允价值变动"项目。该项目反映企业分类为以公允价值计量且其变动计入其他综合收益的债权投资发生的公允价值变动。企业将一项以公允价值计量且其变动计入其他综合收益的金融资产重分类为以摊余成本计量的金融资产,或重分类为以公允价值计量且其变动计入当期损益的金融资产时,之前计入其他综合收益的累计利得或损失从其他综合收益中转出的金额作为该项目的减项。该项目应根据"其他综合收益"科目下的相关明细科目的发生额分析填列。

㉕"金融资产重分类计入其他综合收益的金额"项目。该项目反映企业将一项以摊余成本计量的金融资产重分类为以公允价值计量且其变动计入其他综合收益的金融资产时,计入其他综合收益的原账面价值与公允价值之间的差额。该项目应根据"其他综合收益"科目下的相关明细科目的发生额分析填列。

㉖"其他债权投资信用减值准备"项目。该项目反映企业按照《企业会计准则第22号——金融工具确认和计量》(2017年修订)第十八条分类为以公允价值计量且其变动计入其他综合收益的金融资产的损失准备。该项目应根据"其他综合收益"科目下的"信用减值

准备"明细科目的发生额分析填列。

㉗"现金流量套期储备"项目。该项目反映企业套期工具产生的利得或损失中属于套期有效的部分。该项目应根据"其他综合收益"科目下的"套期储备"明细科目的发生额分析填列。

㉘"综合收益总额"项目,反映企业净利润和其他综合收益扣除所得税影响后的净额相加后的合计金额。

㉙"每股收益"项目,包括"基本每股收益"和"稀释每股收益"两项指标,反映普通股或潜在普通股已公开交易的企业,以及正处在公开发行普通股或潜在普通股过程中的企业的每股收益信息。

【任务实施】

根据本项目"任务导入"里的任务资料和任务目标,具体任务实施过程如下。

第一步,以营业收入为基础,计算营业利润。

营业利润=营业收入-营业成本-税金及附加-销售费用-管理费用-财务费用+投资收益=25 000 000-21 000 000-450 000-2 200 000-1 000 000-200 000+100 000=250 000

第二步,以营业利润为基础,计算利润总额。

利润总额=营业利润+营业外收入-营业外支出=250 000+300 000-100 000=450 000

第三步,以利润总额为基础,计算净利润。

净利润=利润总额-所得税费用=450 000-115 500=334 500

第四步,编制白云股份有限公司2019年度利润表,见表6-7。

表6-7 利润表

会企02表

编制单位:白云股份有限公司　　　　　　　2019年　　　　　　　　单位:元

项　目	本期金额	上期金额(略)
一、营业收入	25 000 000	
减:营业成本	21 000 000	
税金及附加	450 000	
销售费用	2 200 000	
管理费用	1 000 000	
研发费用		
财务费用	200 000	
其中:利息费用	200 000	
利息收入		

续表

项　目	本期金额	上期金额(略)
加:其他收益		
投资收益(损失以"－"号填列)	100 000	
其中:对联营企业和合营企业的投资收益		
净敞口套期收益(损失以"－"填列)		
公允价值变动收益(损失以"－"号填列)		
资产减值损失		
信用减值损失		
资产处置收益(损失以"－"号填列)		
二、营业利润(亏损以"－"号填列)	250 000	
加:营业外收入	300 000	
减:营业外支出	100 000	
三、利润总额(亏损总额以"－"号填列)	450 000	
减:所得税费用	115 500	
四、净利润(净亏损以"－"号填列)	334 500	
(一)持续经营净利润(净亏损以"－"号填列)		
(二)终止经营净利润(净亏损以"－"号填列)		
五、其他综合收益的税后净额		
(一)不能重分类进损益的其他综合收益		
(二)将重分类进损益的其他综合收益		
六、综合收益总额		
七、每股收益	(略)	
(一)基本每股收益		
(二)稀释每股收益		

任务3 编制现金流量表

【学习目标】

知识目标:熟悉现金流量表的概念,深刻理解现金流量表的结构和内容,掌握现金流量表的编制步骤和编制方法。

技能目标:能根据企业相关会计资料正确编制现金流量表。

【任务导入】

任务原始资料:已知蓝天股份有限公司 2019 年度资产负债表(表 6-8)和利润表(表 6-9)及相关项目明细资料。

表 6-8 资产负债表

会企 01 表

编制单位:蓝天股份有限公司　　　　2019 年 12 月 31 日　　　　单位:元

资　产	期末余额	年初余额	负债和所有者权益 (或股东权益)	期末余额	年初余额
流动资产:			流动负债:		
货币资金	326 052.4	562 520	短期借款	20 000	120 000
交易性金融资产	0	6 000	交易性金融负债		
应收票据	26 400	98 400	应付票据	40 000	80 000
应收账款	239 280	119 640	应付账款	381 520	381 520
预付款项	40 000	40 000	预收款项		
应收利息			应付职工薪酬	72 000	44 000
应收股利			应交税费	90 692.4	14 640
其他应收款	2 000	2 000	应付利息		
存货	993 880	1 032 000	应付股利	12 886.34	0
一年内到期的非流动资产			其他应付款	20 000	20 000
其他流动资产	40 000	40 000	一年内到期的非流动负债	0	400 000

272

续表

资　产	期末余额	年初余额	负债和所有者权益（或股东权益）	期末余额	年初余额
流动资产合计	1 667 612.4	1 900 560	其他流动负债		
非流动资产:			流动负债合计	695 183.94	1 060 560
可供出售金融资产			非流动负债:		
持有至到期投资			长期借款	464 000	240 000
长期应收款			应付债券		
长期股权投资	100 000	100 000	长期应付款		
投资性房地产			专项应付款		
固定资产	880 400	440 000	预计负债		
在建工程			递延所得税负债		
工程物资			其他非流动负债		
固定资产清理			非流动负债合计	464 000	240 000
生产性生物资产			负债合计	1 101 098.74	1 300 560
油气资产			所有者权益（或股东权益）:		
无形资产	216 000	240 000	实收资本（或股本）	2 000 000	2 000 000
开发支出			资本公积		
商誉			减:库存股		
长期待摊费用			盈余公积	49 908.16	40 000
递延所得税资产	3 000	0	未分配利润	87 205.5	20 000
其他非流动资产	80 000	80 000	所有者权益（或股东权益）合计	2 137 113.66	2 060 000
非流动资产合计	1 570 600	1 460 000			
资产总计	3 238 212.4	3 360 560	负债和所有者权益（或股东权益）总计	3 238 212.4	3 360 560

表 6-9　利润表

会企 02 表

编制单位:蓝天股份有限公司　　　　　　2019 年　　　　　　　　　　　　单位:元

项　目	本年金额	上年金额
一、营业收入	500 000	
减:营业成本	300 000	
税金及附加	800	
销售费用	8 000	
管理费用	62 840	
财务费用	16 600	
其中:利息费用	16 600	
利息收入		
加:其他收益		
投资收益(损失以"-"号填列)	12 600	
其中:对联营企业和合营企业的投资收益		
净敞口套期收益(损失以"-"号填列)		
公允价值变动收益(损失以"-"号填列)		
资产减值损失		
信用减值损失		
资产处置收益(损失以"-"号填列)		
二、营业利润(亏损以"-"号填列)	112 000	
加:营业外收入	20 000	
减:营业外支出	7 880	
三、利润总额(亏损总额以"-"号填列)	124 120	
减:所得税费用	34 120	
四、净利润(净亏损以"-"号填列)	90 000	
(一)持续经营净利润(净亏损以"-"号填列)		
(二)终止经营净利润(净亏损以"-"号填列)		
五、其他综合收益的税后净额		
(一)不能重分类进损益的其他综合收益		
(二)将重分类进损益的其他综合收益		

续表

项　目	本年金额	上年金额
六、综合收益总额		
七、每股收益		
（一）基本每股收益		
（二）稀释每股收益		

1. 蓝天股份有限公司 2019 年度资产负债表有关项目的明细资料如下。

①本期收回交易性股票投资本金 6 000 元、公允价值变动 400 元,同时实现投资收益 200 元。

②存货中生产成本、制造费用的组成:职工薪酬 129 960 元,折旧费 32 000 元。

③应交税费的组成:本期增值税进项税额 16 986.40 元,增值税销项税额 85 000 元,已交增值税 40 000 元;应交所得税期末余额为 8 038.80 元,应交所得税期初余额为 0;应交税费期末数中应由在建工程负担的部分为 40 000 元。

④应付职工薪酬的期初数无应付在建工程人员的部分,本期支付在建工程人员职工薪酬 80 000 元。应付职工薪酬的期末数中应付在建工程人员的部分为 11 200 元。

⑤应付利息均为短期借款利息,其中本期计提利息 4 600 元,支付利息 5 000 元。

⑥本期用银行存款购买固定资产 40 400 元,购买工程物资 120 000 元。

⑦本期用现金偿还短期借款 100 000 元,偿还一年内到期的长期借款 400 000 元;借入长期借款 224 000 元。

2. 蓝天股份有限公司 2019 年度利润表有关项目的明细资料如下:

①管理费用的组成:职工薪酬 6 840 元,无形资产摊销 24 000 元,折旧费 8 000 元,支付其他费用 24 000 元。

②财务费用的组成:计提借款利息 4 600 元,支付应收票据(银行承兑汇票)贴现利息 12 000 元。

③资产减值损失的组成:本年计提坏账准备 360 元,本年计提固定资产减值准备 12 000 元。上年年末坏账准备余额为 360 元。

④投资收益的组成:收到股息收入 12 000 元,与本金一起收回的交易性股票投资收益 200 元,自公允价值变动损益结转投资收益 400 元。

⑤营业外收入的组成:处置固定资产净收益 20 000 元(其所处置固定资产原价为 160 000 元,累计折旧为 60 000 元,收到处置收入 120 000 元)。假定不考虑与固定资产处置有关的税费。

⑥营业外支出的组成:报废固定资产净损失 7 880 元(其所报废固定资产原价为 80 000 元,累计折旧为 72 000 元,支付清理费用 200 元,收到残值收入 320 元)。

⑦所得税费用的组成:当期所得税费用 37 120 元,递延所得税收益 3 000 元。

除上述项目外,利润表中的销售费用 8 000 元至期末已经支付。

任务目标:根据以上资料,要求采用分析填列的方法,编制蓝天股份有限公司 2019 年度的现金流量表。

【知识链接】

6.3.1 认知现金流量表

1)现金流量表的含义

现金流量表是指反映企业在一定会计期间的现金和现金等价物流入和流出的会计报表。

现金,是指企业库存现金以及可以随时用于支付的存款,包括库存现金、银行存款和其他货币资金等。不能随时用于支付的存款不属于现金。

现金等价物,是指企业持有的期限短、流动性强、易于转换为已知金额现金、价值变动风险很小的投资。期限短,一般是指从购买日起 3 个月内到期。现金等价物通常包括 3 个月内到期的短期债券投资等。权益性投资变现的金额通常不确定,因而不属于现金等价物。不同企业现金及现金等价物的范围可能不同,企业应当根据经营特点等具体情况,确定现金及现金等价物的范围,一经确定不得随意变更。

现金流量是指一定会计期间内企业现金和现金等价物的流入和流出的总和。现金和现金等价物流入量与流出量的差额为现金净流量。现金各项目之间的增减变动,不影响现金流量净额的变动,现金流量表不需要反映。非现金各项目之间的增减变动,不影响现金流量净额的变动,现金流量表一般不反映(但重要的投资和筹资活动在补充资料中说明)。现金各项目与非现金各项目之间的增减变动,会影响现金流量净额的变动,现金流量表主要反映此部分的内容。

通过现金流量表,可以反映企业一定会计期间现金和现金等价物流入和流出的信息,便于会计信息使用者了解和评价企业获取现金和现金等价物的能力,有助于其分析企业收益质量及了解现金流量的影响因素,评价企业的支付能力、偿债能力和周转能力等,据以预测企业未来现金流量,为其决策提供有力依据,弥补了资产负债表和利润表提供信息的不足。

2)现金流量表的结构

在我国,企业现金流量表采用报告式结构。企业产生的现金流量可分为经营活动产生的现金流量、投资活动产生的现金流量和筹资活动产生的现金流量三类,最后汇总反映企业某一期间现金及现金等价物的净增加额。通常,企业现金流量表的基本格式,见表6-10。

表 6-10　现金流量表

会企 03 表

编制单位：　　　　　　　　　　　　　　　　　　　年　　月　　　　　　　　　　　　　　　　　　单位：元

项　目	本期金额	上期金额
一、经营活动产生的现金流量		
销售商品、提供劳务收到的现金		
收到的税费返还		
收到其他与经营活动有关的现金		
经营活动现金流入小计		
购买商品、接受劳务支付的现金		
支付给职工以及为职工支付的现金		
支付的各项税费		
支付其他与经营活动有关的现金		
经营活动现金流出小计		
经营活动产生的现金流量净额		
二、投资活动产生的现金流量		
收回投资收到的现金		
取得投资收益收到的现金		
处置固定资产、无形资产和其他长期资产收回的现金净额		
处置子公司及其他营业单位收到的现金净额		
收到其他与投资活动有关的现金		
投资活动现金流入小计		
购建固定资产、无形资产和其他长期资产支付的现金		
投资支付的现金		
取得子公司及其他营业单位支付的现金净额		
支付其他与投资活动有关的现金		
投资活动现金流出小计		
投资活动产生的现金流量净额		
三、筹资活动产生的现金流量		
吸收投资收到的现金		
取得借款收到的现金		
收到其他与筹资活动有关的现金		
筹资活动现金流入小计		

续表

项 目	本期金额	上期金额
偿还债务支付的现金		
分配股利、利润或偿付利息支付的现金		
支付其他与筹资活动有关的现金		
筹资活动现金流出小计		
筹资活动产生的现金流量净额		
四、汇率变动对现金及现金等价物的影响		
五、现金及现金等价物净增加额		
加:期初现金及现金等价物余额		
六、期末现金及现金等价物余额		

(1)经营活动产生的现金流量

经营活动是指企业投资活动和筹资活动以外的所有交易和事项。经营活动产生的现金流量事项,主要包括销售商品或提供劳务、购买商品或接受劳务、支付职工薪酬、支付各项税费或收到税费返还等流入和流出现金和现金等价物的活动或事项。

(2)投资活动产生的现金流量

投资活动是指企业长期资产的购建和不包括在现金等价物范围内的投资及其处置活动。这里所指的"投资"既包括对外投资,又包括长期资产的购建与处置。投资活动产生的现金流量事项,主要包括取得和收回投资、购建和处置固定资产、无形资产和其他长期资产、取得和处置子公司及其他营业单位等流入和流出现金和现金等价物的活动或事项。

(3)筹资活动产生的现金流量

筹资活动是指导致企业资本及债务规模和构成发生变化的活动。筹资活动产生的现金流量事项,主要包括发行股票或接受投入资本、发行和偿还公司债券、取得和偿还银行借款、分配现金股利或利润等流入和流出现金和现金等价物的活动或事项。偿付应付账款、应付票据等商业应付款属于经营活动,不属于筹资活动。

6.3.2　现金流量表的编制

1)现金流量表的编制方法

现金流量表以现金及现金等价物为基础编制,划分为经营活动、投资活动和筹资活动,按照收付实现制原则编制,将权责发生制下的盈利信息调整为收付实现制下的现金流量信息。

(1)直接法和间接法

编制现金流量表时,列报经营活动现金流量的方法有两种,一是直接法,一是间接法。

在直接法下,一般是以利润表中的营业收入为起算点,调节与经营活动有关的项目的增减变动,然后计算出经营活动产生的现金流量。在间接法下,将净利润调节为经营活动现金流量,实际上就是将按权责发生制原则确定的净利润调整为现金净流入,并剔除投资活动和筹资活动对现金流量的影响。

采用直接法编报的现金流量表,便于分析企业经营活动产生的现金流量的来源和用途,预测企业现金流量的未来前景;采用间接法编报现金流量表,便于将净利润与经营活动产生的现金流量净额进行比较,了解净利润与经营活动产生的现金流量差异的原因,从现金流量的角度分析净利润的质量。所以,我国企业会计准则规定企业应当采用直接法编报现金流量表,同时,要求在附注中提供以净利润为基础调节经营活动现金流量的信息。

(2)工作底稿法

采用工作底稿法编制现金流量表,是以工作底稿为手段,以资产负债表和利润表数据为基础,对每一项目进行分析并编制调整分录,从而编制现金流量表。工作底稿法的程序是:

第一步,将资产负债的期初数和期末数过入工作底稿的期初数栏和期末数栏。

第二步,对当期业务进行分析并编制调整分录。编制调整分录时,要以利润表项目为基础,从"营业收入"开始,结合资产负债表项目逐一进行分析。在调整分录中,有关现金和现金等价物的事项,并不直接借记或贷记现金,而是分别计入"经营活动产生的现金流量""投资活动产生的现金流量""筹资活动产生的现金流量"有关项目,借记表示现金流入,贷记表示现金流出。

第三步,将调整分录过入工作底稿中的相应部分。

第四步,核对调整分录,借方、贷方合计数均已相等,资产负债表项目期初数加减调整分录中的借贷金额以后,也等于期末数。

第五步,根据工作底稿中的现金流量表项目部分编制正式的现金流量表。

(3)T形账户法

采用T形账户法编制现金流量表,是以T形账户为手段,以资产负债表和利润表数据为基础,对每一项目进行分析并编制调整分录,从而编制现金流量表。T形账户法的程序是:

第一步,为所有的非现金项目(包括资产负债表项目和利润表项目)分别开设T形账户,并将各自的期末期初变动数过入各账户。如果项目的期末数大于期初数,则将差额过入和项目余额相同的方向;反之,过入相反的方向。

第二步,开设一个大的"现金及现金等价物"T形账户,每边分为经营活动、投资活动和筹资活动3个部分,左边记现金流入,右边记现金流出。与其他账户一样,过入期末期初变动数。

第三步,以利润表项目为基础,结合资产负债表分析每一个非现金项目的增减变动,并据此编制调整分录。

第四步,将调整分录过入各T形账户,并进行核对,该账户借贷相抵后的余额与原先过入的期末期初变动数应当一致。

第五步,根据大的"现金及现金等价物"T形账户编制正式的现金流量表。

（4）分析填列法

分析填列法是直接根据资产负债表、利润表和有关会计账户明细账的记录，分析计算出现金流量表各项目的金额，并据以编制现金流量表的一种方法。

2）现金流量表项目填列说明

（1）经营活动产生的现金流量

①"销售商品、提供劳务收到的现金"项目。该项目反映企业销售商品、提供劳务实际收到的现金（包括应向购买者收取的增值税销项税额），包括本期销售商品、提供劳务收到的现金，以及前期销售商品、提供劳务本期收到的现金和本期预收的账款，减去本期退回本期销售的商品和前期销售本期退回的商品支付的现金。企业销售材料和代购代销业务收到的现金，也在本项目反映。

②"收到的税费返还"项目。该项目反映企业收到返还的各种税费，如收到的增值税、消费税、关税、所得税、教育费附加返还等。

③"收到的其他与经营活动有关的现金"项目。该项目反映企业除了上述各项目外，收到的其他与经营活动有关的现金，如罚款、流动资产损失中由个人赔偿的现金等。其他现金流入如价值较大的，应单列项目反映。本项目可以根据"库存现金""银行存款""营业外收入"等账户的记录分析填列。

④"购买商品、接受劳务支付的现金"项目。该项目反映企业购买商品、接受劳务实际支付的现金（包括增值税进项税额），包括本期购入材料、商品、接受劳务支付的现金，以及本期支付前期购入商品、接受劳务的未付款项和本期预付款项。本期发生的购货退回收到的现金应从本项目内扣除。

⑤"支付给职工以及为职工支付的现金"项目。该项目反映企业实际支付给职工以及为职工支付的现金，包括本期实际支付给职工的工资、奖金、各种津贴和补贴等，以及为职工支付的其他费用。不包括支付给离退休人员的各项费用和在建工程人员的工资及其他费用。本项目可以根据"应付职工薪酬""库存现金""银行存款"等账户的记录分析填列。

⑥"支付的各项税费"项目。该项目反映企业按规定支付的各种税费，包括本期发生并支付的税费，以及本期支付以前各期发生的税费和本期预交的税费，如支付的增值税、所得税、消费税、印花税、房产税、土地增值税、车船税、教育费附加，矿产资源补偿费等。不包括计入固定资产价值、实际支付的耕地占用税，也不包括本期退回的增值税、所得税。本项目可以根据"应交税费""库存现金""银行存款"等账户的记录分析填列。

⑦"支付的其他与经营活动有关的现金"项目。该项目反映企业除上述各项目外，支付的其他与经营活动有关的现金，如经营租赁支付的租金、罚款支出、支付的差旅费、业务招待费、支付的保险费等，其他现金流出如价值较大的，应单列项目反映。本项目可以根据"库存现金""银行存款""管理费用""营业外支出"等账户的记录分析填列。

（2）投资活动产生的现金流量

①"收回投资收到的现金"项目。该项目反映企业出售、转让或到期收回除现金等价物

以外的对其他企业的权益工具、债务工具和合营中的权益等投资收到的现金。不包括收回债务工具实现的投资收益、处置子公司及其他营业单位收到的现金净额。本项目可以根据"可供出售金融资产""持有至到期投资""长期股权投资""库存现金""银行存款"等账户的记录分析填列。

②"取得投资收益收到的现金"项目。该项目反映企业除现金等价物以外的对其他企业的权益工具、债务工具和合营中的权益投资分回的现金股利和利息等,不包括股票股利。本项目可以根据"库存现金""银行存款""投资收益"等账户的记录分析填列。

③"处置固定资产、无形资产和其他长期资产收回的现金净额"项目。该项目反映企业处置固定资产、无形资产和其他长期资产所取得的现金,减去为处置这些资产而支付的有关费用后的净额。因资产毁损而收到的保险赔偿款,也在本项目反映。如果收回的现金净额为负数,则应在"支付的其他与投资活动有关的现金"项目中反映。本项目可以根据"固定资产清理""库存现金""银行存款"等账户的记录分析填列。

④"处置子公司及其他营业单位收到的现金净额"项目。该项目反映企业处置子公司及其他营业单位所取得的现金,减去相关处置费用以及子公司及其他营业单位持有的现金和现金等价物后的净额。

⑤"收到的其他与投资活动有关的现金"项目。该项目反映企业除了上述各项以外,收到的其他与投资活动有关的现金。如果现金流入价值较大的,则应单列项目反映。

⑥"购建固定资产、无形资产和其他长期资产支付的现金"项目。该项目反映企业本期购买建造固定资产、取得无形资产和其他长期资产实际支付的现金,以及用现金支付的应由在建工程和无形资产所负担的职工薪酬,不包括为购建固定资产而发生的借款利息资本化的部分,以及融资租入固定资产支付的租赁费。本项目可以根据"固定资产""在建工程""无形资产""库存现金""银行存款"等账户的记录分析填列。

⑦"投资支付的现金"项目。该项目反映企业取得除现金等价物以外的对其他企业的权益工具、债务工具和合营中的权益投资所支付的现金,以及支付的佣金、手续费等交易费用,但取得子公司及其他营业单位支付的现金净额除外。本项目可以根据"可供出售金融资产""持有至到期投资""长期股权投资""库存现金""银行存款"等账户的记录分析填列。

⑧"取得子公司及其他营业单位支付的现金净额"项目。该项目反映企业购买子公司及其他营业单位购买出价中以现金支付的部分,减去子公司及其他营业单位持有的现金和现金等价物后的净额。本项目可以根据"长期股权投资""库存现金""银行存款"等账户的记录分析填列。

⑨"支付的其他与投资活动有关的现金"项目。该项目反映企业除了上述各项以外,支付的其他与投资活动有关的现金流出。其他现金流出如价值较大的,应单列项目反映。本项目可以根据"应收股利""应收利息""银行存款""库存现金"等账户的记录分析填列。

（3）筹资活动产生的现金流量

①"吸收投资所收到的现金"项目。该项目反映企业以发行股票、债券等方式筹集资金实际收到的款项,减去直接支付的佣金、手续费、宣传费等发行费用后的净额。本项目可以

根据"实收资本(或股本)""库存现金""银行存款"等账户的记录分析填列。

②"取得借款收到的现金"项目。该项目反映企业举借各种短期、长期借款所收到的现金。本项目可以根据"短期借款""长期借款""库存现金""银行存款"等账户的记录分析填列。

③"收到其他与筹资活动有关的现金"项目。该项目反映企业除上述各项目外,收到的其他与筹资活动有关的现金流入。其他现金流入如价值较大的,应单列项目反映。本项目可以根据"库存现金""银行存款""营业外收入"等账户的记录分析填列。

④"偿还债务支付的现金"项目。该项目反映企业偿还债务本金所支付的现金,包括偿还金融企业的借款本金、偿还债券本金等。企业偿还的借款利息、债券利息,在"分配股利、利润或偿付利息所支付的现金"项目反映,不包括在本项目内。本项目可以根据"短期借款""长期借款""应付债券""库存现金""银行存款"等账户的记录分析填列。

⑤"分配股利、利润或偿付利息所支付的现金"项目。该项目反映企业实际支付的现金股利,支付给其他投资单位的利润或用现金支付的借款利息、债券利息等。本项目可以根据"应付股利""应付利息""财务费用""库存现金""银行存款"等账户的记录分析填列。

⑥"支付的其他与筹资活动有关的现金"项目。该项目反映企业除了上述各项外,支付的其他与筹资活动有关的现金,其他现金流出如价值较大的,应单列项目反映。本项目可以根据"营业外支出""长期应付款""银行存款""库存现金"等账户的记录分析填列。

(4)汇率变动对现金及现金等价物的影响

该项目反映企业外币现金流量及境外子公司的现金流量折算为人民币时,所采用的现金流量发生日的即期汇率,或按照系统合理的方法确定的、与现金流量发生日即期汇率近似汇率折算的人民币金额,与"现金及现金等价物净增加额"中的外币现金净增加额按期末汇率折算的人民币金额之间的差额。

(5)"现金及现金等价物净增加额"项目根据前四项现金净流量的合计数填列

(6)现金流量表补充资料

除现金流量表反映的信息外,企业还应在附注中披露将净利润调节为经营活动现金流量、不涉及现金收支的重大投资和筹资活动、现金及现金等价物净变动情况等信息。

①净利润调节为经营活动现金流量的信息。将净利润调节为经营活动现金流量,实际上采用间接法列报经营活动现金流量,就是将按权责发生制原则确定的净利润调整为现金净流入,并剔除投资活动和筹资活动对现金流量的影响。

企业应当在附注中披露将净利润调节为经营活动现金流量的信息。至少应当单独披露对净利润进行调节的下列项目:资产减值准备、固定资产折旧、无形资产摊销、长期待摊费用摊销、处置固定资产、无形资产和其他长期资产的损失、固定资产报废损失、公允价值变动损失、财务费用、投资损失、递延所得税资产减少、递延所得税负债增加、存货的减少、经营性应收项目的减少、经营性应付项目的增加。

②不涉及现金收支的重大投资和筹资活动。企业应当在附注中披露不涉及当期现金收支,但影响企业财务状况或在未来可能影响企业现金流量的重大投资和筹资活动。

【任务实施】

第一步,蓝天股份有限公司 2019 年度现金流量表各项目金额,分析确定如下。

①销售商品、提供劳务收到的现金=主营业务收入+应交税费(应交增值税——销项税额)+应收账款(期初余额-期末余额)+应收票据(期初余额-期末余额)-当期计提的坏账准备-票据贴现的利息=[500 000+85 000+(119 640-239 280)+(98 400-26 400)-360-12 000]元=525 000 元

②购买商品、接受劳务支付的现金=主营业务成本+应交税费(应交增值税——进项税额)-存货(期初余额-期末余额)+应付账款(期初余额-期末余额)+应付票据(期初余额-期末余额)+预付账款(期末余额-期初余额)-当期列入生产成本、制造费用的职工薪酬-当期列入生产成本、制造费用的折旧费和固定资产修理费=[300 000+16 986.40-(1 032 000-993 880)+(381 520-381 520)+(80 000-40 000)+(40 000-40 000)-32 000-129 960]元=156 906.40 元

③支付给职工以及为职工支付的现金=生产成本、制造费用、管理费用中的职工薪酬+应付职工薪酬(期初余额-期末余额)-[应付职工薪酬(在建工程)期初余额-应付职工薪酬(在建工程)期末余额]=[129 960+6 840+(44 000-72 000)-(0-11 200)]元=120 000 元

④支付的各项税费=当期所得税费用+税金及附加+应交税费(应交增值税——已交税金)-应交所得税(期末余额-期初余额)=[37 120+800+40 000-(8 038.80-0)]元=69 881.20 元

⑤支付其他与经营活动有关的现金=其他管理费用+销售费用=(24 000+8 000)元=32 000 元

⑥收回投资收到的现金=交易性金融资产贷方发生额+与交易性金融资产一起收回的投资收益=(6 400+200)元=6 600 元

⑦取得投资收益所收到的现金=收到的股息收入=12 000 元

⑧处置固定资产收回的现金净额=[120 000+(320-200)]元=120 120 元

⑨购建固定资产支付的现金=用现金购买的固定资产、工程物资+支付给在建工程人员的薪酬=(40 400+120 000+80 000)元=240 400 元

⑩取得借款所收到的现金=224 000 元

⑪偿还债务支付的现金=(100 000+400 000)元=500 000 元

⑫偿还利息支付的现金=5 000 元

第二步,将净利润调节为经营活动现金流量,各项目计算分析如下。

①资产减值准备=(360+12 000)元=12 360 元

②固定资产折旧=(32 000+8 000)元=40 000 元

③无形资产摊销=24 000 元

④处置固定资产、无形资产和其他长期资产的损失(减:收益)=-20 000 元

⑤固定资产报废损失＝7 880 元

⑥财务费用＝4 600 元

⑦投资损失(减:收益)＝－12 600 元

⑧递延所得税资产减少＝－3 000 元

⑨存货的减少＝(1 032 000－993 880)元＝38 120 元

⑩经营性应收项目的减少＝{(98 400－26 400)＋[(119 640－239 280)－(720－360)]}元＝
－48 000 元

⑪经营性应付项目的增加＝{(40 000－80 000)＋(381 250－381 250)＋[(72 000－
11 200)－44 000]＋[(90 692.40－40 000)－14 640]}元＝12 852.40 元

第三步,根据上述数据,编制现金流量表及其补充资料,见表6-11 和表6-12。

表6-11　现金流量表

会企03 表

编制单位:蓝天股份有限公司　　　　2019 年12 月　　　　　　　　　　单位:元

项　　目	本期金额	上期金额
一、经营活动产生的现金流量		
销售商品、提供劳务收到的现金	525 000	
收到的税费返还	0	
收到其他与经营活动有关的现金	0	
经营活动现金流入小计	525 000	
购买商品、接受劳务支付的现金	156 906.40	
支付给职工以及为职工支付的现金	120 000	
支付的各项税费	69 881.20	
支付其他与经营活动有关的现金	32 000	
经营活动现金流出小计	378 787.60	
经营活动产生的现金流量净额	146 212.40	
二、投资活动产生的现金流量		
收回投资收到的现金	6 600	
取得投资收益收到的现金	12 000	
处置固定资产、无形资产和其他长期资产收回的现金净额	120 120	
处置子公司及其他营业单位收到的现金净额	0	
收到其他与投资活动有关的现金	0	
投资活动现金流入小计	138 720	
购建固定资产、无形资产和其他长期资产支付的现金	240 400	

续表

项　目	本期金额	上期金额
投资支付的现金	0	
取得子公司及其他营业单位支付的现金净额	0	
支付其他与投资活动有关的现金	0	
投资活动现金流出小计	240 400	
投资活动产生的现金流量净额	−101 680	
三、筹资活动产生的现金流量		
吸收投资收到的现金	0	
取得借款收到的现金	224 000	
收到其他与筹资活动有关的现金	0	
筹资活动现金流入小计	224 000	
偿还债务支付的现金	500 000	
分配股利、利润或偿付利息支付的现金	5 000	
支付其他与筹资活动有关的现金	0	
筹资活动现金流出小计	505 000	
筹资活动产生的现金流量净额	−281 000	
四、汇率变动对现金及现金等价物的影响	0	
五、现金及现金等价物净增加额	−236 467.60	
加:期初现金及现金等价物余额	562 520	
六、期末现金及现金等价物余额	326 052.40	

表6-12　现金流量表补充资料

单位:元

补充资料	本期金额	上期金额
1.将净利润调节为经营活动现金流量		略
净利润	90 000	
加:资产减值准备	12 360	
固定资产折旧、油气资产折耗、生产性生物资产折旧	40 000	
无形资产摊销	24 000	
长期待摊费用摊销	0	
处置固定资产、无形资产和其他长期资产的损失(收益以"−"号填列)	−20 000	

续表

补充资料	本期金额	上期金额
固定资产报废损失(收益以"-"号填列)	7 880	
公允价值变动损失(收益以"-"号填列)	0	
财务费用(收益以"-"号填列)	4 600	
投资损失(收益以"-"号填列)	−12 600	
递延所得税资产减少(增加以"-"号填列)	−3 000	
递延所得税负债增加(减少以"-"号填列)	0	
存货的减少(增加以"-"号填列)	381 200	
经营性应收项目的减少(增加以"-"号填列)	−48 000	
经营性应付项目的增加(减少以"-"号填列)	12 852. 40	
其他	0	
经营活动产生的现金流量净额	146 212. 40	
2. 不涉及现金收支的重大投资和筹资活动		
债务转为资本	0	
一年内到期的可转换公司债券	0	
融资租入固定资产	0	
3. 现金及现金等价物净变动情况		
现金的期末余额	326 052. 40	
减:现金的期初余额	562 520	
加:现金等价物的期末余额	0	
减:现金等价物的期初余额	0	
现金及现金等价物净增加额	−236 467. 60	

任务4　编制所有者权益变动表

【学习目标】

知识目标:了解所有者权益变动表包含的内容,熟悉所有者权益变动表的结构,掌握所有者权益变动表的编制方法。

技能目标：能够根据相关数据填制所有者权益变动表。

【任务导入】

任务原始资料：佳乐股份有限责任公司 2018 年末所有者权益相关数据，见表 6-13。

表 6-13　佳乐股份有限责任公司 2018 年末所有者权益数据表

单位：元

项目	股本	资本公积	盈余公积	未分配利润	所有者权益合计
金额	1 250 000	7 800 000	5 160 000	3 860 000	18 070 000

2019 年佳乐股份有限公司发生如下有关所有者权益的经济业务。

①年初增发新股 600 000 股，每股面值 1 元，发行价 7 元。证券公司按发行收入的 5% 收取手续费，不考虑相关税费。

②本年实现综合收益 1 260 000 元。以综合收益的 10% 计提法定盈余公积。

③经过股东大会决议：决定用资本公积 2 200 000 元转增股本，计提综合收益 8% 的任意盈余公积，给股东分配 460 000 元现金股利。

任务目标：根据以上资料编制佳乐股份有限公司 2017 年所有者权益变动表。

【知识链接】

6.4.1　认知所有者权益变动表

1）所有者权益变动表的概念和作用

（1）所有者权益变动表的概念

所有者权益变动表是指反映构成所有者权益各组成部分当期增减变动情况的报表。所有者权益变动表应当全面反映一定时期所有者权益变动的情况，不仅包括所有者权益总量的增减变动，还包括所有者权益增减变动的重要结构性信息，特别是要反映直接计入所有者权益的利得或损失，让报表使用者准确理解所有者权益增减变动的根源。

（2）所有者权益变动表的作用

①所有者权益变动表完善和满足了股东的信息需求。

随着资本市场的发展，企业的所有者（股东）越来越重视自己的利益，他们迫切需要详细地了解自己的权益状况，而原先的所有者权益增减变动表仅仅是将所有者权益项目进行了重复的简单列示，这满足不了股东的需求，因此设计新的所有者权益变动表向企业的投资者反映权益综合性的增减变动，以此评估企业管理层受托责任的履行情况。

②所有者权益变动表更好地为利润表和资产负债表提供辅助信息。

利润表中净利润后的分配以及资产负债表中所有者权益的期末数与期初数的变动可以通过所有者权益变动表体现出来。所有者权益变动表中"综合收益"项目反映企业当年实现的净利润(或净亏损)以及其他综合收益的情况;"所有者投入和减少资本"项目反映企业接受投资者投资形成的实收资本(或股本)及资本溢价(或股本溢价);"利润分配"项目反映当年对所有者(或股东)分配的利润(或股利)金额和按规定提取的盈余公积金额。

③所有者权益变动表更清晰地体现会计政策变更和前期差错更正对所有者权益的影响。

会计政策变更和前期差错更正对所有者权益本年年初余额的影响,以前要在会计报表附注中体现,很容易被投资者忽略。在编制所有者权益变动表后,这两项内容直接列示在所有者权益变动表上,使会计政策变更和前期差错更正对所有者权益的影响一目了然。

2)所有者权益变动表的内容和结构

(1)所有者权益变动表的内容

所有者权益变动表包含了两个部分的内容。

①所有者权益各组成部分。比如,实收资本(或股本)、其他权益工具、资本公积、库存股、其他综合收益、盈余公积、未分配利润等项目。

②会引起所有者权益发生变化的各事项。比如,会计政策变更、前期差错更正、综合收益、投资者投入和减少的资本、利润的分配、所有者权益内部结转、其他等事项。

(2)所有者权益变动表的结构

①以矩阵的形式列报。

为了清楚地表明构成所有者权益各组成部分当期增减变动的情况,所有者权益变动表应当以矩阵的形式列示。

矩阵横向第一行按照所有者权益各组成部分,列示包括实收资本(或股本)、其他权益工具、资本公积、库存股、其他综合收益、盈余公积、未分配利润及所有者权益总额等项目,下方列示相应的事项对所有者权益造成变动的金额。

矩阵纵向第一列按照所有者权益变动的来源对一定时期所有者权益变动情况进行全面反映,列示包括会计政策变更、前期差错更正、综合收益、投资者投入和减少的资本、利润的分配、所有者权益内部结转、其他等导致所有者权益变动的交易或事项。右方列示各个事项的发生对相应的所有者权益项目造成影响的金额。

②列示所有者权益变动表的比较信息。

根据《企业会计准则第30号——财务报表列报》的规定,企业需要提供比较所有者权益变动表,因此,所有者权益变动表还要就各项目分为"本年金额"和"上年金额"两栏分别填列。

所有者权益变动表的具体格式,见表6-14。

表 6-14　所有者权益变动表

会企 04 表

编制单位：＿＿＿＿＿＿　＿＿＿＿＿＿年度　　　　　　　　　　　　　　　　　　单位：元

项　目	本年金额									上年金额								
	实收资本（或股本）	其他权益工具			资本公积	减：库存股	其他综合收益	盈余公积	未分配利润	所有者权益合计	实收资本（或股本）	其他权益工具			资本公积	减：库存股	其他综合收益	盈余公积	未分配利润	所有者权益合计
		优先股	永续债	其他								优先股	永续债	其他						
一、上年年末余额																				
加：会计政策变更																				
前期差错更正																				
其他																				
二、本年年初余额																				
三、本年增减变动金额（减少以"-"号填列）																				
（一）综合收益总额																				
（二）所有者投入和减少资本																				
1.所有者投入的普通股																				
2.其他权益工具持有者投入资本																				
3.股份支付计入所有者权益的金额																				

项目	本年金额									上年金额								
	实收资本（或股本）	其他权益工具			资本公积	减：库存股	其他综合收益	盈余公积	未分配利润	所有者权益合计	实收资本（或股本）	其他权益工具			资本公积	减：库存股	其他综合收益	盈余公积	未分配利润	所有者权益合计
		优先股	永续债	其他								优先股	永续债	其他						
4. 其他																				
（三）利润分配																				
1. 提取盈余公积																				
2. 对所有者（或股东）的分配																				
3. 其他																				
（四）所有者权益内部结转																				
1. 资本公积转增资本（或股本）																				
2. 盈余公积转增资本（或股本）																				
3. 盈余公积弥补亏损																				
4. 设定受益计划变动额结转留存收益																				
5. 其他																				
四、本年年末余额																				

6.4.2 所有者权益变动表的编制

1)所有者权益变动表编制原理

所有者权益变动表各项目均需填列"本年金额"和"上年金额"两栏。

所有者权益变动表"上年金额"栏内各项数字,应根据上年度所有者权益变动表"本年金额"内所列数字填列。上年度所有者权益变动表规定的各个项目的名称和内容同本年度不一致的,应对上年度所有者权益变动表各项目的名称和数字按照本年度的规定进行调整,填入所有者权益变动表的"上年金额"栏内。

所有者权益变动表"本年金额"栏内各项数字一般应根据"实收资本(或股本)""其他权益工具""资本公积""库存股""其他综合收益""盈余公积""利润分配——未分配利润"账户的发生额分析填列。

2)所有者权益变动表各项目的内容和具体填列方法

①"上年年末余额"项目。该项目反映企业上年资产负债表中实收资本(或股本)、资本公积、盈余公积、未分配利润等项目的年末余额。本项目根据上年度所有者权益变动表"本年金额"内所列数字填列。

②"会计政策变更"和"前期差错更正"项目。该项目分别反映采用追溯调整法处理的会计政策变更的累积影响金额和采用追溯重述法处理的会计差错更正的累积影响金额。为了体现会计政策变更和前期差错更正的影响,企业应当在上期期末所有者权益余额的基础上进行调整,得出本期期初所有者权益,根据"盈余公积""利润分配""以前年度损益调整"等会计账户的发生额分析填列。

③"本年年初余额"项目。该项目反映各项所有者权益的年初余额。本项目应根据所有者权益各项目的上年年末余额加上"会计政策变更"及"前期差错更正"的影响数计算填列。

④"本年增减变动金额"项目。该项目反映企业各项所有者权益项目本年度变化的总额。本项目应根据"综合收益总额""所有者投入和减少资本""利润分配""所有者权益内部结转"4个项目相加后的合计数填列。

⑤"综合收益总额"项目。该项目反映企业本年度实现的净利润和其他综合收益税后净利的总额。本项目根据"综合收益总额"本年的发生额填列,并对应填列在"未分配利润"栏。

⑥"所有者投入和减少资本"项目。该项目反映本年度所有者投入或减少资本的情况。本项目应根据其下属的4种所有者投入或减少资本的情况分析计算填列。

⑦"所有者投入的普通股"项目。该项目反映企业本年接受投资者投入形成的实收资本(或股本)和资本(股本)溢价。本项目根据本年"实收资本(或股本)"和"资本公积"账户的发生额分析填列,并对应填列在"实收资本(或股本)"以及"资本公积"栏。

⑧"其他权益工具持有者投入资本"项目。该项目反映企业发行的除普通股以外,分类为权益工具的金融工具的持有者投入资本的金额。本项目应根据金融工具类账户的相关明细账户的发生额分析填列,并对应填列在"实收资本(或股本)"以及"资本公积"栏。

⑨"股份支付计入所有者权益的金额"项目。该项目反映企业处于等待期中的权益结算的股份支付当年计入资本公积的金额。本项目应根据"资本公积"账户所属的"其他资本公积"二级账户的发生额分析填列,并对应填列在"资本公积"栏。

⑩"利润分配"项目。该项目反映企业本年度用于利润分配的金额,包括对所有者(或

股东)分配的利润和按照规定提取的盈余公积。本项目根据其下属的 3 种利润分配类型分析计算填列,并对应填列在"盈余公积""未分配利润"栏。

⑪"提取盈余公积"项目。该项目反映企业进行利润分配时,计提的法定盈余公积及任意盈余公积的数额。本项目应根据"盈余公积"本期发生额分析填列,并对应填列在"盈余公积""未分配利润"栏。

⑫"对所有者(或股东)的分配"项目。该项目反映企业本年度对所有者(或股东)的分配数额。本项目应根据"利润分配——应付现金股利"本期发生额填列,并对应填列在"未分配利润"栏。

⑬"所有者权益内部结转"项目。该项目反映不影响当年所有者权益总额的所有者权益各组成部分之间当年的增减变动,包括资本公积转增资本(或股本)、盈余公积转增资本(或股本)、盈余公积弥补亏损等项金额,并对应填列在"实收资本(或股本)""资本公积""盈余公积"栏。

⑭"资本公积转增资本(或股本)"项目。该项目反映企业发生的用资本公积转增资本或股本的金额。本项目应根据本期资本公积转增资本(或股本)的金额填列,并对应填列在"实收资本(或股本)""资本公积"栏。

⑮"盈余公积转增资本(或股本)"项目。该项目反映企业发生的用盈余公积转增资本或股本的金额。本项目应根据本期盈余公积转增资本或股本的金额填列,并对应填列在"实收资本(或股本)""盈余公积"栏。

⑯"盈余公积弥补亏损"项目。该项目反映企业以盈余公积弥补亏损的金额。本项目应根据"利润分配——盈余公积补亏"账户的本期发生额填列,并对应填列在"盈余公积""未分配利润"栏。

⑰"本年年末余额"项目。该项目反映企业本年年末所有者权益各项目的期末余额数。本项目应根据各项目的"本年年初余额""本年增减变动金额"项目加总计算填列。

【任务实施】

根据本任务"任务导入"里的任务资料和任务目标,具体任务实施过程如下。

第一步,根据发生的经济业务编制分录。

①借:银行存款　　　　　　　　　　　　　　　　3 990 000
　　贷:股本　　　　　　　　　　　　　　　　　　　　600 000
　　　　资本公积——股本溢价　　　　　　　　　　　3 390 000
②借:利润分配——提取法定盈余公积　　　　　　 126 000
　　贷:盈余公积——法定盈余公积　　　　　　　　　 126 000
③借:资本公积　　　　　　　　　　　　　　　　2 200 000
　　贷:股本　　　　　　　　　　　　　　　　　　 2 200 000
　借:利润分配——提取任意盈余公积　　　　　　 100 800
　　贷:盈余公积——任意盈余公积　　　　　　　　　 100 800
　借:利润分配——应付现金股利　　　　　　　　 460 000
　　贷:应付股利　　　　　　　　　　　　　　　　　 460 000

第二步,根据本年所有者权益各项目增减变动情况填制所有者权益变动表,见表6-15。

表 6-15 所有者权益变动表

编制单位：佳乐股份有限责任公司　　2019 年度

会企 04 表
单位：元

项目	本年金额								
	实收资本或股本	其他权益工具			资本公积	减：库存股	其他综合收益	盈余公积	未分配利润	所有者权益合计
		优先股	永续债	其他						
一、上年年末余额	1 250 000				7 800 000			5 160 000	3 860 000	18 070 000
加：会计政策变更										
前期差错更正										
其他										
二、本年年初余额	1 250 000				7 800 000			5 160 000	3 860 000	18 070 000
三、本年增减变动金额（减少以"-"号填列）	2 800 000				1 190 000			226 800	573 200	4 790 000
（一）综合收益总额									1 260 000	1 260 000
（二）所有者投入和减少资本	600 000				3 390 000					3 990 000
1.所有者投入的普通股	600 000				3 390 000					3 990 000
2.其他权益工具持有者投入资本										
3.股份支付计入所有者权益的金额										
4.其他										
（三）利润分配								226 800	-686 800	-460 000

项目	本年金额								
	实收资本或股本	其他权益工具			资本公积	减:库存股	其他综合收益	盈余公积	未分配利润	所有者权益合计
		优先股	永续债	其他						
1.提取盈余公积								226 800	−226 800	
2.对所有者（或股东）的分配									−460 000	−460 000
3.其他										
（四）所有者权益内部结转	2 200 000				−2 200 000					
1.资本公积转增资本（或股本）	2 200 000				−2 200 000					
2.盈余公积转增资本（或股本）										
3.盈余公积弥补亏损										
4.设定受益计划变动额结转留存收益										
5.其他										
四、本年年末余额	4 050 000				8 990 000			5 386 800	4 433 200	22 860 000

参考文献

[1] 李春俐,黄培.财务会计[M].重庆:重庆大学出版社,2014.

[2] 刘永泽,陈立军.中级财务会计[M].北京:清华大学出版社,2014.

[3] 史新浩,张建峰.初级会计实务[M].北京:北京大学出版社,2015.

[4] 戴德明,林钢,赵西卜.财务会计学[M].8版.北京:中国人民大学出版社,2015.

[5] 平长青.财务会计[M].上海:立信会计出版社,2016.

[6] 王碧秀.财务会计实务[M].北京:人民邮电出版社,2013.

[7] 喻晶.财务报表分析案例教程[M].北京:清华大学出版社,2016.

[8] 赵军荣,马维成.财务报表编制与分析[M].北京:北京邮电大学出版社,2013.

[9] 李玲弟.财务会计[M].北京:北京邮电大学出版社,2012.

[10] 陈强.财务会计实务[M].3版.北京:高等教育出版社,2017.

[11] 高翠莲.企业财务会计[M].北京:高等教育出版社,2015.

[12] 孔德兰.企业财务会计[M].2版.北京:高等教育出版社,2014.

[13] 黄娟,徐悦.企业财务会计[M].重庆:重庆大学出版社,2017.

[14] 汪小华,谭清风.财务会计实务[M].2版.北京:中国物资出版社,2017.

[15] 财政部会计资格评价中心.初级会计实务[M].北京:中国财政经济出版社,2017.

[16] 赵国忠.会计报表编制与分析[M].3版.北京:北京大学出版社,2015.

[17] 财政部会计资格评价中心.中级财务会计[M].北京:经济科学出版社,2018.

[18] 中国注册会计师协会.会计[M].北京:中国财政经济出版社,2018.